rowohlt
POLARIS

MATTHEW DESMOND

ARMUT

EINE AMERIKANISCHE KATASTROPHE

Aus dem Englischen
von Jürgen Neubauer

ROWOHLT POLARIS

Die Originalausgabe erschien 2023
unter dem Titel «Poverty, by America»
im Verlag Crown, New York.

Deutsche Erstausgabe
Veröffentlicht im Rowohlt Taschenbuch Verlag,
Hamburg, Mai 2024

Covergestaltung Hauptmann & Kompanie Werbeagentur, Zürich
Coverabbildung Alamy Stock Photo
Satz aus der Cardea OTCE
bei Dörlemann Satz, Lemförde
Druck und Bindung CPI books GmbH, Leck
ISBN 978-3-499-01439-0

FSC www.fsc.org
MIX
Papier | Fördert gute Waldnutzung
FSC® C083411

Für Devah

Wir glauben, ihr Leid sei eine Sache
und unser Leben eine ganz andere.

Lew Tolstoi

INHALT

VORWORT

Warum gibt es in den Vereinigten Staaten so viel Armut? Um mir diese Frage zu beantworten, habe ich dieses Buch geschrieben. Ich forsche und schreibe seit vielen Jahren über Armut, habe in armen Stadtteilen gelebt, viel Zeit mit Menschen verbracht, die in Armut leben, Statistiken und staatliche Berichte studiert, mit Aktivisten und Gewerkschaftern gesprochen, an der Entwicklung von Programmen mitgewirkt, mich in die Geschichte des Sozialstaats, der Stadtplanung und des Rassismus in den Vereinigten Staaten eingearbeitet und an zwei Universitäten Seminare über soziale Ungleichheit gehalten. Aber bei alledem habe ich mir immer gewünscht, dass es so etwas wie eine grundlegende Theorie gäbe, die erklärt, warum es in diesem reichen Land so viel Armut gibt.

Die Armut beschäftigte mich schon als Kind. Wir lebten ein paar Kilometer außerhalb der Kleinstadt Winslow in Arizona, an der Route 66, in einem Holzhaus. Der Herd in unserer Küche wurde mit Holz befeuert, und im steinigen Boden um das Haus herum wuchsen dornige Sträucher und Ölweiden. Wir waren hierhergezogen, weil mein Vater eine Stelle als Pastor der First Christian Church bekommen hatte. Sein spärliches Gehalt kam aus dem Klingelbeutel, und mein Vater zürnte des Öfteren, dass die Bahnarbeiter im Ort mehr verdienten als er.

Er konnte Altgriechisch lesen, aber sie hatten eine Gewerkschaft.

Wir lernten, Dinge zu reparieren oder ohne sie auszukommen. Als ich mit meinem neuen Luftgewehr eine Fensterscheibe zerschoss, blieb sie kaputt. Aber zusammen mit einem Kumpel baute ich in mein erstes Auto einen Motor ein, den ich auf dem Schrottplatz gefunden hatte. Als mein Vater seine Stelle verlor, nahm uns die Bank das Haus weg, doch wir lernten, auch ohne das Haus auszukommen. Ich gab meinem Vater die Schuld, aber ich fragte mich auch, ob das die Lösung war, die unser Land einer Familie zu bieten hatte, die in Not geriet.

Ich studierte an der Arizona State University und bewarb mich um jedes Stipendium, von dem ich hörte. Und ich arbeitete: als Kellner in einem Café oder als Telefonverkäufer, was es eben so gab. Über den Sommer arbeitete ich bei der Feuerwehr und bekämpfte Waldbrände in der Nähe meines Heimatortes. Während des Semesters verbrachte ich immer mehr Zeit mit den Obdachlosen rund um den Campus – nicht in der Essensausgabe oder der Kleiderkammer, sondern ich unterhielt mich mit ihnen. Das half mir, auf meine jugendliche Art zu verarbeiten, was ich um mich herum sah: Geld. Viel Geld. In Winslow hatten einige Familien mehr gehabt als andere, aber nicht so. Meine Kommilitonen fuhren BMWs und Mustang Cabrios. Während meines Studiums hatte ich lange Zeit gar kein Auto, und als ich mir schließlich eines zulegte, war es ein alter Ford Pick-up – der mit dem Motor vom Schrottplatz und mit einem Boden, der derart rostzerfressen war, dass ich beim Fahren sehen konnte, wie die Straße unter mir durchrauschte. Während meine Kommilitonen Sushi essen gingen, hortete ich in meinem Wohnheimzimmer Sardinen und Cracker. Die Stadtverwaltung von Tempe, wo sich der Campus der Arizona State University befindet, hat Hunderte Millionen Dollar ausgegeben, um mitten in der Wüste einen drei Kilometer langen künstlichen See anzulegen, eine riesige Pfütze, die pro Jahr zwei Drittel ihres Wassers durch Verdunstung verliert. Ein paar Hundert Meter weiter saßen die Bettler auf der Straße. Wie konnte es sein, dass es inmitten dieses Reichtums und dieser Verschwendung derart krasse Not gab?

Diese Frage trug ich auch in mein Studium, und ich belegte Seminare, von denen ich hoffte, dass sie mir helfen würden, mein Land und seine unverständliche und unverschämte Ungleichheit zu verstehen. Sie trieb mich auch während meiner Promotion an der University of Wisconsin um, wo ich mich mit der Immobilienkrise auseinandersetzte. Um dem Problem so nahe zu kommen wie möglich, zog ich nach Milwaukee und lebte auf einem Campingplatz und in einer Obdachlosenunterkunft. Ich schloss Freundschaft mit Familien, deren Haus zwangsversteigert worden war, und begleitete sie über Jahre hinweg – ich schlief bei ihnen auf dem Fußboden, sah ihre Kinder groß werden, lachte und diskutierte mit ihnen, und einige davon begleitete ich später auf den Friedhof.

In Milwaukee lernte ich alte Damen kennen, die in ungeheizten Wohnwägen lebten. Den Winter über mummelten sie sich in dicke Decken ein und beteten, dass der Heizstrahler nicht den Geist aufgab. Einmal sah ich eine Wohnung voller Kinder, nur Kinder, die an einem verregneten Frühlingstag auf die Straße gesetzt worden waren. Nach dem Tod ihrer Mutter hatten sie beschlossen, in ihrem Haus zu bleiben, bis die Bank es räumen ließ. Seither bin ich vielen armen Menschen im ganzen Land begegnet, die um ihre Würde und ihre

Rechte kämpfen oder ganz einfach ums nackte Überleben (was schwer genug sein kann): Pflegekräfte in New Jersey, die zu den erwerbstätigen Obdachlosen zählen, Mitarbeiter von Fast-Food-Ketten in Kalifornien, die für den Mindestlohn kämpfen, und illegale Migranten in Minneapolis, die gemeinsam bezahlbare Unterkünfte suchen und sich mithilfe von Google Translate mit ihren Nachbarn verständigen.

Das sind die Vereinigten Staaten: das reichste Land der Erde, aber mit mehr Armut als jede andere Demokratie. Wenn die Armen des Landes einen eigenen Staat gründen würden, dann hätte dieser mehr Einwohner als Australien oder Venezuela. Fast jeder Neunte – und jedes achte Kind – lebt in Armut. Mehr als 38 Millionen Menschen können ihre Grundbedürfnisse nicht decken, viele sind im Niemandsland zwischen Armut und finanzieller Sicherheit gefangen.[1] Mehr als eine Million Kinder im schulpflichtigen Alter sind obdachlos und leben in Motels, Autos, Obdachlosenunterkünften und leer stehenden Häusern. Viele Verurteilte stellen nach Haftantritt fest, dass sich ihr Gesundheitszustand verbessert, weil es ihnen in Freiheit (und Armut) noch schlechter ging als im Gefängnis. Mehr als zwei Millionen Amerikaner haben zu Hause kein fließendes Wasser und keine Toilette. In West Virginia trinken Menschen aus verschmutzten Flüssen, und Familien der Navajo fahren stundenlang mit dem Auto, um ihre Wasserfässer zu füllen. Die ärmsten Gemeinden werden von lange besiegt geglaubten tropischen Krankheitserregern wie dem Hakenwurm heimgesucht; schuld sind oft ungenügende Abwassersysteme, über die Kinder mit ungeklärten Abwässern in Kontakt kommen.[2]

Die jährliche Wirtschaftsleistung der Vereinigten Staaten übertrifft die Chinas um 5,3 Billionen Dollar. Ihr Bruttoinlandsprodukt ist höher als das von Japan, Deutschland, Großbritannien, Indien, Frankreich und Italien – den dritt-, viert-, fünft-, sechst-, siebent- und achtreichsten Staaten der Welt – zusammengenommen. Der Bundesstaat Kalifornien erwirtschaftet mehr als ganz Kanada, und der Bundesstaat New York mehr als Südkorea.[3] Wenn dennoch so große Armut herrscht, dann liegt das also nicht daran, dass es den Vereinigten Staaten an Mitteln fehlt. Uns fehlt etwas anderes.

Bücher über Armut beschäftigen sich oft mit den Armen selbst. Das ist seit über hundert Jahren so. Im Jahr 1890 beschrieb Jacob Riis, «wie die andere Hälfte lebt», er dokumentierte die entsetzlichen Bedingungen der New Yorker Elendsviertel und fotografierte verdreckte Kinder, die auf der Straße schliefen. Ein Jahrzehnt später schilderte Jane Addams die Not der Einwanderer in Chicago – eine dreizehnjährige Russin, die sich das Leben nahm, weil sie ihre Schulden von drei Dollar nicht zurückzahlen konnte, oder die Mutter eines Neugeborenen, die so lange arbeiten musste, dass ihr die Muttermilch durch die Bluse troff. Die Berichte von James Agee und Walker Evans und die Fotos von Dorothea Lange aus der Weltwirtschaftskrise brannten eindringliche Bilder von schmutzigen und vertriebenen Kleinbauern in das kollektive Gedächtnis ein. 1962 veröffentlichte Michael Harrington sein Buch *Das andere Amerika*, um die «zig Millionen Menschen» zu zeigen, die «aus dem Blick der Öffentlichkeit verschwunden und vergessen» waren. Zwei Jahre später besuchten Präsident Lyndon B. Johnson und seine Frau die Appalachen und setzten sich auf die grob zusammengezimmerte Veranda eines arbeitslosen Sägewerksarbeiters, umringt von Kindern in abgetragenen Kleidern.[4]

Diese Bücher sind wichtige Zeugnisse, die uns helfen zu

verstehen, was Armut bedeutet. Wir brauchen sie. Trotzdem bieten sie keine Antwort auf die eigentliche Frage: Warum? Warum diese ganze Armut? Diese Frage verlangt eine andere Herangehensweise. Um die Ursachen der Armut zu verstehen, müssen wir über die Armen hinausblicken. Diejenigen von uns, die im Wohlstand leben, müssen den Blick auf sich selbst richten. Haben wir – die Abgesicherten, die Versicherten, die Behausten, die Studierten, die Behüteten, die Glückskinder – etwas mit diesem sinnlosen Leid zu tun? Das hier ist mein Versuch, diese Frage mit Blick auf dieses «wir» zu beantworten. Deshalb geht es in diesem Buch über Armut nicht nur um die Armen. Es geht vielmehr darum, wie die *andere* «andere Hälfte» lebt, und darum, wie einige Menschen kleingehalten werden, damit sich andere entfalten können.

Ausgehend von meiner jahrelangen Beschäftigung mit dem Thema sowie einer breiten sozialwissenschaftlichen Forschung zeige ich, warum es in den Vereinigten Staaten so viel Armut gibt und was wir tun können, um mit ihr aufzuräumen. Die Abschaffung der Armut verlangt natürlich eine neue Politik und erneuerte soziale Bewegungen. Doch sie verlangt auch, dass jeder von uns zum Armutsbekämpfer wird, sein Haus nicht mehr auf den Entbehrungen der Nachbarn baut und sich weigert, als unbewusster Feind der Armen zu leben.

KAPITEL 1

WIE ARMUT AUSSIEHT

Unlängst verbrachte ich einen Tag im zehnten Stock des Gerichtsgebäudes von Newark, wo der Staat über das Sorgerecht für Kinder entscheidet. Dort lernte ich einen fünfundfünfzigjährigen Vater kennen, der gerade von der Nachtschicht am Hafen kam. Er sagte mir, sein Körper fühle sich an wie Blei. Während einer Doppelschicht nehme er manchmal einen Speedball - Kokain mit Benzodiazepin und Morphin, manchmal auch Heroin -, um wach zu bleiben und die Schmerzen zu unterdrücken. Diese widerliche Mixtur beschrieb der Bericht der Behörden, der den Mann als Junkie hinstellte und nicht als das, was er wirklich war: ein erschöpfter Vertreter der erwerbstätigen Armen der Vereinigten Staaten. Die Behörden zweifelten seine Fähigkeit an, sich allein um seine drei Kinder zu kümmern, doch auch die Mutter, die psychisch krank war und Angel Dust nahm (eine unter anderem psychotisch wirkende Droge, vergleichbar mit Ketamin), war keine Option. Also ließ sich der Vater auf einen Handel ein und gab seine älteren beiden Kinder in die Obhut seiner Stiefmutter, in der Hoffnung, dass ihm die Behörden wenigstens die jüngste Tochter lassen würden. Damit kam er durch. Vor dem Gerichtssaal umarmte er seinen Pflichtverteidiger, der das Urteil als Sieg feierte. So sieht ein Erfolg im zehnten Stock des Gerichtsgebäudes von Newark aus: Man gibt zwei Kinder weg, um ein drittes allein und in Armut großziehen zu dürfen.

Menschen werden als «arm» definiert, wenn sie ihre Grundbedürfnisse wie Nahrung und Unterkunft nicht befriedigen können. Die Erfinderin der Armutsgrenze war eine gewisse Mollie Orshansky, eine Bürokratin der Sozialversicherungsbehörde der Vereinigten Staaten. Orshansky meinte, wenn man Armut über ein Einkommen definiere, das nicht zur Befriedigung der Grundbedürfnisse ausreicht, dann könne man sie mithilfe zweier Größen ermitteln: dem Preis von Lebensmitteln und dem Anteil des Familieneinkommens, der für ihre Beschaffung aufgewendet wird. Laut Orshansky gaben amerikanische Familien im Durchschnitt rund ein Drittel des Haushaltseinkommens für Lebensmittel aus. Wenn eine vierköpfige Familie im Jahr 1965 rund 85 Dollar pro Monat für Lebensmittel aufwendete, dann war eine Familie mit einem Monatseinkommen von weniger als 250 Dollar (oder 2250 Dollar im Jahr 2022) arm, weil sie mehr als ein Drittel ihres Einkommens für Lebensmittel ausgeben musste, auf Kosten anderer Bedürfnisse. Im Januar 1965 schrieb Orshansky in einem Artikel: «Damit leben rund 50 Millionen Amerikaner – 22 Millionen davon Kinder – im trostlosen Kreis der Armut oder an dessen Rändern.» Diese Zahl war ein Schock für das wohlhabende Amerika.[1]

Die Armutsgrenze basiert bis heute auf Orshanskys Berechnungen und wird Jahr für Jahr um die Inflation korrigiert. Im Jahr 2022 lag sie bei einem Monatseinkommen von 1132 Dollar für Alleinstehende und von 2312 Dollar für eine vierköpfige Familie.

Wie gesagt verrät uns das Leben der Armen noch nichts darüber, warum es in den Vereinigten Staaten so viel Armut gibt. Trotzdem müssen wir an diesem Punkt beginnen, um die Natur des Problems zu verstehen und zu wissen, was auf dem Spiel steht, denn Armut ist nicht nur eine Frage des fehlenden Einkommens. Um es mit der Dichterin Layli Long Soldier zu sagen: Das ist nur «das Öl auf der Oberfläche».[2]

★

Ich lernte Crystal Mayberry kennen, als ich in Milwaukee lebte und für mein letztes Buch über Zwangsversteigerungen recherchierte. Crystal kam 1990 als Frühgeburt zur Welt, nachdem ihre schwangere Mutter ausgeraubt und dabei elfmal in den Rücken gestochen worden war. Der Überfall ließ die Wehen einsetzen. Mutter und Tochter überlebten. Es war nicht das erste Mal, dass Crystals Mutter mit einem Messer angegriffen worden war. Solange Crystal zurückdenken kann, verprügelte ihr Vater ihre Mutter. Er rauchte Crack, genau wie ihre Mutter und deren Mutter.[3]

Crystals Mutter schaffte es irgendwie, ihren Vater zu verlassen, und kurz darauf wurde der Mann zu einer langen Haftstrafe verurteilt. Crystal und ihre Mutter zogen zu einem anderen Mann und dessen Eltern. Der Vater des Mannes begann, Crystal sexuell zu belästigen. Crystal erzählte ihrer Mutter davon, doch die glaubte ihr nicht. Als Crystal in den Kindergarten kam, schritt das Jugendamt ein, und im Alter von fünf Jahren kam das Mädchen in eine Pflegefamilie.

Crystal wechselte zwischen Dutzenden Heimen und Pflegeeltern. Fünf Jahre lang lebte sie bei einer Tante, bis diese sie zurückgab. Danach blieb Crystal nie mehr als acht Monate lang an einem Ort. Als Jugendliche prügelte sie sich mit anderen Mädchen in den Heimen. Sie wurde wegen Körperverletzung verurteilt und zog sich eine Narbe auf der rechten Wange zu. Menschen und ihre Häuser, Haustiere, Möbel, Geschirr - das alles kam und ging. Essen bot Sicherheit, und hier suchte sie Zuflucht. Sie nahm zu, und aufgrund ihres Gewichts entwickelte sie eine Schlafapnoe.

Mit sechzehn brach sie die Schule ab. Mit siebzehn diagnostizierte ein klinischer Psychologe unter anderem eine bipolare Störung, posttraumatische Belastungsstörungen, Bindungsstörungen und Lernschwäche. Mit ihrem achtzehnten Geburtstag wurde sie aus der Obhut des Jugendamts entlassen. Bis dahin hatte Crystal in mehr als fünfundzwanzig Familien und Einrichtungen gelebt. Aufgrund ihrer Lernschwäche hatte sie Anspruch auf Sozialhilfe - 754 Dollar pro Monat.

Zwei Jahre lang hatte Crystal keinen Anspruch auf eine Sozialwohnung, da sie wegen einer Schlägerei in einem Heim vorbestraft war. Aber auch ohne diese Sperre hätte sie ganz am Ende einer langen Warteliste gestanden und sechs Jahre lang warten müssen. Also fand sie ihre erste Unterkunft auf dem privaten Markt: eine heruntergekommene Zwei-Zimmer-Wohnung. Das Mietshaus befand sich in einem überwiegend schwarzen Viertel, das zu den ärmsten der Stadt zählt, denn als Schwarze hatte Crystal in den überwiegend von Latinos und Weißen bewohnten Stadtteilen nichts bekommen. Die Miete verschlang drei Viertel ihres Einkommens, und es dauerte nicht lange, bis sie in Verzug war. Wenige Monate nach dem Einzug erlebte sie ihre erste Zwangsräumung, und da diese in ihr Vorstrafenregister einging, verlor sie ihren Anspruch auf Wohngeld. Nach der Räumung wohnte Crystal im Obdachlosenheim und lernte dort eine Frau kennen, mit der sie in eine Wohnung zog. Als sie jedoch den Freund der

Freundin aus dem Fenster warf, setzte der Vermieter sie vor die Tür.

Crystal schlief in Obdachlosenheimen, bei Freunden und bei Mitgliedern ihrer Kirchengemeinde. Sie lernte, auf der Straße zu leben, sie zog nachts durch die Stadt und schlief tagsüber in Bussen oder Wartezimmern von Krankenhäusern. Sie überlebte mithilfe von Fremden. Einmal lernte sie an der Bushaltestelle eine Frau kennen, die sie einen Monat lang bei sich wohnen ließ. Die Leute fanden Crystal sympathisch. Sie war gesellig und witzig und hatte die drollige Angewohnheit, in die Hände zu klatschen und über sich selbst zu lachen. Sie sang auf der Straße, meistens Gospel.

Crystal glaubte immer, sie habe ihre Sozialhilfe sicher. Das Sozialamt konnte einen schließlich nicht entlassen. «Die Stütze kommt immer», sagte sie. Bis sie eines Tages ausblieb. Crystal hatte ihre Bewilligung noch als Jugendliche erhalten, doch bei einer Revision wurde diese Zahlung gestrichen. Ihr einziges Einkommen waren jetzt Essensmarken. Sie versuchte, Blut zu spenden, doch ihre Venen waren zu eng. Sie verbrannte die wenigen Beziehungen, die ihr aus der Kirche und den Pflegefamilien geblieben waren. Als die Sozialhilfe weiter ausblieb, landete sie auf der Straße und in der Prostitution. Crystal war nie eine Frühaufsteherin gewesen, doch nun lernte sie, dass morgens die beste Zeit war, um anzuschaffen und Männer auf dem Weg zur Arbeit abzupassen.

★

Für Crystal und andere Menschen in ähnlichen Situationen heißt Armut natürlich, dass sie kein Geld haben. Vor allem aber ist sie ein erdrückender Berg von Problemen.

Armut ist Schmerz, körperlicher Schmerz. Sie steckt in den Rücken der Pflegekräfte, die sich bücken, um die Alten und Kranken aus dem Bett und von der Toilette zu holen. Sie steckt in den Füßen und Knien der Verkäuferinnen und Kassierer, die stehend unsere Bestellungen entgegennehmen oder kassieren. Sie steckt in den Ausschlägen und Migränen der Haushaltshilfen und Reinigungskräfte, die unsere Büros, Wohnungen und Hotelzimmer mit aggressiven Reinigungsmitteln putzen müssen.

In den Fleischereibetrieben der Vereinigten Staaten verlieren pro Woche zwei Mitarbeiter einen Finger oder eine Hand in einer Bandsäge. Amazon hat in seinen Versandlagern Maschinen aufgestellt, aus denen sich Mitarbeiter kostenlos Schmerztabletten ziehen können. In den vergammelten Wohnungen der Elendsviertel holen sich die Bewohner Asthma, Schimmelsporen und Allergene von Kakerlaken dringen in junge Lungen vor, und Kinder vergiften sich mit Blei, das bleibende Schäden in den heranwachsenden Nervensystemen und Gehirnen hinterlässt. Armut ist der Krebs in den Zellen der Menschen, die in der Nachbarschaft von Raffinerien und Müllverbrennungsanlagen leben. Etwa jedes vierte in Armut lebende Kind hat unbehandelte Löcher in den Zähnen, die zu schmerzhafter Karies werden und Infektionen im Gesicht und sogar im Gehirn auslösen können. Da die staatliche Krankenkasse nur einen Bruchteil der Kosten einer Zahnbehandlung übernimmt, können sich viele Familien den regelmäßigen Zahnarztbesuch nicht leisten. Selbst zehn Jahre nach der Einführung von Obamacare sind noch 30 Millionen Amerikaner unterversichert.[4]

Armut, das ist der Kolostomiebeutel und der Rollstuhl, der nächtliche Terror und die Schüsse, die Wunden gerissen, aber ihr böses Werk nicht zu Ende gebracht haben. In Chicago wurden 2020 insgesamt 722 Menschen durch Kugeln getötet und weitere 3339 verletzt. Schätzungen gehen davon aus, dass 80 Prozent der Opfer eine Schussverletzung überleben, um den Rest ihres Lebens oft mit Schmerzen zu verbringen. Das Leben der Armen ist häufig von Gewalt gezeichnet, und zwar von der Kindheit an. Aus einer Probe von Haftentlassenen aus Massachusetts waren 40 Prozent während ihrer Kindheit Zeuge eines Mordes gewesen. Aus einer Probe von Erwachsenen, gegen die das Jugendamt von New Jersey ermittelte, waren 34 Prozent mit häuslicher Gewalt groß geworden, und 17 Prozent waren sexuell missbraucht worden.[5]

Armut ist traumatisch, und da die Gesellschaft nichts gegen sie unternimmt, haben arme Menschen ihre eigenen Wege gefunden, um mit ihrem Leid umzugehen. Mein Freund Scott wurde als Kind sexuell missbraucht. Als Erwachsener entdeckte er erst Pillen, dann Opioide. Einmal innerer Frieden für 20 Dollar. Mit vierzig wurde er clean und blieb es einige Jahre lang, dann wurde er rückfällig und starb allein in einem Hotelzimmer. Mein früherer Mitbewohner Kimball, genannt Woo, rührte keine Drogen an und trank nur selten. Aber eines Tages trat er in unserer maroden Wohnung in Milwaukee in einen rostigen Nagel, und weil er kein Geld hatte, ging er nicht zum Arzt, bis es fast zu spät war; man musste ihm den Unterschenkel abnehmen, weil ihn sonst die Blutvergiftung in Zusammenspiel mit seinem unbehandelten Diabetes das Leben gekostet hätte.[6]

Armut ist nicht nur körperlicher Schmerz, Armut ist auch Instabilität. In den letzten beiden Jahrzehnten sind die Mieten explodiert, aber die Realeinkommen der Mieter gesunken. Trotzdem erhält nur ein Viertel der anspruchsberechtigten

Familien staatliches Wohngeld. Viele Familien unterhalb der Armutsgrenze geben mindestens die Hälfte ihres Einkommens für Miete und Nebenkosten aus, ein Viertel sogar mehr als 70 Prozent. Nicht umsonst kommt es in den Vereinigten Staaten so häufig zu Zwangsräumungen unter Geringverdienern. Pro Jahr werden mehr als 3,6 Millionen Räumungsbescheide an Türen geheftet oder persönlich ausgehändigt – das entspricht etwa der Zahl der Zwangsvollstreckungen auf dem Höhepunkt der Finanzkrise im Jahr 2010. Vor den Augen der Familien und unter dem Schutz von Polizeibeamten arbeiten die Vollstrecker effizient. Sie räumen alles aus der Wohnung – den Duschvorhang, die Matratzen, die Schnitzel aus dem Gefrierfach und das Brot aus dem Küchenschrank – und stapeln es am Straßenrand oder bringen es in ein Mietlager (wo es meist auf den Müll geworfen wird, weil die Miete nicht gezahlt wird). Danach fangen die Familien so gut es geht wieder von vorn an.[7]

Auch auf dem Arbeitsmarkt muss man heute dauernd wieder von vorn anfangen. Die Hälfte aller neu geschaffenen Stellen wird innerhalb des ersten Jahres wieder gestrichen. Feste und von Gewerkschaften geschützte Arbeitsplätze wurden durch Honorartätigkeiten ersetzt. Die Gig-Ökonomie greift längst von Uber auf Krankenhäuser, Universitäten oder Versicherungen über. Die Industrie, die fälschlicherweise noch immer als Hort von guten und sicheren Arbeitsplätzen gesehen wird, beschäftigt mehr als eine Million Zeitarbeiter. In der Privatwirtschaft werden Festanstellungen immer rarer, vor allem für Männer, und in den kommenden Jahrzehnten wird die Zeitarbeit schneller zunehmen als alle anderen Beschäftigungsverhältnisse. Im Durchschnitt schwanken die Einkommen von Arbeitnehmern heute doppelt so stark wie in den 1970er Jahren, und viele abhängig Beschäftigte haben Einkünfte, die nicht nur von Jahr zu Jahr, sondern von Monat zu Monat oder von Woche zu Woche schwanken können. Das Land begrüßt den Siegeszug der Billigarbeit im unteren Marktsegment – schlecht bezahlte Tätigkeiten ohne Sozialversicherung und Sicherheit. Im Einzelhandel, in der Gastronomie, dem Hotelgewerbe und auf dem Bau liegt die jährliche Fluktuation bei 50 Prozent. Arbeitnehmer lernen schnell, dass sie austauschbar und leicht zu ersetzen sind, und Hochschulabsolventen treten in eine Wirtschaft ein, die sich durch grundlegende Unsicherheit auszeichnet.[8]

Armut ist die fortwährende Furcht, dass alles noch viel schlimmer kommen könnte. Ein Drittel aller Amerikaner muss ohne wirtschaftliche Sicherheit auskommen, sie jobben als Busfahrer, Landarbeiter, Lehrer, Kassierer, Köche, Pflegekräfte, Wachleute oder Sozialarbeiter. Viele gelten offiziell nicht einmal als «arm» – aber wie bezeichnet man jemanden, der zu viel verdient, um Wohngeld beantragen zu können, aber zu wenig, um von der Bank einen Immobilienkredit zu bekommen? Der jeden Monatsersten die Hälfte seines Gehalts für die Miete und ein Viertel für die Rückzahlung seines Studienkredits hinblättern muss? Der in einem Monat knapp unter die Armutsgrenze rutscht und im nächsten gerade so darüber liegt, ohne je ein Gefühl der Stabilität zu haben? Im wirklichen Leben gibt es auch oberhalb der Armutsgrenze eine ganze Menge Armut.[9]

Und darunter noch viel mehr. Im Land der unbegrenzten Möglichkeiten kann man ins Bodenlose stürzen und im Lumpenproletariat enden.[10] Laut den aktuellen Zahlen leben 5,5 Prozent der Bevölkerung in «tiefer Armut» – ein unterirdisches Niveau des Mangels 50 Prozent unterhalb der Armutsgrenze. Diese Grenze lag 2020 bei monatlich 531 Dollar für Alleinstehende und 1091 Dollar für eine vierköpfige Familie. In diesem Jahr lebten 18 Millionen Amerikaner in tiefer Armut. In den Vereinigten Staaten lebt ein größerer Prozentanteil der Kinder (mehr als fünf Millionen) unter diesen Bedingungen als in jeder anderen Industrienation.[11]

Wirtschaftswissenschaftler gehen davon aus, dass ein Mensch in den Vereinigten Staaten zum Überleben rund vier Dollar am Tag benötigt – das entspricht der von der Weltbank definierten absoluten Armut, die in Indien oder Bangladesch mit ihren niedrigeren Lebenshaltungskosten bei 1,90 Dollar liegt. Der Wirtschaftsnobelpreisträger Angus Deaton schätzte 2018, dass 5,3 Millionen Amerikaner in absoluter Armut leben und mit weniger als vier Dollar am Tag auskommen müssen. «Millionen von Amerikanern leiden unter materiellen und gesundheitlichen Bedingungen, die mit denen der Armen in Afrika oder Asien vergleichbar sind», schrieb Deaton.[12] Der Sozialabbau zog einen erschreckenden Anstieg der Armut nach sich, und weitere Indikatoren folgten. Von 1995 bis 2018 stieg die Zahl der Haushalte, die Lebensmittelmarken beziehen und kein eigenes Einkommen verzeichnen, von 289 000 auf 1,2 Millionen, was rund 2 Prozent aller Amerikaner entspricht. Die Zahl der obdachlosen Kinder stieg nach Angaben der Schulbehörden von 794 617 im Jahr 2007 auf 1,3 Millionen im Jahr 2018.[13] In den Vereinigten Staaten gibt es inzwischen einen festen Bodensatz des Mangels, eine extreme Armut, wie man sie einst mit der Dritten Welt in Verbindung gebracht hätte.

Armut ist auch ein Verlust von Freiheit. Das amerikanische Strafvollzugssystem ist historisch einmalig und weltweit ohnegleichen. Zu jedem beliebigen Zeitpunkt leben fast 2 Millionen Menschen hinter Gittern, weitere 3,7 Millionen sind im offenen Vollzug oder zu Bewährung auf freiem Fuß. Die großen Schlagworte des Rechtsstaats - Gerechtigkeit, Recht und Ordnung - verschleiern, dass die allermeisten Häftlinge zu den Ärmsten gehören und schon immer gehörten. Fast 70 Prozent der schwarzen Männer ohne Schulabschluss verbrachten vor dem dreißigsten Lebensjahr Zeit in Haft. Das Gefängnis raubt diesen Menschen die besten Jahre. Dort bleiben sie natürlich arm, mit der Sträflingsarbeit verdienen sie je nach Bundesstaat zwischen 14 Cent und 1,41 Dollar pro Stunde. Die Vereinigten Staaten verstecken ihre Armen nicht nur unter Brücken und auf Campingplätzen fernab aller belebten Zentren, sondern auch in Gefängnissen. Dort hören sie buchstäblich auf zu existieren: In staatlichen Erhebungen werden sie einfach nicht mehr mitgezählt, um die Statistik des amerikanischen Fortschritts nicht zu ruinieren. Häftlinge kommen genauso wenig in den Armutsstatistiken vor wie Menschen in psychiatrischen Anstalten, Rehabilitationszentren oder Obdachlosenunterkünften - das heißt, in den Vereinigten Staaten gibt es Millionen mehr Arme, als die offiziellen Statistiken verraten.[14]

Armut ist das Gefühl, dass der Staat Ihr Feind ist, nicht Ihr Freund; dass Ihr Land nur für andere da ist und dass es Ihr Schicksal ist, drangsaliert, verfolgt und eingesperrt zu werden. Ende des 19. und Anfang des 20. Jahrhunderts erließen Städte Verordnungen gegen Landstreicherei, mit denen «hässliche Bettler» von öffentlichen Plätzen verbannt wurden. In der ersten Hälfte des 20. Jahrhunderts wurden damit die Armen von Parkbänken und Straßenecken vertrieben. Bis heute kann die Polizei Obdachlose festnehmen, wenn sie sich in der Öffentlichkeit blicken lassen, womit Armut zum Straftatbestand wird. In den letzten Jahren wurden etwa 8 Prozent der Menschen, die durch Waffengewalt ums Leben kamen, von Polizeibeamten getötet. Drei Viertel aller schwarzen Mütter haben Angst, dass ihre Kinder Opfer von Menschen werden könnten, die mit der Aufrechterhaltung von Recht und Ordnung betraut sind. An einige Namen dieser Kinder – Tamir, George, Eric – erinnern wir uns, viele andere haben wir vergessen oder nie gehört.[15]

Arme laufen immer Gefahr, wegen geringfügiger Vergehen belangt zu werden – weil sie mit Unterhaltszahlungen in Rückstand geraten, weil sie beim Schwarzfahren erwischt oder mit einem Joint angetroffen werden. Eine Bagatelle führt zur nächsten und übernächsten – sie versäumen eine Vorladung oder eine Bußgeldzahlung und bekommen eine weitere Strafe aufgebrummt, bis sie irgendwann in einer ausweglosen Falle aus Prozessen und Schulden stecken. Die Justiz belegt die Armen mit saftigen Geldbußen und Strafen und lässt sie oft noch für ihre eigene Inhaftierung zahlen. Wenn sie eine Zahlung versäumen, verhängt das Gericht eine weitere Strafe, hetzt ihnen private Inkassounternehmen auf den Hals oder spricht sogar eine Haftstrafe aus. Heute sitzen zahllose Menschen hinter Gittern, nicht weil sie sich einer Straftat schuldig gemacht haben, sondern weil sie einer Zahlung nicht nachgekommen sind. Schon eine an sich geringfügige Berührung mit dem Gesetz kann dem Selbstgefühl einen schweren Schlag versetzen. Die Politologin Vesla Weaver hat gezeigt, dass Bürger, die von der Polizei angehalten (nicht einmal festgenommen) werden, weniger häufig zur Wahl gehen. Das Straf- und Justizwesen «bringt Menschen bei, sich als Bürger zweiter Klasse zu fühlen», so Weaver.[16]

Armut ist peinlich und verursacht Scham. «Elend ist seelisch erlittene Armut», wie der französische Soziologe Eugène Buret anmerkte. Das spüren die Betroffenen in den Demütigungsritualen des Sozialamts, wo sie einen halben Tag lang warten müssen, um ein zehnminütiges Gespräch mit einer genervten Sachbearbeiterin zu führen. Sie spüren es, wenn sie in ihre Wohnung mit den kaputten Fensterscheiben und Kakerlaken kommen, für die der Vermieter ihnen die Schuld gibt. Sie spüren es in der Leichtigkeit, mit der Arme in Filmen, Fernsehsendungen, Liedern und Kinderbüchern übergangen werden, eine Auslöschung, die ihnen vor Augen führt, wie bedeutungslos ihre Existenz für die Gesellschaft ist. In ruhigeren Momenten könnten sie die Lügen glauben, die man über sie verbreitet. Sie meiden öffentliche Plätze – Parks, Strände, Einkaufszentren, Sportstätten –, weil sie wissen, dass diese nicht für sie gebaut wurden. Auch wenn die Armut ihr Leben zerfrisst, wollen sie sich nicht mit ihr identifizieren. Wer sich als psychisch krank outet, stößt noch auf mehr Verständnis als jemand, der gesteht, dass er pleite ist. Wenn Politiker Gesetze zur Armutsbekämpfung vorlegen, dann sagen sie, dass sie der Mittelschicht helfen. Wenn sich Gewerkschaften und Verbände für bessere Löhne und bezahlbare Mieten einsetzen, dann im Namen der Arbeitnehmer, der Familien, der Mieter oder ganz allgemein der Bürger. Wenn die Armen auf die Straße gehen, dann nicht unter dem Banner der Armut. Arme haben keine Flagge.[17]

Armut ist ein vermindertes Leben. Sie bestimmt das Denken und hindert Menschen daran, ihr Potenzial zu verwirklichen. Sie raubt ihnen die geistige Energie für Entscheidungen und zwingt sie, sich mit der jeweils anstehenden Krise auseinanderzusetzen – einer Mahnung, einer Kündigung – und alles andere hintanzustellen. In den Tagen nach einem

Mord schneiden die Kinder aus der weiteren Nachbarschaft bei kognitiven Tests deutlich schlechter ab. Die Gewalt nimmt ihr Denken gefangen. Der Effekt schwächt sich ab, bis wieder ein Verbrechen geschieht.[18] Armut kann Menschen zu Entscheidungen veranlassen, die in den Augen anderer, die nicht von Armut betroffen sind, unvernünftig oder sogar dumm erscheinen können. Haben Sie jemals im Wartezimmer eines Krankenhauses gesessen, auf die Uhr gestarrt und auf eine erlösende Nachricht gehofft? Im aktuellen Notfall gefangen, kommen Ihnen alle anderen Sorgen und Aufgaben banal vor. Genau das bedeutet ein Leben in Armut. Die Verhaltensforscher Sendhil Mullainathan und Eldar Shafir sprechen von einer «Reduzierung der Datenübertragungsrate»: «Armut beeinträchtigt die kognitiven Fähigkeiten stärker als eine schlaflose Nacht», schreiben sie. Wer von der Armut umgetrieben wird, «kann weniger Gedanken auf den Rest des Lebens verwenden». Armut bedeutet nicht nur einen Verlust an Sicherheit und Annehmlichkeiten, sondern auch an Hirnleistung.[19]

Trotzdem sind in der Armut nicht alle Menschen gleich. Hautfarbe kann ihre Bedingungen verschärfen oder abmildern. (Was ist wichtiger: Hautfarbe oder Klasse? Was ist die Wurzel der sozialen Ungleichheit und was die Zweige? Welches Organ ist Ihnen wichtiger – Herz oder Hirn?) Schwarze, Latinos, Ureinwohner, Asiaten, Weiße – sie alle leben in einer anderen Armut. Schwarze und Latinos sind doppelt so häufig arm wie Weiße, was nicht nur am rassistischen Erbe der Vereinigten Staaten liegt, sondern auch an der aktuellen Diskriminierung. Unter Schwarzen ist die Arbeitslosigkeit doppelt so hoch wie unter Weißen, und Untersuchungen zeigen, dass schwarze Bewerber auf dem Arbeitsmarkt heute noch dieselbe Diskriminierung erleben wie vor drei Jahrzehnten.[20]

Arme weiße Familien leben in Gemeinschaften mit geringerer Armut als arme schwarze oder Latinofamilien. In keiner Stadtregion der Vereinigten Staaten leben Weiße in Stadtteilen mit einer extremen Armutsdichte von über 40 Prozent. Anders viele arme schwarze oder Latinofamilien. Deshalb besuchen arme weiße Kinder bessere Schulen, sie leben in einer weniger unsicheren Umgebung, werden seltener Opfer von Polizeigewalt und schlafen in besseren Häusern als Gleichaltrige aus armen schwarzen oder Latinofamilien. Armut betrifft nicht nur Menschen, sondern auch Stadtteile, und schwarze und Latinofamilien erleben eher die Härten, die entstehen, wenn individuelle und kollektive Armut zusammentreffen. Aus gutem Grund ist die Lebenserwartung von armen schwarzen Männern in den Vereinigten Staaten ähnlich niedrig wie die von Männern in Pakistan oder der Mongolei.[21]

Das Wohlstandsgefälle zwischen schwarzen und weißen Familien ist heute so groß wie in den 1960er Jahren. Der systematische Ausschluss der Schwarzen vom Wohlstand der Nation besteht von einer Generation zur nächsten weiter. Die meisten Eigenheimkäufer werden bei der Anzahlung von ihren Eltern unterstützt. Viele dieser Eltern nehmen dazu eine Hypothek auf ihr eigenes Haus auf, so wie ihre Eltern vor ihnen, als der Staat nach dem Zweiten Weltkrieg den Immobilienerwerb in weißen Gemeinden unterstützte.[22] Im Jahr 2019 hatte ein durchschnittlicher weißer Haushalt ein Vermögen von 188 200 Dollar, ein durchschnittlicher schwarzer Haushalt dagegen nur von 24 100 Dollar. Ein durchschnittlicher weißer Haushalt, dessen Familienoberhaupt keinen Studienabschluss hat, ist reicher als ein durchschnittlicher schwarzer Haushalt mit einem Familienoberhaupt mit Studienabschluss.[23]

Armut ist oft materieller Mangel plus chronische Schmerzen plus Inhaftierung plus Depression plus Sucht und so weiter. Armut ist keine Linie. Sie ist ein Knoten von gesellschaftlichen Übeln. Sie ist mit jedem einzelnen sozialen Problem verbunden, das unsere Gesellschaft beschäftigt, ob Kriminalität, Gesundheit, Bildung oder Wohnen. Und weil wir nichts gegen sie unternehmen, sind in einer der reichsten Gesellschaften aller Zeiten Millionen von Familien gezwungen, ohne Schutz, ohne soziale Absicherung und ohne Würde zu leben.[24]

KAPITEL 2

WARUM WIR NICHT VORANKOMMEN

Im letzten halben Jahrhundert haben Wissenschaftler das menschliche Genom entschlüsselt und die Pocken besiegt. Die Säuglingssterblichkeit und die Zahl der Herztoten sind um 70 Prozent gesunken, und Durchschnittsbürger haben ein Jahrzehnt an Lebenserwartung hinzugewonnen. Der Klimawandel wurde als Existenzbedrohung erkannt. Das Internet und Smartphones wurden erfunden.[1] Und wie weit sind wir bei der Armutsbekämpfung gekommen? Nach offiziellen Schätzungen lebten 1970 rund 12,6 Prozent der amerikanischen Bevölkerung in Armut; zwei Jahrzehnte später waren es 13,5 Prozent; 2010 etwa 15,1 Prozent und 2019 rund 10,5 Prozent. Eine Grafik, die den Anteil der Armen an der Bevölkerung im vergangenen halben Jahrhundert darstellt, sieht aus wie eine Hügellandschaft. In Zeiten der Rezession steigt die Kurve leicht an, in Zeiten des Aufschwungs senkt sie sich ein wenig ab, unabhängig davon, welche Partei an der Regierung ist. Ein Fortschritt ist nicht zu erkennen, nur ein einziger langer Stillstand.

Warum machen wir keine Fortschritte bei der Armutsbekämpfung? An der Zählung liegt es nicht, unterschiedliche Erhebungsverfahren kommen zu demselben peinlichen

Ergebnis.[2] Vielleicht liegt es daran, wie Armut erlebt wird, beziehungsweise daran, wie sich die Erfahrung der Armut verändert hat. Jede Beurteilung der Armut muss dem atemberaubenden materiellen Fortschritt Rechnung tragen. Seit Beginn des 20. Jahrhunderts ist klar, dass sich die marxistische «Verelendungstheorie» – die Behauptung, dass das Leid der Arbeiterklasse mit der Ausweitung des Kapitalismus und der Ausbeutung immer größer wird – im Westen nicht bewahrheitet, weil dank des technischen Fortschritts die Luxusgüter von gestern zu alltäglichen Bedarfsartikeln von heute werden. George Orwell meinte einmal, wenn die jungen Männer in den Jahren zwischen den beiden Weltkriegen weiter in die Bergwerke einfuhren, statt auf die Barrikaden zu gehen und für ein besseres Leben zu kämpfen, dann liege das an der Verbreitung von billigen Süßigkeiten und elektrischem Strom, der den Massen Kino und Radio brachte.[3]

Doch nur weil der Lebensstandard gestiegen ist, hat die Armut nicht abgenommen. Vor vierzig Jahren konnten sich nur die Reichen ein tragbares Telefon leisten. In den vergangenen Jahrzehnten sind die Handys billiger geworden, und heute besitzen die meisten Amerikaner eines, auch viele Arme, denn die Geräte werden für die Suche nach Arbeit, Wohnung und Partnerschaft zunehmend unentbehrlich. Das hat einige Beobachter zu dem Schluss verleitet, «der Zugang zu bestimmten Konsumgütern (Fernseher, Mikrowelle, Handy) zeigt, dass die Armen gar nicht so arm sind».[4]

Doch diese Schlussfolgerung ist falsch. Ein Handy kann man nicht essen oder gegen einen menschenwürdigen Lohn eintauschen. Ein Handy garantiert keine feste Bleibe, keine bezahlbare ärztliche oder zahnmedizinische Versorgung und keine Kinderbetreuung. Im Gegenteil, während Handys und

Geräte wie Waschmaschinen billiger geworden sind, haben sich Grundbedürfnisse wie Gesundheit und Wohnen verteuert. Zwischen 2000 und 2022 sind die Energie- und Nebenkosten im Durchschnitt um 115 Prozent gestiegen.[5] Als Bürger des Epizentrums des globalen Kapitalismus haben die Armen Zugang zu denselben billigen Massenwaren wie ihre Mitbürger. Aber was nutzt Ihnen ein Tischbackofen, wenn Sie den Strom nicht bezahlen können, um ihn zu betreiben, oder wenn Sie keine Küche haben, in der Sie ihn aufstellen können? Schon vor sechzig Jahren schrieb Michael Harrington: «In den Vereinigten Staaten ist es einfacher, sich anständig zu kleiden, als anständig zu wohnen, zu essen oder medizinisch versorgt zu werden.»[6]

Die Vereinigten Staaten verstehen sich als Land des Fortschritts; umso unverständlicher ist es, dass wir bei der Armutsbekämpfung auf der Stelle treten. Seit der Mondlandung, den Beatles, dem Vietnamkrieg und Watergate hat sich immens viel verändert, doch in der Armutsbekämpfung hat sich in den vergangenen fünf Jahrzehnten gar nichts getan.

Als ich anfing, mich mit dieser deprimierenden Situation zu befassen, vermutete ich, dass die Armutsbekämpfung deshalb auf der Stelle tritt, weil wir das Problem vernachlässigt haben. Ich glaubte die unter den Linken beliebte Erklärung, dass mit der Wahl von Ronald Reagan zum US-Präsidenten (und Margaret Thatcher zur Premierministerin von Großbritannien) der Siegeszug des Neoliberalismus begann und der Staat Sozialhilfe kürzte, Steuern senkte und den Markt entfesselte. Wenn die Armut weiter existiert, dann deshalb, weil der Staat ihre Bekämpfung eingestellt hatte, dachte ich.

Doch die Wahrheit war komplizierter, wie mir bald klar wurde. Präsident Reagan gab den Unternehmen mehr Macht, senkte die Steuern der Reichen und kürzte Sozialprogramme, vor allem den sozialen Wohnungsbau. Doch die Säulen des amerikanischen Sozialstaats blieben erhalten. Als Reagan 1981 eine Kürzung der Sozialhilfe vorlegte, verweigerte der Kongress seine Zustimmung.[7] Während seiner achtjährigen Amtszeit gab der Staat nicht weniger Geld für Armutsbekämpfung aus. Im Gegenteil, die bereitgestellten Mittel stiegen, und zwar auch nach seiner Amtszeit. Sie stiegen sogar erheblich. Die Ausgaben für die dreizehn wichtigsten bedürftigkeitsorientierten Programme des Landes – Leistungen für Menschen unterhalb eines bestimmten Einkommensniveaus – stiegen von 1015 Dollar pro Person im Jahr der Wahl von Ronald Reagan auf 3419 Dollar im ersten Amtsjahr von Donald Trump, was einem Anstieg um 237 Prozent in sechsunddreißig Jahren entspricht.[8]

Der Löwenanteil dieser Zuwächse entfällt allerdings auf das Gesundheitswesen. In den Vereinigten Staaten gibt es keine allgemeine Krankenversicherung, dafür ist das Gesundheitswesen das teuerste der Welt. Jahr für Jahr geben wir deutlich mehr für die medizinische Grundversorgung von Geringverdienern aus als für klassische Sozialprogramme wie Direkthilfen oder sozialen Wohnungsbau. Im Jahr 2021 gab der Bund beispielsweise 521 Milliarden Dollar für Medicaid aus, die medizinische Grundversorgung für Bedürftige, aber nur 61 Milliarden für Lohnsubventionen im Rahmen des Earned Income Tax Credit, die den ärmsten Arbeitnehmern zugutekommen (vor allem mit Kindern).[9]

Auch die Ausgaben für soziale Programme, die nicht direkt mit dem Gesundheitswesen zusammenhängen, sind in den vergangenen vier Jahrzehnten deutlich gestiegen. Staatliche Ausgaben für bedürftigkeitsorientierte Leistungen stiegen zwischen 1980 und 2018 um 130 Prozent von 630 auf 1448 Dollar pro Person.[10] «Neoliberalismus» ist zwar ein Kampfbegriff der Linken, doch im Staatshaushalt hat er keine Spuren hinterlassen, zumindest nicht in der Armutsbekämpfung. Es gibt keinen Hinweis, dass die Vereinigten Staaten geiziger geworden wären, im Gegenteil.[11]

Umso verblüffender ist die Tatsache, dass das Land bei der Armutsbekämpfung nicht vorankommt. Trotz steigender staatlicher Ausgaben bleibt die Armutskurve Jahrzehnt für Jahrzehnt unverändert. Wie kann das sein?

★

Einer der Gründe ist, dass ein erklecklicher Teil der Gelder, die für die Armen vorgesehen sind, nie bei diesen ankommt. Um das zu verstehen, muss man sich nur das Sozialwesen ansehen.

Beihilfen für Alleinerziehende wurden zum Beispiel lange in bar ausgezahlt.[12] Bill Clinton führte mit seiner Sozialhilfereform im Jahr 1996 ein Programm für befristete Beihilfen für bedürftige Familien (Temporary Assistance for Needy Families, TANF) ein, das den einzelnen Bundesstaaten mehr Spielraum bei der Vergabe der Gelder einräumte. Daraufhin wurden die Bundesstaaten kreativ. Im landesweiten Durchschnitt kamen 2020 von jedem TANF-Dollar nur 22 Cent bei bedürftigen Familien an. Nur Kentucky und der Hauptstadtbezirk gaben mehr als die Hälfte der Mittel für Direkthilfen aus. Von 31,6 Milliarden Dollar im Sozialetat der Zentralregierung wurden nur 7,1 Milliarden bar an die Armen ausgezahlt.[13]

Was ist mit dem Rest passiert? Ein Teil kam Familien auf

andere Weise zugute, etwa in Form von Ausbildungsprogrammen oder Beihilfen zur Kinderbetreuung. Das Geld wurde allerdings auch dazu verwendet, den Jugendstrafvollzug auszubauen, Jugendlichen Kurse für den Umgang mit Geld angedeihen zu lassen und eine Bandbreite von anderen Aktivitäten zu finanzieren, die wenig bis gar nichts mit der Armutsbekämpfung zu tun hatten. Der Bundesstaat Oklahoma gab beispielsweise zwischen 1999 und 2016 mehr als 70 Millionen Dollar aus dem TANF-Topf für kostenlose Eheberatung und -Workshops aus. Arizona finanzierte damit unter anderem fundamentalistisch-christliche Sexualaufklärung, Pennsylvania zweigte TANF-Gelder für Anti-Abtreibungs-Einrichtungen ab, und Maine sponsorte christliche Ferienzeltlager.[14]

Den Vogel schoss allerdings Mississippi ab. Einem 2020 veröffentlichten 389-seitigen Prüfungsbericht konnte man entnehmen, dass das Sozialamt mit dem für die ärmsten Familien des Bundesstaats bestimmten Geld einen Gospelsänger anheuerte, der bei Veranstaltungen und Gottesdiensten sang; einen Nissan Armada, einen Chevrolet Silverado und einen Ford F-250 für die Direktorin einer gemeinnützigen Einrichtung sowie zwei ihrer Angehörigen anschaffte; und dem ehemaligen Football-Star Brett Favre 1,1 Millionen Dollar für Vorträge bezahlte, die er nie hielt. (Favre erstattete das Geld später zurück.) Damit nicht genug. Auftragnehmer der Sozialbehörde verschleuderten TANF-Gelder für Football-Tickets, eine Privatschule, ein zwölfwöchiges Fitness-Camp für Abgeordnete des Bundesstaats (Kostenpunkt 1,3 Millionen Dollar) sowie eine Beihilfe zum Bau eines Sportzentrums der Mississippi State University (5 Millionen Dollar). Der ehemalige Wrestler Ted DiBiase erhielt 2,1 Millionen Dollar für Vorträge und Wrestling-Veranstaltungen; sein Sohn Brett DiBiase war seinerzeit stellvertretender Leiter der Sozialbehörde. Er und fünf weitere Personen wurden wegen Veruntreuung öffentlicher Gelder angeklagt.[15]

Die Bundesstaaten sind nicht verpflichtet, jedes Jahr ihren gesamten TANF-Etat auszugeben, und viele tun dies auch nicht, sondern nehmen die verbleibenden Mittel ins nächste Jahr mit. Im Jahr 2020 saßen die Bundesstaaten auf insgesamt 6 Milliarden Dollar Sozialhilfe, die sie nicht ausgegeben hatten. Nebraska hatte 91 Millionen Dollar gehortet, Hawaii 380 Millionen - genug, um jedem armen Kind des Bundesstaats 10 000 Dollar schenken zu können. Angeführt wurde die Liste von Tennessee mit 790 Millionen Dollar. In diesem Jahr hatten nur neun Bundesstaaten eine höhere Kinderarmut als Tennessee. Am größten ist die Kinderarmut übrigens in Mississippi, wo rund 28 Prozent der Minderjährigen unterhalb der Armutsgrenze leben.[16]

Ein anderes Beispiel ist die Behindertenrente der Sozialversicherung (Social Security Disability Insurance, SSDI), eine Beihilfe für Menschen mit Behinderungen, die in ihrer aktiven Zeit als Arbeitnehmer in die Sozialversicherungskasse eingezahlt haben. 1996 stellten rund 1,96 Millionen Amerikaner einen Antrag auf diese Behindertenrente, 2010 waren es rund 3 Millionen. Grund für den steilen Anstieg sind in der Hauptsache demografische Verschiebungen, vor allem das Bevölkerungswachstum und die Alterung der geburtenstarken Jahrgänge. Doch die Zahl der Bewilligungen hielt nicht mit den Anträgen Schritt. Zwischen 1996 und 2010 stieg die Zahl der Antragsteller um 130 Prozent, doch die der Bewilligungen nur um 68 Prozent. Immer mehr Bürger beantragen Unterstützung, doch der Staat macht es immer schwieriger, sie zu bekommen. Mitte der 1990er Jahre wurde gut die Hälfte der Anträge bewilligt, heute ist es nur etwa ein Drittel.[17]

Ich habe miterlebt, was mein Freund Woo durchmachte, als er die Behindertenbeihilfe beantragte, nachdem er ein Bein verloren hatte. Woo ist ein Kumpeltyp mit dröhnendem Lachen und großem Herzen. Das und sein breiter Brustkorb machten ihn zu einem ausgezeichneten Wachmann. Als wir zusammen in einem Männerwohnheim in der North Side von Milwaukee lebten, nannte er mich immer Andy und sagte mir, ich solle ihn Red nennen, wie die beiden Freunde im Film *Die Verurteilten* (der eine weiß, wie ich, der andere schwarz, wie Woo).

Als ich Woo im Krankenhaus besuchte, saß er im Rollstuhl, sein Beinstumpf war bandagiert. Er wirkte mit einem Mal ganz klein, und wir weinten zusammen, als er seine Hände neben den Stumpf legte, so als wolle er sagen: *Siehst du das?* Wieder und wieder sagte er: «Die haben mir so Unrecht getan.»

Nach seiner Entlassung aus dem Krankenhaus lernte er, mit Prothese zu gehen, und stellte Antrag auf Behindertenrente. Er war einundvierzig Jahre alt und benötigte fünf Sozialversicherungsjahre. Woo hatte zwar mehr als fünf Jahre und mehr als Vollzeit gearbeitet, weil er regelmäßig Doppelschichten eingelegt hatte – aber nie für Arbeitgeber, die Beiträge abgeführt hätten. Also beantragte er die Beihilfe eines alternativen Behindertenprogramms (Supplemental Security Income, SSI). Auch hier werden inzwischen die meisten Anträge negativ beschieden.[18] Ich half Woo, seinen Antrag auszufüllen, und im ersten Anlauf wurde er abgelehnt. Woo wunderte sich nicht. «So läuft das immer», sagte er mir. Dann rief er einen Anwalt an.

In armen Bevölkerungsgruppen weiß man, dass man mehrere Anträge auf Behindertenrente stellen muss, so als sei die Ablehnung fester Bestandteil des Verfahrens. Außerdem weiß man, dass ohne Anwalt gar nichts geht. Die Anwälte arbeiten auf Kommission und erhalten bis zu einem Viertel der Nachzahlungen, die ihre Klienten für den Zeitraum der Verfahrensdauer erhalten. Da die Ablehnungsquote in den letzten Jahren gestiegen ist, heuern immer mehr Antragsteller Anwälte an. Im Jahr 2001 erhielten Anwälte in 179 171 Fällen ein Honorar von insgesamt 425 Millionen Dollar; im Jahr 2019 waren es 390 809 Fälle und Honorare in Höhe von insgesamt 1,2 Milliarden Dollar.[19]

Seinen zweiten Antrag stellte Woo persönlich, mit einem Anwalt an seiner Seite. «Der Anwalt hat große Töne gespuckt, aber gewonnen hat der Rollstuhl», erinnerte sich Woo. Der Richter brauchte gerade einmal fünf Minuten, um den Fall zu entscheiden. Woo erhielt eine Nachzahlung von 3600 Dollar, für die er sich einen rollstuhlfähigen Kleinlastwagen kaufte; der Wagen hielt drei Jahre, dann ging er in Flammen auf. Sein Anwalt kassierte 400 Dollar. Heute bekommt Woo eine Behindertenrente von 800 Dollar pro Monat, deutlich weniger als mit seiner Arbeit. Dass er seinen Anwalt bezahlen musste, stört ihn nicht. «Dem hab ich meine Rente zu verdanken», sagt er. Aber ich komme nicht darüber hinweg, dass jedes Jahr mehr als eine Milliarde Dollar an Sozialhilfe nicht den Bedürftigen zugutekommen, sondern den Anwälten, die ihnen zu ihrer Rente verhelfen.[20]

Wenn wir die Sozialausgaben mehr als verdoppelt und trotzdem kaum etwas erreicht haben, dann auch deshalb, weil das Sozialwesen löchrig ist wie ein Sieb.[21] Wenn ein Dollar für ein Sozialhilfeprogramm bereitgestellt wird, bedeutet das noch lange nicht, dass dieser Dollar auch bei einer bedürftigen Familie ankommt. Doch das erklärt noch nicht, warum sich die Armut so hartnäckig hält. Viele der größten Sozialhilfeprogramme zahlen nach wie vor Direkthilfen aus. Rund 85 Prozent des Etats des Lebensmittelbeihilfeprogramms fließen in Lebensmittelmarken, und fast 93 Prozent des Etats der Krankenversicherung und des Supplemental Security Income kommen den Empfängern direkt zugute.[22] Es sind also offenbar noch andere Kräfte am Werk.

★

In der Geschichte der Vereinigten Staaten mussten Einwanderer immer wieder als Projektionsfläche für wirtschaftliche Ängste herhalten. «Die Chinesen sind ein Schaden und Fluch für unser Land», hieß es 1877 in einer Zeitungskolumne. «Sie verdrängen weiße Arbeitnehmer und nehmen den weißen Männern und ihren Familien das Brot aus dem Mund.» Anfang des 20. Jahrhunderts wurden italienische Einwanderer angefeindet und mancherorts von Mobs aus der Stadt vertrieben oder gelyncht. Wenn Konservative heute Einwanderern vorwerfen, dass sie die Löhne kaputt machen und einheimische Arbeitnehmer verdrängen, dann stehen sie in einer langen Tradition.[23]

Rein theoretisch könnten Einwanderer die Armut eines Landes auf dreierlei Weise vergrößern: Sie könnten arm ankommen und arm bleiben und damit eine neue Unterschicht bilden; sie könnten die Einheimischen ärmer machen, indem sie Löhne drücken; oder sie könnten den Sozialstaat überlasten und die Mittel für die Armutsbekämpfung verdünnen. Im vergangenen halben Jahrhundert ist die Zahl der im Ausland geborenen Einwohner der Vereinigten Staaten stark gestiegen. 1960 waren 5 Prozent aller US-Bürger im Ausland zur Welt gekommen, heute sind es 12,5 Prozent. In den Vereinigten Staaten leben mehr Einwanderer als in jedem anderen Land der Welt. Könnte das der Grund sein, warum die Armut konstant geblieben ist, obwohl mehr Mittel zu ihrer Bekämpfung aufgewendet werden?[24]

Wie die europäischen Einwanderer, die vor Generationen über den Atlantik kamen, sind viele der heutigen Neuankömmlinge weitgehend mittellos. Würden sie und ihre Kinder arm bleiben, hätte die Zunahme der Einwanderung auch einen Anstieg der Armut zur Folge. In diesem Fall müsste die Armut in Bundesstaaten mit dem größten Zustrom besonders stark wachsen. Fast die Hälfte aller im Ausland geborenen Einwohner des Landes konzentrieren sich auf drei Bundesstaaten: Kalifornien, Florida und Texas. Hat die Armut in diesen Staaten mit der Zahl der Einwanderer zugenommen?

Nein. Zwischen 1970 und 2019 nahm der Anteil der Zuwanderer in Kalifornien um fast 18 Prozent, in Texas um 14 und in Florida um 13 Prozent zu. Im gleichen Zeitraum stieg der Anteil der Armen in Kalifornien geringfügig um 0,7 Prozent, während er in Texas und Florida um 4 beziehungsweise 5 Prozent sank. Die Bundesstaaten, die in den vergangenen fünfzig Jahren die meisten Einwanderer aufgenommen haben, sind also nicht ärmer, sondern zum Teil sogar reicher geworden.[25]

Wenn sich Scharen von armen Einwanderern in Kalifornien, Texas und Florida niedergelassen haben, ohne diese Staaten ärmer zu machen, dann liegt das daran, dass Einwanderer zu den wirtschaftlich und gesellschaftlich mobilsten Gruppen des Landes gehören. Das trifft vor allem auf die Kinder von Einwanderern zu. Wie viele von uns kennen nicht Informatiker, Ärzte oder Anwälte, deren Eltern als Landarbeiter, Tellerwäscher oder Reinigungskräfte ins Land gekommen sind? Ihr kollektiver Erfolg ist der Grund, warum mehr Zuwanderung nicht zu mehr Armut geführt hat.[26]

Aber geht ihr Erfolg auf Kosten anderer Arbeitnehmer? Konkurrieren Einwanderer mit Einheimischen, drücken die Löhne und treiben mehr Menschen in die Armut? Die Forschung hat festgestellt, dass die Zuwanderung langfristig kaum Auswirkungen auf die Löhne und noch weniger auf die Arbeitslosigkeit hat. Das wäre verwunderlich, wenn Einwanderer mit Einheimischen um dieselben Arbeitsplätze konkurrieren, doch Einwanderer konkurrieren vor allem untereinander.[27] Wenn die Löhne vieler Amerikaner stagnieren, sind also nicht die Einwanderer schuld.

Die illegale Zuwanderung hat in den letzten Jahren abgenommen. Push-Faktoren haben sich abgeschwächt, vor allem dank der Alterung der Bevölkerung und der Stabilisierung der Wirtschaft in Mexiko. Gleichzeitig haben sich die Push-back-Faktoren mit der Militarisierung der Grenze verstärkt. Politiker, die heute vor der «Krise an der Grenze» warnen, wissen sehr genau, dass die illegale Zuwanderung ihren Höhepunkt bereits im Jahr 2007 überschritten hat. Doch Arbeitgeber haben auf den gedrosselten Zustrom billiger Arbeitskräfte nicht etwa reagiert, indem sie mehr Einheimische zu höheren Löhnen einstellten. Stattdessen haben sie viele Tätigkeiten automatisiert, legale Einwanderer eingestellt (Amerikaner drängen sich nicht um Migrantenjobs) oder ihren Laden dichtgemacht.[28]

Unabhängig von ihren Auswirkungen auf den Arbeitsmarkt könnten Einwanderer ein Land ärmer machen, indem sie Sozialhilfe beanspruchen. Doch die ärmsten Einwanderer kommen illegal ins Land, das heißt, sie haben keinerlei Anspruch auf Sozialhilfe, Lebensmittelmarken, Gesundheitswesen und Rentenversicherung. Im Laufe ihres Lebens zahlen Einwanderer in der Regel mehr Steuern an den Staat, als sie in Form von Sozialleistungen zurückbekommen.[29] Selbst im gegenteiligen Fall wäre der Anteil der Staatsausgaben, der auf Einwanderer entfiele, lächerlich gering neben den Belastungen, die die Reichen für den Sozialstaat darstellen. Doch dazu später mehr. An dieser Stelle wollen wir lediglich festhalten, dass die traurige Bilanz der Armutsbekämpfung nicht den Einwanderern anzulasten ist.

★

Könnte die Familie schuld sein? Es gab Zeiten, in denen die meisten armen Kinder in einem Haushalt mit zwei Elternteilen aufwuchsen. Im Jahr 1959 bestanden rund 70 Prozent der armen Familien aus einem Ehepaar und ihren Kindern. Heute werden Priester häufiger zu Bestattungen als zu Eheschließungen gerufen, und die Mütter der meisten armen Kinder sind Alleinerziehende. Etwa jede dritte alleinerziehende Mutter ist arm, gegenüber 6 Prozent der verheirateten Elternpaare.[30] Aufgrund dieser Differenz hört man immer wieder, Alleinerziehung sei der Hauptgrund für die Armut in den Vereinigten Staaten.

Aber warum ist die Situation dann in Irland, Italien oder Schweden eine ganz andere? Eine Erhebung aus den achtzehn reichsten Demokratien der Welt ergab, dass alleinerziehende Mütter außerhalb der Vereinigten Staaten oftmals nicht ärmer sind als der Rest der Bevölkerung. In Ländern, die am breitesten in ihre Bevölkerung investieren, vor allem durch Programme, die allen Bürgern zugutekommen, ist die Armut am geringsten, auch die der Haushalte von alleinerziehenden Müttern. Wir könnten uns ein Vorbild an Programmen nehmen, die Alleinerziehenden helfen, einen Ausgleich zwischen Arbeit und Familie zu finden, etwa bezahlte Elternzeit sowie bezahlbare Kindertagesstätten und Kindergärten. Stattdessen haben wir die Kinderbetreuung privatisiert, womit diese in der modernen Gesellschaft lebensnotwendige Dienstleistung vor allem den Reichen vorbehalten bleibt. Damit haben wir vielen Alleinerziehenden die Möglichkeit genommen, zu studieren oder einer Ganztagsbeschäftigung nachzugehen. Es mag eine persönliche Entscheidung sein, sich vom Partner zu trennen oder außerhalb der Ehe ein Kind zu bekommen, doch wenn viele dieser Eltern und ihre Kinder zu einem Leben in Armut verurteilt sind, dann ist das eine Entscheidung der Gesellschaft.[31]

In den Vereinigten Staaten ist die Ehe zu einer Art Luxusgut geworden. Viele Paare entscheiden sich erst dann zu diesem Schritt, wenn sie eine gewisse finanzielle Sicherheit erreicht haben. Überschreiten sie diese Schwelle nicht, dann heiraten sie oft auch nicht. Wenn wir also die geringere Zahl der Eheschließungen unter Betroffenen als Hauptgrund für ihre Armut anführen, dann ist das so, als würde man den verbreiteten Immobilienbesitz unter den Reichen als Hauptgrund für ihren Wohlstand anführen. Damit stellt man Ursache und Wirkung auf den Kopf: Immobilienbesitz führt nicht zu finanzieller Sicherheit, sondern nur zu *mehr* finanzieller Sicherheit. Ein Haus kauft man sich in der Regel erst, wenn man etwas erreicht hat (oder wenn die Eltern etwas erreicht haben). Ähnlich ist es mit der Ehe: Sie festigt die Sicherheit der Abgesicherten.[32] Das bürgerliche Modell der Kleinfamilie wird durch dasselbe Medium ermöglicht wie das Bürgertum selbst: Geld.[33]

Wenn Arme wirtschaftliche Möglichkeiten erhalten, dann heiraten sie in der Regel auch. Das belegt das Programm «New Hope», das Mitte der 1990er Jahre in Milwaukee durchgeführt wurde. Diese Initiative unterstützte Bewohner armer Stadtteile mit bezahlbarer ärztlicher Versorgung und Kinderbetreuung sowie Einkommensbeihilfen. Fünf Jahre nach Beginn des Programms hatte eine Stichprobe der Teilnehmer deutlich bessere Einkommen und Arbeitsplätze als Nicht-Teilnehmer. Sie waren auch doppelt so häufig verheiratet. New Hope ist eines von mehreren Programmen, die den Anteil der Eheschließungen steigen lassen, und zwar nicht durch Eheberatung (ein nahezu wirkungsloses Instrument), sondern indem sie Paaren den Weg in die wirtschaftliche Sicherheit ebnen, die sie für ein gemeinsames Leben benötigen.[34]

Leider sind diese Programme nicht mehr als flüchtige Experimente – das Gros der amerikanischen Sozialpolitik steht der Familie nach wie vor geradezu feindselig gegenüber. Am familienfeindlichsten ist die Politik der Masseninhaftierung. Die meisten der Inhaftierten sind Väter oder Mütter. Männer wurden erst zu Hunderttausenden, dann zu Millionen aus ihren Familien gerissen. Den höchsten Preis zahlen arme schwarze und Latinofamilien.[35] Während Häftlingen in Deutschland und vielen anderen Ländern der Familienbesuch gestattet wird, tut das amerikanische Gefängniswesen alles, um sämtliche Beziehungen zu zerstören. Wenn es keine Häftlinge gäbe, dann würde einigen Schätzungen zufolge die Zahl der Ehen in den Vereinigten Staaten um bis zu 30 Prozent steigen.[36] Mit unserem Bestrafungswahn reißen wir zahllose arme Menschen aus ihren Familien, schränken den Kontakt zu Kindern, Partnern und Angehörigen ein und behindern ihre ohnehin schon schlechten Aussichten auf Arbeit und Wohnung mit einem Vorstrafenregister. In der Geschichte unseres Landes gab es nur eine einzige vom Staat geförderte Einrichtung, die noch familienfeindlicher war als die Masseninhaftierung, und das war die Sklaverei.

Auch unsere Sozialpolitik ist in weiten Teilen familienfeindlich. Sozialhilfeempfänger, die bei ihren Familien leben, erhalten weniger Geld. Eine Mutter kann ihren Wohngeldanspruch oder ihre Sozialwohnung verlieren, wenn der Vater ihrer Kinder bei ihr einzieht. Haushalte erhalten mehr Lebensmittelmarken, wenn die Partner den Antrag nicht als Paar, sondern einzeln stellen.[37] Der Gipfel ist jedoch die Lohnsubvention. Nehmen wir an, in einer vierköpfigen Familie verdient die Mutter 2500 Dollar im Monat und der Vater 1250. Wenn der Vater die Subvention beantragt, kann er die Höchstsumme erhalten (5920 Dollar im Jahr 2020). Wenn das Paar jedoch verheiratet ist und gemeinsam veranlagt wird, bekommt es höchstens 2000 Dollar. Was ist also familienfreundlicher: nicht heiraten und mehr Geld heimbringen oder heiraten und weniger beisteuern?[38]

Ich möchte keinen falschen Eindruck erwecken. Es gibt kaum einen Hinweis, dass die Gestaltung der Sozialhilfe ausschlaggebend für den Rückgang der Eheschließungen ist. Schlecht bezahlte Arbeit, unbezahlbare Studienabschlüsse, Masseninhaftierung und unerschwingliche Kinderbetreuung sind in weit größerem Maße verantwortlich.[39] Trotzdem frage ich mich, warum der Staat seine Sozialpolitik so gestaltet, und das, obwohl so viele gewählte Politiker die Ehe als Patentlösung für die Armut des Landes hochhalten.

Doch viele Kommentatoren ignorieren die Auswirkungen der Wirtschafts- und Gesellschaftspolitik auf die Entscheidung für oder gegen eine Heirat und sehen die Eheschließung offenbar lediglich als Pflichtpunkt in ihrem Handbuch des gelungenen Lebens. Jungen Menschen gibt man oft drei einfache Lebensregeln mit auf den Weg: Mach deinen Schulabschluss, such dir einen Vollzeitjob und bekomme erst Kinder, wenn du verheiratet bist. Der konservative Thinktank American Enterprise Institute bezeichnet diese drei Schritte als «Erfolgsrezept». Einer Untersuchung aus dem Jahr 2007 zufolge lebten nur 2 Prozent derer, die sich an diese Abfolge hielten, in Armut, gegenüber 76 Prozent derjenigen, die alle drei Regeln missachteten.[40]

Wäre es doch nur so einfach. Wenn man sich die Daten genauer ansieht, stellt man fest, dass sich mehr Arme an alle drei Regeln halten als gegen alle drei verstoßen und dass Schwarze, die das Erfolgsrezept befolgen, seltener der Armut entkommen als Weiße. Man stellt auch fest, dass der entscheidende Schritt des Erfolgsrezepts nicht die Ehe ist, sondern die Vollzeitanstellung. Leider können viele alleinerziehende Eltern nicht ganztags arbeiten, weil sie sich die Kinderbetreuung nicht leisten können.[41] Ich möchte keinesfalls die Bedeutung von Bildung, Arbeit oder Ehe schmälern, doch wenn wir einen in Armut lebenden Menschen wie Crystal auffordern, doch einen Schulabschluss zu machen, eine feste Stelle zu finden und zu heiraten, dann könnten wir sie genauso gut auffordern, sich ein anderes Leben zu suchen.

Die eigentliche Frage ist nicht, warum so viele arme Eltern alleinerziehend sind, sondern warum wir zulassen, dass so viele Alleinerziehende arm sind. Würden wir nicht viel lieber in einem Land leben, in dem alle Formen der Familie vor

Mangel geschützt sind und in der Alleinerziehung nicht einer Verurteilung zu einem Leben in Armut gleichkommt?[42]

Bäume strecken ein Geflecht von Wurzeln in den Boden, und es ist lehrreich, jede dieser Wurzeln auf ihrem gewundenen Weg durch das Erdreich zu verfolgen. Genauso aufschlussreich ist es, verschiedene Erklärungen für die Ursachen der Armut zu verfolgen, etwa Einwanderung oder die Familienstruktur. Doch ich habe festgestellt, dass ich dabei immer wieder zum Stamm der Wurzel zurückkomme, von dem alle übrigen Wurzeln abzweigen, und in unserem Fall ist das die einfache Wahrheit, dass Armut eine Verletzung ist, die einem zugefügt wird. Zig Millionen Amerikaner enden nicht durch eine Irrung der Geschichte oder eine persönliche Fehlentscheidung in der Armut. Die Armut besteht fort, weil einige Leute es so wollen.

KAPITEL 3

WIE WIR DIE ARBEITNEHMER SABOTIEREN

Wir sprechen nur ungern davon, dass die Armut einigen von uns nutzt. Wir ziehen Theorien vor, die uns von jeder Schuld freisprechen. Es ist uns zu einer lieben Gewohnheit geworden, die Armen selbst für ihre Misere verantwortlich zu machen. Noch beliebter sind heute allerdings strukturelle Erklärungen, die Armut mit dem Versagen der Institutionen oder Verwerfungen der Wirtschaft erklären.

Ein besonders beliebtes Erklärungsmodell ist die Deindustrialisierung, die mit der Schließung von Fabriken und der Ausblutung der Standorte einherging. «Deindustrialisierung» ist ein klinischer Begriff, der den Eindruck erweckt, dass die ganze Sache einfach irgendwie von selbst passiert ist – als sei das Land deindustrialisiert worden, wie ein Wald vom Borkenkäfer befallen wird. Dieser Erzählung zufolge ist die Armut ein «Nebeneffekt sozialer Ursachen», wie es der Soziologe Erik Olin Wright einmal ausdrückte: «Niemand hat das Unglück beabsichtigt, und niemand profitiert davon.»[1]

Wenn die Gegebenheiten, die den Armen schaden, jedoch über Jahrzehnte hinweg fortbestehen, lässt das dann nicht den Verdacht aufkommen, dass es sich um Absicht handeln könnte? Sind «systemische» Probleme – systemischer Rassismus, systemische Armut, systemische Frauenfeindlichkeit – nicht das Produkt zahlloser Einzelentscheidungen, motiviert durch reales oder vermeintliches Eigeninteresse? Das «System» zwingt uns schließlich nicht dazu, einem Kellner das Trinkgeld zu verweigern oder gegen bezahlbare Sozialwohnungen in unserer Nachbarschaft zu protestieren, oder?

Menschen profitieren auf alle möglichen Arten von der Armut. Das liegt auf der Hand, doch wenn man es laut ausspricht, handelt man sich Ärger ein. Es klingt hässlich. Die Leute werden nervös, und so mancher versucht, einen zum Schweigen zu bringen, wie man einem Kind in der Öffentlichkeit den Mund zuhält, wenn es etwas ausspricht, das zwar alle sehen, vor dem sie aber lieber wegsehen – ein Mann mit einem Auge, ein Hund, der an ein Auto pinkelt. Oder so wie ernsthafte Erwachsene Jugendliche zum Schweigen bringen, wenn sie den Kapitalismus pauschal verurteilen und mit der brutalen Klarheit eines Steins, der eine Scheibe zerschmettert, eine tiefe moralische Wahrheit aussprechen. Man muss sich vorhalten lassen, man schüre den Klassenkampf, nur weil man das Offensichtliche ausspricht.

Wer Ausbeutung als Erklärung für die Armut anbringt, stößt auf gemischte Reaktionen. Auf der einen Seite wissen alle, was der Musicalkomponist Stephen Sondheim so auf den Punkt brachte: «Die Antwort auf alle Fragen ist: Es wird gefressen, wer selber nicht frisst.» Familien, Clans, Stämme und Staaten bekämpfen einander, und die eine Seite wird vernichtet oder versklavt oder kolonisiert oder ausgeraubt, während die andere sich dabei bereichert. Die Sieger steigen auf den Rücken der Unterlegenen nach oben. Warum sollte unsere heutige Armut anders entstanden sein?[2] Andererseits, meinen wir, war das natürlich nur früher so. So leicht es uns fällt, die Ausbeutung der Vergangenheit zu analysieren, so schnell geraten wir ins Stottern, wenn die Rede darauf kommt, wie wir einander heute knechten. Vielleicht, weil wir uns Ausbeutung immer in ihrer gemeinsten und extremsten Form vorstellen: afrikanische Sklaven auf Plantagen, kleine Jungen in Bergwerksstollen, kleine Mädchen in Baumwollspinnereien. Vielleicht glauben wir die Geschichte des Fortschritts, vor allem des Fortschritts der Gleichberechtigung, so als sei die Geschichte «eine Ratsche, die sich nur in eine Richtung dreht», wie die Psychologin Jennifer Richeson schrieb.[3]

Oder vielleicht assoziieren wir das Wort «Ausbeutung» mit Sozialismus und haben Angst, damit in Verbindung gebracht zu werden. Vor Jahren hielt ich an der Kennedy School of Government der Harvard University einen Vortrag zur Ausbeutung der Innenstädte, genauer zu den unternehmerischen Strategien von Hausbesitzern in armen Stadtteilen. Darin zeigte ich auf, wie einige Hausbesitzer ihren Lebensunterhalt mit der Vermietung von verwahrlosten Wohnungen an arme Familien verdienen. Nach meinem Vortrag meinte eine Professorin mit besorgtem Blick zu mir: «Ihnen ist aber schon klar, dass Sie da einen marxistischen Weg einschlagen, oder?»

Das habe ich damals nicht so gesehen, und ich sehe es immer noch nicht so.[4] Wir werden umso anfälliger für Ausbeutung, je unfreier wir sind. In Bundesstaaten wie Arizona, Connecticut und Kentucky können Häftlinge ihre Angehörigen nur über das Gefängnistelefon anrufen, zum Tarif von drei Dollar für ein fünfzehnminütiges Telefonat innerhalb des Bundesstaats. Nicht-Häftlinge würden solche Bedingungen niemals hinnehmen – wir haben bessere Alternativen. Da illegale Arbeitnehmer nicht durch Tarifverträge geschützt sind, verdient ein gutes Drittel weniger als den Mindestlohn, und fast 85 Prozent werden für Überstunden nicht bezahlt. Wer in diesem Land geboren wurde oder legal eingereist ist, würde niemals zu solchen Bedingungen arbeiten. Das müssen wir auch nicht. (Haben die illegalen Arbeitnehmer die Bedingungen akzeptiert? Wenn sie als Erwachsene ins Land gekommen sind, dann ja. Aber nur weil verzweifelte Menschen ausbeuterische Bedingungen hinnehmen oder sogar suchen, macht das diese Bedingungen nicht weniger ausbeuterisch.)[5]

Mehr Nervosität. *Die Sache ist komplizierter*, wenden einige ein. Natürlich sind die meisten sozialen Probleme kompliziert, doch der Verweis darauf ist oft eher ein Beleg für unsere soziale Stellung als für kritische Intelligenz. Wer Hunger hat, will Brot. Wer Geld hat, beruft ein Expertengremium ein. Komplexität ist die Zuflucht der Mächtigen. Ich muss an den Traktorfahrer in *Früchte des Zorns* denken, der die Anweisung erhält, in gerader Linie durch das Haus einer Pächterfamilie hindurchzupflügen. «Wenn du auch nur nahe kommst, knalle ich dich nieder wie einen Hund», droht ihm der Pächter. «Ich bin's ja nicht. Ich kann nichts dafür», erwidert der Traktorfahrer und erklärt, wenn der Pächter ihn erschießt, sitzt sofort ein anderer auf dem Traktor. Außerdem habe er die Anweisung von seinem Boss, der wiederum von der Bank, und die «hat Befehl aus dem Osten gekriegt», und so weiter. Die Sache ist also kompliziert. «Aber wo hört das denn auf? Wen können wir denn erschießen?», fragt der Pächter. Er sieht, was der Traktorfahrer nicht wahrhaben will: Seine Familie ist kein Opfer von «Blitz und Erdbeben», es ist «eine böse Sache, die Menschen gemacht haben, und

– bei Gott – das ist was, wo wir ändern können». Der Pächter weiß ganz genau, dass die Armut des einen der Profit des anderen ist, ganz unkompliziert.[6]

★

Vor einigen Jahren lernte ich Julio Payes kennen, der ganz legal mit einem Arbeitsvisum aus Guatemala in die Vereinigten Staaten gekommen war. Er lebte in Emeryville in Kalifornien, einer Stadt mit 12 000 Einwohnern zwischen Oakland und Berkeley. Julio hatte zwei Jobs und arbeitete 80 Stunden pro Woche. Zur Geisterschicht von 22 Uhr bis 6 Uhr morgens servierte er Hamburger und Pommes in einem rund um die Uhr geöffneten McDonald's, und von 8 Uhr morgens bis 16 Uhr arbeitete er dort, wo ihn die Zeitarbeitsfirma Aerotek hinschickte. Danach versuchte er, ein wenig Schlaf zu bekommen, ehe er wieder bei McDonald's antreten musste. Julio hielt sich mit Cola wach. Beide Arbeitgeber zahlten Mindestlohn.[7]

«Ich fühle mich wie ein Zombie», sagte mir Julio. «Keine Energie. Immer traurig.» Aber um die Miete für das Zimmer zu bezahlen, das er sich mit seiner Mutter und seinen beiden jüngeren Geschwistern teilte, musste er 16 Stunden am Tag arbeiten, sieben Tage die Woche. Julio schlief oder arbeitete, zum Leben blieb ihm keine Zeit. Einmal sagte ihm sein jüngerer Bruder Alexander, der damals acht war, dass er Geld spare. «Ich will mir eine von deinen Stunden kaufen», sagte er zu seinem Bruder. «Wie viel kostet es, wenn du eine Stunde mit mir spielst?» Julio sah seinen Bruder an und weinte. Wenig später kippte er in einem Supermarkt um. Julio war vierundzwanzig Jahre alt.

Julio landete in der Notaufnahme, weil seine Arbeitgeber ihm so wenig bezahlten. Mussten sie das? Diese Frage wird meist wissenschaftlich verbrämt so gestellt: Wenn die Löhne der ärmsten Arbeitnehmer angehoben werden, steigt dann die Arbeitslosigkeit?

«Wahrscheinlich ja», lautete die Antwort der Wirtschaftswissenschaften viele Jahre lang. Im Jahr 1946 veröffentlichte die Fachzeitschrift *American Economic Review* einen Artikel zur Ökonomie des Mindestlohns von George Stigler, einem damals fünfunddreißigjährigen Wirtschaftswissenschaftler der University of Minnesota. Die Inflation hatte den Mindestlohn von 40 Cent pro Stunde aufgefressen, und die Arbeitnehmer verlangten eine Anhebung auf 60 oder 75 Cent (was im Juni 2022 einem Mindestlohn von 9,51 beziehungsweise 11,88 Dollar entsprochen hätte). «Wirtschaftswissenschaftler halten sich in der Frage dieser Gesetzgebung bedeckt», schrieb Stigler. Seiner Ansicht nach sollten sie jedoch ihre Zurückhaltung aufgeben und von der Anhebung des Mindestlohns abraten. Stigler war überzeugt, wenn Arbeitgeber höhere Löhne zahlten, dann würden sie weniger Arbeitnehmer beschäftigen, und damit würden viele Menschen ihre Arbeit verlieren, und sei sie noch so schlecht.[8]

Zu diesem Schluss kam der junge Wirtschaftswissenschaftler nicht etwa aufgrund der Auswertung von Daten, sondern durch «hypothetische Daten», also eine Geschichte, die er erfunden hatte, um seine Theorie auszumalen. Andere Wirtschaftswissenschaftler ließen sich von Stiglers einfacher und eleganter Logik überzeugen und nahmen sie in ihre Lehrbücher auf. Die Prognose, dass die Anhebung des Mindestlohns Arbeitsplätze vernichtet, wurde zum Gemeinplatz.[9]

Fünfzig Jahre lang machte sich niemand die Mühe, diese

These zu überprüfen. Bis 1992, zehn Jahre nachdem Stigler den Nobelpreis erhalten hatte, als der Bundesstaat New Jersey seinen Mindestlohn anhob und der benachbarte Bundesstaat Pennsylvania nicht. Es handelte sich um ein natürliches Experiment, anhand dessen sich die Auswirkungen von Lohnerhöhungen auf die Beschäftigung ermitteln ließen. Dazu führten die beiden Wirtschaftswissenschaftler David Card und Alan Krueger von der Princeton University Untersuchungen in 410 Schnellrestaurants beider Staaten durch. Mit dem Ergebnis, dass in New Jersey nach der Anhebung des Mindestlohns keine Arbeitsplätze verloren gingen. Stigler hatte sich also geirrt.[10] Der Artikel von Card und Krueger schlug ein wie eine Bombe, denn er bewies, dass die Anhebung des Mindestlohns kaum Auswirkungen auf die Beschäftigung hat; seither haben Wirtschaftswissenschaftler Hunderte ähnliche Untersuchungen durchgeführt, die dieses Ergebnis überwiegend bestätigen.[11]

Demokraten behaupten, dass die Anhebung des Mindestlohns mehr Arbeitsplätze schafft, weil die Arbeitnehmer mehr Geld in der Tasche haben, das sie ausgeben können. Republikaner behaupten weiterhin mit Stigler, dass die Anhebung des Mindestlohns Arbeitsplätze vernichtet. Jede der beiden Seiten verweist auf Untersuchungen, doch die Daten deuten überwiegend in dieselbe Richtung.[12]

Julio muss keinen Hungerlohn bekommen, damit seine Arbeitsplätze erhalten bleiben. Wenn er seine Hamburger in einem McDonald's in Dänemark gebraten hätte, dann hätte er doppelt so viel verdient wie in Emeryville.[13]

★

Die Situation war nicht immer so schlimm. Zwischen Ende der 1940er und Ende der 1970er Jahre wuchs die amerikanische Wirtschaft und gab ihre Gewinne weiter. Für anständige Arbeit bekam man anständiges Geld, was vor allem der Macht der Gewerkschaften zu verdanken war. In den 1950er und 1960er Jahren war fast ein Drittel aller Arbeitnehmer Mitglied in einer Gewerkschaft. Das waren die Tage der Automobilarbeitergewerkschaft UAW (United Automobile Workers) unter der Führung von Walter Reuther, der einst von Fords Schlägern vermöbelt wurde, und der mächtigen Gewerkschaftsverbände AFL (American Federation of Labor) und CIO (Congress of Industrial Organizations), die zusammen 15 Millionen Arbeitnehmer vertraten. Diese Arbeiter konnten richtig Ärger machen. Der Streik der Traubenpflücker von Delano, der 1965 begann, dauerte fünf Jahre und beschäftigte die amerikanische Öffentlichkeit. Allein 1970 nahmen 2,4 Millionen Gewerkschaftsmitglieder an Ausständen, Streiks und Verhandlungen mit Unternehmensführungen teil. Der Einsatz wurde belohnt. Die Löhne der Arbeiter stiegen, die Vorstandsgehälter wurden gedeckelt, und das Land erlebte die größte wirtschaftliche Gleichheit seiner Geschichte.[14]

Leider waren die Gewerkschaften oft nur für weiße Männer da. Weiße Frauen arbeiteten während der Nachkriegszeit überwiegend im Haushalt. Schwarze Frauen konnten sich das nicht leisten, sie arbeiteten oft als Köchinnen, Pflegerinnen und Haushälterinnen, wurden aber nicht von Gewerkschaften vertreten. Genau wie schwarze Männer, denen die Gewerkschaften die Mitgliedschaft verweigerten. Eine Umfrage aus dem Jahr 1946 zeigte, dass 30 Prozent der Gewerkschaften schwarze Arbeitnehmer ganz offen diskriminierten.

Noch in den 1960er Jahren waren Gewerkschaften wie die der Eisenbahner oder der Schreiner und Zimmerleute nach «Rassen» getrennt. Weil die Arbeiterbewegung Schwarze ausschloss, gelang es ihr nie, ihr Potenzial auszuschöpfen.[15]

Während der Rezession der 1970er Jahre trübte sich die Lage ein, in der sogenannten Stagflation verlangsamte sich das Wirtschaftswachstum, und die Inflation stieg. Die Gewerkschaften schadeten sich mit ihrem Rassismus selbst und wurden durch den wirtschaftlichen Wandel weiter geschwächt. Mit der Schrumpfung der Industrie verloren sie ihre traditionelle Machtbasis. Gleichzeitig wurden sie von ihren politischen Feinden ins Visier genommen. Als die Gewerkschaften strauchelten, witterten die Unternehmen Morgenluft. Die Unternehmerlobby, die in beiden Parteien an Boden gewann, gab den Gewerkschaften die Schuld an der Misere und drängte Abgeordnete, den Arbeitnehmerschutz zurückzufahren.[16]

Die Stunde der Wahrheit schlug 1981, als 13000 gewerkschaftlich organisierte Fluglotsen die Verhandlungen mit der Luftfahrtbehörde für gescheitert erklärten und die Arbeit niederlegten. Präsident Reagan reagierte postwendend und entließ sie alle. In der Öffentlichkeit regte sich kaum Protest, und die Unternehmen sahen, dass sie kompromisslos gegen Gewerkschaften vorgehen konnten, ohne allzu großen Widerstand befürchten zu müssen. Im Jahr 1985 drückte der Lebensmittelkonzern Hormel Foods die Stundenlöhne seiner Fabrikarbeiter in Minnesota von 10,69 auf 8,25 Dollar, sperrte die Streikenden aus und stellte neue Arbeiter ein. «Wenn der Präsident der Vereinigten Staaten Streikende entlassen kann, dann muss das wohl salonfähig sein», meinte ein Kommentator.[17] Eine Branche nach der anderen folgte. Als die Globalisierung um sich griff und immer mehr Fabriken geschlossen wurden, brachen die Gewerkschaften zusammen, und die Arbeitgeber sorgten dafür, dass sie sich nicht wieder erholten.

Heute sind nur noch rund 10 Prozent aller Arbeitnehmer in den Vereinigten Staaten gewerkschaftlich organisiert, vor allem Feuerwehrleute, Pflegekräfte, Polizeibeamte und andere Mitarbeiter des öffentlichen Dienstes. In der Privatwirtschaft ist die große Mehrheit der Arbeitnehmer (94 Prozent) nicht organisiert, auch wenn die Hälfte dieser Arbeitnehmer angibt, sie würden sich einer Gewerkschaft anschließen, wenn sie die Möglichkeit hätten. Die haben sie allerdings nur selten. Arbeitgeber haben ein ganzes Arsenal von Methoden zur Verfügung, um kollektive Tarifverhandlungen zu unterbinden, Gewerkschaften zu sprengen und Mitarbeiter unter Druck zu setzen.[18] Diese Strategien sind vollkommen legal, doch Unternehmen wenden auch illegale Methoden an, zum Beispiel wenn sie Mitarbeiter bestrafen, die sich organisieren wollen, oder mit Schließung drohen. Nach Angaben der Nationalen Arbeitsbehörde (National Labor Relations Board, NLRB) verstießen in den Jahren 2016 und 2017 rund 42 Prozent der Arbeitgeber während der Kampagnen zur Gewerkschaftsgründung gegen geltendes Recht; in fast einem Drittel der Fälle entließen sie Arbeitnehmer, weil sie sich organisieren wollten.

★

Man erklärte uns, die Gewerkschaften behinderten die Wirtschaft und seien ein unnötiger Ballast, der unser Schiff daran hindere, volle Fahrt aufzunehmen. Sobald die Wirtschaft mit den verstaubten und schwerfälligen Gewerkschaften aufgeräumt habe, könne sie aufdrehen und alle reich machen. Doch es kam anders. Die negativen Auswirkungen der Gewerkschaften wurden hoffnungslos übertrieben, und heute wissen wir, dass sie zur Produktivität von Unternehmen beitragen, etwa indem sie die Mitarbeiterfluktuation niedrig halten.[19] Heute ist die Wirtschaft der Vereinigten Staaten weniger produktiv als in den Nachkriegsjahren, als die Gewerkschaften auf dem Höhepunkt ihrer Macht waren. Auch in anderen wohlhabenden Industrienationen hat sich die Wirtschaft verlangsamt, auch in Ländern mit stärkerer Gewerkschaftspräsenz, doch inzwischen ist klar, dass die Schwächung der Gewerkschaften weder das Wachstum entfesselte noch den Arbeitnehmern Reichtum bescherte. «Man versprach uns wirtschaftlichen Schwung, wenn wir Ungleichheit in Kauf nehmen», schreiben Eric Posner und Glen Weyl. «Die Ungleichheit haben wir bekommen, doch der Schwung geht trotzdem verloren.»[20]

Mit dem Machtverlust der Arbeitnehmer verschlechterten sich die Arbeitsbedingungen. Gewerkschaften hatten die Profite der Unternehmen gedeckelt, indem sie für Lohnerhöhungen gesorgt hatten. Doch mit ihrem Einfluss schwand auch diese Deckelung, mit vorhersehbaren Folgen. Seit 1979 sind die untersten 90 Prozent der Einkommen um lediglich 24 Prozent gestiegen, die des obersten Prozents dagegen um mehr als 100 Prozent. In den ersten Jahrzehnten der Nachkriegszeit stiegen die Reallöhne der normalen Arbeitnehmer um 2 Prozent pro Jahr, seit 1979 sind es nur noch 0,3 Prozent.[21] Für viele Arbeitnehmer sind die Reallöhne heute noch da, wo sie vor vierzig Jahren waren. Rund 90 Prozent der Amerikaner, die Ende der 1960er Jahre studierten oder ins Arbeitsleben eintraten, verdienten mehr als ihre Eltern; Ende der 1990er Jahre waren es nur noch 50 Prozent. Sozialer Aufstieg gehört nicht mehr zum amerikanischen Alltag, heute sehen viel zu viele junge Menschen einer ungewissen Zukunft entgegen.[22]

In den Vereinigten Staaten verdienen Arbeitnehmer heute weniger als in den meisten anderen Industrienationen der Welt. Die Zahl der erwerbstätigen Armen steigt, die meisten von ihnen sind fünfunddreißig Jahre alt oder älter. Arbeitnehmer mit Highschool-Abschluss verdienen heute inflationsbereinigt 2,7 Prozent weniger als 1979. Arbeitnehmer ohne Schulabschluss verdienen real sogar 10 Prozent weniger. Das sind nicht nur Jugendliche, die an der Supermarktkasse Einkäufe einpacken oder Eis verkaufen. Es sind Erwachsene, oft Eltern, die in Hotels Toiletten reinigen, am Telefon Bestellungen entgegennehmen, in Restaurants Tische abräumen, Kinder betreuen, Obst pflücken, Mülleimer leeren, um Mitternacht Supermarktregale auffüllen, Servicetelefone besetzen, den heißen Asphalt glätten und, ja, auch an der Supermarktkasse Einkäufe einpacken oder Eis verkaufen.[23]

Gibt es diese Billigjobs nur deshalb, weil zu viele Menschen nicht ausreichend qualifiziert sind? Es stimmt zwar, dass es in der heutigen Wirtschaft Arbeitnehmern mit Studienabschluss besser ergeht als ohne. Doch wenn es in den Vereinigten Staaten so viele Niedriglohnjobs gibt, dann nicht deshalb, weil es zu vielen Menschen an Qualifikationen für eine bessere Tätigkeit fehlt. Es wurden Stipendien und andere Initiativen eingerichtet, um Kindern von einkommensschwachen Familien das Studium zu ermöglichen. 1970 studierte weniger als ein Drittel der Kinder aus Familien des untersten Einkommensviertels; 2020 war es die Hälfte. Doch in dieser

Zeit sind anständig bezahlte Arbeitsplätze in den Vereinigten Staaten seltener geworden, und der Anteil der Armutsjobs hat zugenommen, vor allem für junge Menschen. Im Jahr 2020 verdiente ein Drittel der fest angestellten Arbeitnehmer mit Studienabschluss weniger als das Durchschnittseinkommen (4947 Dollar pro Monat). Etwa die Hälfte aller Amerikaner im Alter von fünfundzwanzig bis vierunddreißig Jahren hat mindestens einen Bachelorabschluss, genau wie in den Niederlanden, der Schweiz, Frankreich und einigen anderen wohlhabenden Demokratien, die weit weniger Armut kennen.[24]

Schuld an den wirtschaftlichen Problemen der Vereinigten Staaten ist also nicht die Bildung, genauso wenig wie die Globalisierung und der technische Wandel für den erbarmungslosen Arbeitsmarkt verantwortlich sind. Die Beschleunigung des Welthandels und andere wirtschaftliche Kräfte, die uns als alternativlos verkauft werden, sind oft das Ergebnis von politischen Entscheidungen, zum Beispiel der Unterzeichnung des Nordamerikanischen Freihandelsabkommens (NAFTA) aus dem Jahr 1994, das die Auslagerung der Produktion nach Mexiko erleichterte und in den Vereinigten Staaten Hunderttausende Arbeitsplätze vernichtet hat. Die Welt hat sich verändert, und das auch in anderen Ländern, trotzdem kennen Belgien, Kanada, Italien und viele andere Länder keine Lohnstagnation und kein vergleichbares Wohlstandsgefälle. Warum? Unter anderem weil es in diesen Ländern nach wie vor starke Gewerkschaften gibt.[25] Das heißt, hier geht es vor allem um Macht.

Schlechte und schlecht bezahlte Arbeit ist keine notwendige, wenngleich eine bedauerliche Begleiterscheinung des Kapitalismus, wie einige seiner Apologeten heute behaupten. (Der Gedanke hätte die ersten Vordenker der Marktwirtschaft entsetzt. John Stuart Mill, Vorkämpfer der Freiheit und der freien Märkte, erklärte einmal, wenn verbreiteter Mangel ein Kennzeichen des Kapitalismus wäre, dann würde er Kommunist werden.)[26] Doch im Kapitalismus geht es darum, dass Arbeitnehmer so viel wie möglich vom Kuchen abhaben wollen, während die Arbeitgeber ihnen so wenig wie möglich abtreten wollen. Seit die Gewerkschaften weitgehend aus dem Spiel sind, sägen die Arbeitgeber an der Beschäftigungsordnung der Nachkriegszeit mit festen Arbeitsverhältnissen, Aufstiegschancen, Lohnerhöhungen, anständiger Bezahlung und sozialer Unterstützung. Oder wie es der Soziologe Gerald Davis ausdrückte: Unsere Großeltern hatten Berufe. Unsere Eltern hatten Arbeit. Wir verrichten Jobs. Das ist zumindest die Geschichte der amerikanischen Arbeiterklasse und der erwerbstätigen Armen.[27]

Im Gegensatz zu den Konzernen der Nachkriegszeit, die alle Mitarbeiter selbst beschäftigten, vergeben heutige Unternehmen Aufgaben an unabhängige Unternehmen. Wer bei Microsoft die Böden schrubbt, bei Sheraton die Laken reinigt oder für Amazon Pakete ausfährt, ist in der Regel nicht bei Microsoft, Sheraton oder Amazon angestellt. Die Informatiker von Google stehen auf der Gehaltsliste von Google, doch die Personalvermittler, Produkttester und Buchhalter arbeiten bei Vertragsnehmern, die von Google beauftragt werden. Von den rund 750 000 Menschen, die in aller Welt an der Fertigung und dem Verkauf von Apple-Produkten beteiligt sind, werden nur etwa 63 000 direkt von Apple beschäftigt. Vor dem Aufstieg dieser «zerstückelten» Unternehmen zahlten Konzerne allen Mitarbeitern einheitliche Löhne und Zusatzleistungen. So bekam auch der Hausmeister eines Automobilherstellers ein anständiges Gehalt. Heutige Zeitarbeitsfirmen konkurrieren hingegen darum, wer die günstigsten Arbeitskräfte anbieten kann. Die Arbeitsvermittlung OnContracting schätzt, dass Technologieunternehmen wie Google und Apple dank ihrer Dienstleistungen bis zu 100 000 Dollar pro Jahr und Stelle sparen. Das Outsourcing der Konzerne drückt die Löhne und verhindert, dass Mitarbeiter befördert werden. (Seit den 1990er Jahren ist die Mobilität von Geringverdienern deutlich gesunken.) Wie soll jemand, der für Microsoft arbeitet, die Leiter bei Microsoft hinaufsteigen, wenn er gar nicht von Microsoft beschäftigt wird?[28]

Viele Arbeitgeber untersagen ihren Angestellten, ihr Gehalt offenzulegen, damit unterbezahlte Mitarbeiter nicht herausfinden, dass sie unterbezahlt sind. Außerdem zwingen sie ihre Mitarbeiter zur Unterzeichnung von Ausstiegsklauseln, die ihnen verbieten, nach einer Kündigung sofort zur Konkurrenz zu wechseln. Gerade bei Berufseinsteigern dienen solche Klauseln nicht dazu, Betriebsgeheimnisse zu schützen, sondern sie sollen die schlecht bezahlten Mitarbeiter einschüchtern und ihnen den einen Hebel nehmen, den sie haben: die Kündigung. Nehmen wir an, Sie arbeiten als Mechaniker bei der Autowerkstattkette Jiffy Lube und sind fleißig, freundlich und zuverlässig. Wenn der Franchise-Nehmer von Jiffy Lube aus der Nachbarstadt Sie abwerben und Ihnen eine Beförderung anbieten möchte, kann er das nicht, weil er eine Vereinbarung unterzeichnet hat, die es ihm verbietet, bei anderen Werkstätten der Kette zu wildern. Die meisten Franchise-Verträge enthalten Klauseln dieser Art.[29] Sie dienen dazu, die Konkurrenz so weit wie möglich zu unterbinden, denn mit Konkurrenz kommen Wahlmöglichkeiten, und die erschweren die Ausbeutung.

Der Aufstieg der Gig-Ökonomie ist weniger eine Abweichung von der Norm als deren Fortsetzung: Unternehmen finden immer neue Wege, sich aus der Verantwortung gegenüber ihren Beschäftigten zu schleichen. Plattformen wie Uber, DoorDash oder TaskRabbit wälzen mehr Verantwortung auf ihre Mitarbeiter (falsch, ihre «selbstständigen Dienstleister») ab - sie müssen ein eigenes Fahrzeug stellen, auf eigene Kosten tanken und sich selbst versichern - und unterstellen sie gleichzeitig einer verschärften Aufsicht. In Ländern wie Großbritannien oder den Niederlanden gelten die Uber-Fahrer als Angestellte und haben damit Anspruch auf Mindestlohn und bezahlten Urlaub, und andere Länder wie Ungarn oder Thailand haben Uber ganz verboten. Doch in den Vereinigten Staaten haben die Fahrer keinerlei Anspruch auf bezahlte Krankentage, Überstunden oder Urlaubstage. Sie erhalten oft keinen Mindestlohn, fallen nicht unter Arbeitsschutzgesetze, die nur für abhängig Beschäftigte gelten, und erhalten keine Arbeitslosenhilfe. Gigs und andere alternative Beschäftigungsverhältnisse wie Zeitarbeit erleben seit Beginn des 21. Jahrhunderts in den Vereinigten Staaten einen massiven Aufschwung.[30]

Konzerne haben nicht nur die Natur der Arbeit drastisch verändert, sondern beugen auch die Arbeitsgesetze, indem sie ihre wirtschaftliche in politische Macht ummünzen. Die mächtigste Lobby der Vereinigten Staaten (gemessen an den eingesetzten Summen) ist die Handelskammer, sie macht gegen Versuche zur Erhöhung der Unternehmenssteuer und des Mindestlohns mobil und bekämpft Gesetze, die Arbeitnehmern die Gründung einer Gewerkschaft erleichtern sollen. Allein 2022 gab die Handelskammer mehr als 35 Millionen Dollar aus, um Einfluss auf die Regierungspolitik zu nehmen, während die Gewerkschaften zusammengenommen auf gerade einmal 25 Millionen Dollar kommen. Wobei man nicht vergessen darf, dass die Handelskammer nur einer von vielen Unternehmerverbänden ist. Von fünf Ausnahmen abgesehen vertreten die hundert finanzstärksten Lobbyverbände die Unternehmerinteressen. Allein die drei Unternehmen Meta, Amazon und Comcast gaben 2022 mehr für ihre Lobbyarbeit aus als sämtliche Gewerkschaften zusammen. Dank ihrer finanziellen Mittel kann die Unternehmenslobby überall gleichzeitig aktiv werden, nicht nur im Kongress, sondern auch in den Parlamenten der Bundesstaaten und in Stadtverwaltungen. Im Jahr 2016 beschäftigte Uber 370 Lobbyisten in 44 Bundesstaaten. Wie sollen die Gewerkschaften der Taxifahrer dagegen ankommen?[31]

★

Mit ihrer wachsenden Macht setzen Konzerne alle Hebel in Bewegung, um die Löhne niedrig und die Produktivität hoch zu halten. Immer weniger von dem Wert, den Arbeitnehmer schaffen, schlägt sich auf ihrem Lohnzettel nieder, und Arbeitgeber finden immer neue Wege, um ihre Beschäftigten auszupressen. Algorithmen sind strengere Vorgesetzte als Menschen. Mithilfe der Just-in-time-Planung können Unternehmen den Einsatz ihrer Arbeitskräfte flexibel an die Nachfrage anpassen, was deren Arbeitszeiten unberechenbar werden und ihre Einkünfte von Woche zu Woche stark schwanken lässt. Programme ermitteln die Tippgeschwindigkeit und Mausklicks der Mitarbeiter, sie machen in unregelmäßigen Abständen Screenshots und setzen sogar Wärme- und Bewegungssensoren ein. Lageristen, Kassierer, Fahrer, Burgerbrater, Korrekturleser und Millionen andere Arbeitnehmer – selbst Therapeuten und Krankenhauspfarrer – werden mit Programmen wie Time Doctor und Work Smart überwacht. Die meisten privatwirtschaftlichen Großunternehmen ermitteln die Produktivität ihrer Mitarbeiter und kürzen den Lohn wegen «Leerzeiten», etwa wenn Mitarbeiter die Toilette aufsuchen oder Rücksprache mit Kunden halten. Dieser technische «Fortschritt» zwingt die Mitarbeiter zu mehr Effizienz und macht ihre Situation prekärer: Sie schaffen immer mehr Werte und bekommen immer weniger davon ab. Das ist die klassische Definition der Ausbeutung.[32]

Es lässt sich errechnen, wie viel das die Arbeitnehmer kostet. Im Jahr 2018 betrug das mittlere Jahreseinkommen 30500 Dollar. Wissenschaftler ermittelten, dass es in einem freien Arbeitsmarkt bei 41000 Dollar liegen würde und sogar bis zu 92000 Dollar betragen könnte. Diese Zahlen machen nachdenklich: Allein durch Fairness am Arbeitsmarkt würden die Einkommen um ein Drittel steigen. Aber wenn Konzerne immer größer werden und Konkurrenten aufkaufen oder verdrängen, bleiben den Arbeitnehmern immer weniger Wahlmöglichkeiten. Viele sind weit unterbezahlt und wissen es nicht einmal. Können Sie sich denken, wer es weiß? Die Vorstände und Aktionäre.[33]

Es ist nicht die Arbeit, die zahllose Geringverdiener vor dem Absturz in die Armut bewahrt. Es ist der Staat. Der Staat ermöglicht diesen Familien den Arztbesuch (durch Medicaid), er bringt das Essen auf den Tisch (durch Lebensmittelmarken) und bessert ihr Einkommen auf (durch Lohnsubventionen). Bei einer Auswertung der Daten aus elf Bundesstaaten ermittelte der Rechnungshof unlängst, dass 12 Millionen Amerikaner über Medicaid krankenversichert sind und 9 Millionen

Lebensmittelmarken beziehen. Die meisten der Begünstigten arbeiteten mindestens einen Teil des Jahres in Vollzeit, die Hälfte war sogar ganzjährig vollzeitbeschäftigt.[34] Im Jahr 2020 erhielten 6 Prozent der Mitarbeiter der Supermarktkette Food Lion in North Carolina Lebensmittelmarken; 10 Prozent der Mitarbeiter der Supermarktkette Stop & Shop in Massachusetts und 14 Prozent der Mitarbeiter von Dollar General in Oklahoma waren über Medicaid krankenversichert.[35]

Das wichtigste Armutsbekämpfungsprogramm für die erwerbstätigen Armen ist die Lohnsubvention (Earned Income Tax Credit, EITC). Im Jahr 2021 nahmen 25 Millionen Arbeitnehmer diese staatlichen Lohnbeihilfen in Anspruch und erhielten im Monat durchschnittlich 200 Dollar.[36] EITC ist eines der langlebigsten Armutsbekämpfungsprogramme, auch weil es von beiden Parteien unterstützt wird. Der eigentliche Grund für seine Beliebtheit ist jedoch, dass es sich in Wirklichkeit um ein großzügiges Geschenk des Staates an die Wirtschaft handelt. In vorderster Front der Verfechter des Programms finden sich internationale Konzerne, die sich auf diese Weise ihre Billiglöhne subventionieren lassen. Walmart hilft seinen Mitarbeitern sogar beim Ausfüllen des Antrags und unterstützt Gesetzgebung, die Großunternehmer verpflichtet, Mitarbeiter auf ihren Anspruch hinzuweisen. (Gleichzeitig unterhält der Konzern ein Sondereinsatzkommando, das per Firmenjet eingeflogen wird, sobald sich in einer Filiale auch nur die kleinste Regung zu einer Gewerkschaftsbildung zeigt.) Die Handelskammer und der Gaststättenverband drängen auf eine Ausweitung des Programms. Ein von der Kammer in Auftrag gegebener Bericht fordert Arbeitgeber auf, ihre Arbeitnehmer über das Programm in Kenntnis zu setzen, denn «indem sie die Mitarbeiter an diese Förderung heranführen, helfen sie ihnen – und sich selbst».[37]

★

Je niedriger die Arbeitskosten, umso höher die Unternehmensgewinne. Deshalb straft die Wall Street Unternehmen ab, die ihre Löhne erhöhen. Als Walmart 2015 auf öffentlichen Druck ankündigte, die Stundenlöhne auf 9 Dollar anheben zu wollen, stießen Anleger die Aktie ab. Der Kurs fiel um 10 Prozent, was einem Marktwert von 20 Milliarden Dollar entspricht. Es war der größte Tagesverlust in der gesamten Börsengeschichte des Unternehmens. Das Spiel wiederholte sich 2021. Als der Konzern versprach, den Stundenlohn auf 15 Dollar anzuheben, um mit Amazon und anderen Unternehmen konkurrieren zu können, die auf die Kampagne «Fight for 15 Dollar» reagiert hatten, fiel die Aktie an einem Donnerstagvormittag um 6 Prozent. Investoren warnten Walmart und andere börsennotierte Unternehmen: Wenn ihr die Löhne erhöht, dann werdet ihr dafür zahlen.[38]

Wem nutzt das? Den Aktionären natürlich – aber wer ist das? Wir stellen sie uns gern als gesichtslose Männer und Frauen in Nadelstreifen vor, die im Sitzungssaal eines Wolkenkratzers von Manhattan kungeln. Doch mehr als die Hälfte aller amerikanischen Haushalte besitzen Aktien (wobei man fairerweise sagen muss, dass sich mehr als 80 Prozent der Aktienwerte in der Hand der reichsten 10 Prozent befinden). *Wir* sind die Aktionäre: wenn wir eine private Altersvorsorge oder eine Ausbildungsversicherung abgeschlossen haben oder wenn wir an einer Universität studieren, die mithilfe von

Stiftungen Wohnheime und Auslandsaufenthalte finanziert. Ist es nicht in unserem Sinne, wenn unsere Einlagen reiche Früchte bringen, auch wenn dazu eine Art Menschenopfer nötig ist?[39]

Auch Verbraucher gehören zu den Nutznießern der Ausbeutung. Per Handy bestellen wir Taxis, Lebensmittel, Pizza oder Handwerker, alles zu Kampfpreisen. Wir sind die Herren dieser neuen Bedienstetenwirtschaft mit ihren anonymen und unterbezahlten Knechten, die rund um die Uhr für uns bereitstehen. «Uber» ist heute ein Verb. Kein Unternehmen genießt in den Vereinigten Staaten mehr Vertrauen als Amazon – mehr Wertschätzung bringen die Bürger nur dem Militär entgegen. Ihren Erfolg verdanken diese Unternehmen nur uns. Ich staune immer noch, dass ich binnen 24 Stunden so gut wie alles ins Haus geliefert bekommen kann, was ich mir wünsche – das grenzt an Magie.[40]

Selbst wenn immer mehr Menschen wertbewusst einkaufen, gehört wirtschaftliche Gerechtigkeit offenbar nicht zu unseren Prioritäten. Wir wollen, dass unser Gemüse aus der Region kommt und biologisch angebaut wurde, aber wie viel die Erntehelfer verdienen, interessiert uns nicht. Wenn wir einen Flug buchen, erfahren wir, welche Kohlendioxidemissionen anfallen, aber nicht, ob das Kabinenpersonal gewerkschaftlich organisiert ist. Wir belohnen Unternehmen für antirassistische Werbekampagnen, doch damit lenken diese nur von ihren miserablen Beschäftigungspraktiken ab – als ob die Ausbeutung von Beschäftigten oft nicht auch eine Form des Rassismus wäre. (Die Wirtschaftswissenschaftler Valerie Wilson und William Darity haben gezeigt, dass der Einkommensunterschied zwischen Schwarzen und Weißen seit 2000 wieder größer geworden ist; heute verdienen schwarze Arbeitnehmer im Durchschnitt nur 74 Prozent dessen, was Weiße verdienen.) Wir wissen, welche Kaffeesorte wir trinken und welche Joggingschuhe wir tragen müssen, um eine bestimmte politische Botschaft zu vermitteln, aber wir wissen nicht, was das für die beteiligten Arbeitskräfte bedeutet, oder ob es überhaupt etwas bedeutet. Meine Familie kauft nicht mehr bei Home Depot, seit wir wissen, dass das Unternehmen an republikanische Politiker spendet, die sich geweigert haben, das Ergebnis der Präsidentschaftswahl von 2020 zu unterzeichnen. Wie der Konkurrent Ace Hardware seine Mitarbeiter bezahlt, danach haben wir uns noch nicht erkundigt.[41]

★

Etwa zu der Zeit, als Julio im Supermarkt umkippte, begannen die Stadtväter von Emeryville darüber nachzudenken, den Mindestlohn anzuheben. Die Nachbarstadt Oakland hatte gerade per Volksentscheid entschieden, den Mindestlohn von 9 auf 12,25 Dollar pro Stunde anzuheben, und Emeryville wollte gleichziehen. Dann fragte die Bürgermeisterin, ob die Stadt nicht mehr tun könnte. Wie wäre es, wenn sie einen menschenwürdigen Lohn vorschrieb?

Als Julio davon hörte, fing er an zu beten. Er besuchte den Gottesdienst der Revivalists, wo er vom Heiligen Geist beseelt tanzte und schrie. Und er betete im Stillen zu Hause. «Gott ist Gerechtigkeit», sagte er mir. «Ich habe meinen Glauben. Aber ich habe auch meine Politik.» Julio engagierte sich für «Fight for 15 Dollars», ging auf die Straße und nahm an Veranstaltungen teil. «Beim ersten Streik war ich nervös», gestand er. Doch als er in seiner McDonald's-Uniform erschien und Tausende andere Mitarbeiter von Fast-Food-Ketten sah, fand er seine Stimme. Es war wie in der Kirche.

An einem Dienstag im Mai 2015 beschloss der Stadtrat von Emeryville, den Mindestlohn bis 2019 auf knapp 16 Dollar pro Stunde anzuheben. Im Juli 2022 beträgt er 17,68 Dollar und zählt zu den höchsten im ganzen Land.

Als ich im Winter 2019 mit Julio sprach, verdiente er 15 Dollar pro Stunde bei Burger King und 15,69 Dollar in einem großen Hotel, wo er im Zimmerservice arbeitete. Er konnte es sich jetzt leisten, weniger zu arbeiten – 48 Stunden pro Woche, wenn wenig zu tun war, und 60 Stunden, wenn es viel gab. Er schlief mehr und unternahm Spaziergänge im Park. «Es hat mein Leben verändert», sagte er mir. «Es geht mir besser.»

Wenn arme Arbeitnehmer eine Lohnerhöhung erhalten, dann hat das immense Auswirkungen auf ihre Gesundheit. Untersuchungen bestätigen, dass nach einer Anhebung des Mindestlohns die Verwahrlosung von Kindern, der Alkoholkonsum Minderjähriger und die Zahl der jugendlichen Schwangerschaften zurückgeht.[42] Es wird auch weniger geraucht. Die Tabakkonzerne zielen mit ihrer Werbung seit Langem auf Geringverdiener, doch es gibt Belege, dass die Anhebung des Mindestlohns den Konsum unter Geringverdienern sinken lässt. Ein besserer Verdienst gibt Menschen die Kraft, mit dem Rauchen aufzuhören.

Der chronische Stress, der mit der Armut einhergeht, lässt sich sogar auf Zellebene nachweisen. Eine Untersuchung ergab, dass sich in New York City zwischen 2008 und 2012 bis zu 5500 vorzeitige Todesfälle hätten verhindern lassen, wenn der Mindestlohn 15 Dollar statt knapp über 7 Dollar pro Stunde betragen hätte. Ein höherer Mindestlohn ist ein

Antidepressivum. Er ist ein Schlafmittel. Er hilft beim Stressabbau. In der amerikanischen Öffentlichkeit gibt es Stimmen, die von den Armen verlangen, ihr Verhalten zu ändern, um der Armut zu entkommen. *Sucht euch eine bessere Arbeit. Schafft euch weniger Kinder an. Lernt, mit Geld umzugehen.* Dabei ist es umgekehrt: Wirtschaftliche Sicherheit hilft, besser mit Geld umzugehen.[43]

Nach der Lohnerhöhung eröffnete Julio ein Sparkonto für Notfälle und verbrachte mehr Zeit mit seinem kleinen Bruder Alexander. «Früher habe ich mich wie ein Sklave gefühlt», sagte er mir. «Aber jetzt fühle ich mich – *¿Cómo se dice, más seguro?* Sicherer. Ich fühle mich sicherer.»

Was verweigern wir Arbeitnehmern, wenn wir ihnen einen menschenwürdigen Lohn verweigern, mit dem sie in den Genuss eines bescheidenen Wohlstands kämen? Glück, Gesundheit – und das Leben selbst. Ist das der Kapitalismus, den wir uns wünschen? Den wir verdienen?

KAPITEL 4

WIE WIR DIE ARMEN SCHRÖPFEN

Ausbeutung kennt viele Formen. Wenn unser Einkommen in keinem Verhältnis zu dem Wert steht, den wir erwirtschaften, dann werden wir als Arbeitnehmer ausgebeutet. Und wenn der Preis, den wir für eine Ware bezahlen, in keinem Verhältnis zu ihrem Wert steht, dann werden wir als Verbraucher ausgebeutet. Unsere wirtschaftliche Freiheit wird eingeschränkt, wenn wir nicht über die nötigen Mittel verfügen. Wenn wir kein Eigentum und keinen Kredit haben, werden wir abhängig von Menschen, die beides haben. Das wiederum lädt zu Ausbeutung ein, denn was für den einen ein gutes Geschäft ist, ist für den anderen ein schlechtes. Wenn uns jemand in der Hand hat, sind wir ausgeliefert.[1] Nirgends wird das so deutlich wie auf dem Wohnungsmarkt.

Als die Menschen Ende des 18. und Anfang des 19. Jahrhunderts vom Land in die Städte strömten, explodierten dort die Immobilienpreise, und die Eigentümer begannen, ihre Wohnungen zu teilen, um Platz für mehr Mieter zu schaffen. In der Finanzkrise des Jahres 1837 stürzte das Land in eine tiefe Rezession, und die Wohnungen wurden weiter verkleinert. Keller, Dachböden und Schuppen wurden zu Ein-Zimmer-Wohnungen, und die Vermietung an arme Familien wurde selbst in dieser Krise zum lukrativen Geschäft. In den großen

Städten des Westens waren die Mieten hoch. Als in New York City in den 1880er Jahren die ersten Mehrfamilienhäuser gebaut wurden, zahlten die Mieter 30 Prozent mehr als für die besseren Wohnungen der Vorstadt.[2]

Rassismus und Ausbeutung verstärkten einander, und afroamerikanische Familien, die während der Great Migration von 1915 bis 1970 aus den ehemaligen Südstaaten in den Norden zogen, erlebten dies in Städten wie Cleveland und Philadelphia immer wieder aufs Neue. Dort wurden sie in Slums gepfercht und mussten mit Wohnungen vorliebnehmen, die sonst niemand wollte. Die Hauseigentümer hatten ihre Mieter im eisernen Griff, und weil sie mehr verlangen konnten, taten sie das auch. Für die schlechtesten Wohnungen der Stadt zahlten schwarze Mieter oft doppelt so viel wie die früheren weißen. In Detroit und anderen Städten zahlten schwarze Mieter noch in den 1960er Jahren im Durchschnitt mehr als weiße. In ihrem Buch *The Warmth of Other Suns* beschreibt die Journalistin Isabel Wilkerson das Muster so: «Wer am wenigsten verdiente, zahlte die höchsten Mieten für die marodesten Wohnungen von Eigentümern, die nie ihr Gesicht zeigten und das Maximum aus einem Ort herauspressten, für den sich niemand interessierte.» Als die schwarze Bevölkerung im Norden wuchs, witterten Bauunternehmer den Profit; sie kauften Häuser am Rand der Slums auf und teilten sie ebenfalls in Wohnungen; aus den Bruchbuden holten sie heraus, was sie nur konnten, ehe die Stadtverwaltung sie für einsturzgefährdet erklärte (wenn das denn je geschah).[3]

In den Vereinigten Staaten hat die Ausbeutung der Slums eine lange Geschichte. Geld ließ Slums entstehen, weil man mit Slums Geld verdienen konnte.[4] Und heute? Arme leiden nach wie vor unter überhöhten Mieten. In den letzten zwei

Jahrzehnten haben sich die Mieten mehr als verdoppelt, damit stiegen sie schneller als die Einkommen der Mieter. Die Durchschnittsmiete stieg von 483 Dollar im Jahr 2000 auf 1216 Dollar im Jahr 2021. Die Verteuerung betrifft alle Regionen des Landes gleichermaßen. Im mittleren Westen sind die Mieten seit 2000 um 112 Prozent gestiegen, im Süden um 135 Prozent, im Nordosten um 189 Prozent und im Westen um 192 Prozent.[5]

Die Gründe? Experten wiederholen gebetsmühlenhaft die immer gleiche Erklärung: *Es gibt nicht genügend Wohnungen, die Nachfrage ist zu hoch. Verordnungen und Bebauungspläne machen das Bauen teurer, und die Kosten tragen am Ende die Mieter. Eigentümer müssen mehr Miete verlangen, wenn sie eine angemessene Rendite erzielen wollen.* Aber stimmt das so? Woher sollen wir das wissen? Waren Hauseigentümer nur früher von Profitgier getrieben, während sie heute Opfer der unsichtbaren Hand des Marktes und der staatlichen Bürokratie sind?

Wir brauchen mehr Wohnungen, daran besteht gar kein Zweifel. Doch die Mieten sind selbst in Städten gestiegen, in denen es ausreichend Wohnungen gibt. In Birmingham im Bundesstaat Alabama standen Ende 2021 rund 19 Prozent aller Mietwohnungen leer, in Syracuse in New York waren es 12 Prozent. Trotzdem war die Miete in beiden Städten über die beiden Vorjahre um 14 beziehungsweise 8 Prozent gestiegen.[6] Die Daten zeigen, dass die Mieteinnahmen in den letzten Jahren deutlich schneller gestiegen sind als die Kosten der Vermieter, vor allem in Mehrfamilienhäusern in sozial benachteiligten Vierteln. Mieterhöhungen sind nicht nur eine Folge der gestiegenen Betriebskosten.[7] Hier ist eine weitere Dynamik am Werk, und die hat damit zu tun, dass arme Menschen – vor allem arme schwarze Familien – bei der Wohnungssuche kaum eine Wahl haben. Daher können Hauseigentümer überteuerte Mieten von ihnen verlangen, und das tun sie auch.

Um diese These anhand von Daten zu überprüfen, verschaffte ich mir mit meinem Kollegen Nathan Wilmers Zugang zu einer unveröffentlichten Erhebung, die die Volkszählungsbehörde unter Vermietern durchgeführt hatte. In der Befragung wurde das gesamte Spektrum von Kleinvermietern bis zu Immobiliengesellschaften unter anderem nach Einnahmen und Ausgaben befragt, und mithilfe dieser Daten ermittelten wir die Nettogewinne der Hauseigentümer.[8] Dabei stellten wir fest, dass ein Hauseigentümer in einem armen Viertel nach Abzug der üblichen Kosten pro Wohnung im Monat 300 Dollar Gewinn macht; in Stadtteilen der Mittelschicht waren es 225 Dollar, und in gehobenen Vierteln 250 Dollar.[9]

Natürlich könnte es sein, dass Slum-Vermieter mehr für die Instandhaltung ihrer Immobilien ausgeben müssen, weil ihre Häuser älter sind, und dass sie aufgrund von Zahlungsausfällen und Leerstand mehr Mietausfälle zu beklagen haben. Es wäre denkbar, dass sie dem Rechnung tragen, indem sie höhere Mieten verlangen. Auch dieser Frage gingen wir nach und errechneten die Kosten, die Vermietern durch Dachreparaturen, defekte Wasserleitungen und Heizungen, kaputte Scheiben und Dutzende andere kostspielige Posten sowie durch Mietausfälle entstanden. Dabei ermittelten wir, dass eine Wohnung in einem armen Viertel selbst unter diesen Umständen im Monat noch 100 Dollar abwirft, Wohnungen in gehobenen Vierteln dagegen nur 50 Dollar. In den gesamten Vereinigten Staaten schreiben Vermieter in armen

Vierteln nicht nur schwarze Zahlen, sondern sie verdienen sogar mehr als Vermieter in wohlhabenden Vierteln.[10]

Auf den heißesten Immobilienmärkten des Landes kehrt sich das Verhältnis zwar um – in New York verdient man mit der Vermietung einer Wohnung in Manhattan mehr als in der Bronx. Doch New York ist eine Ausnahme. In Städten mit einem «normaleren» Wohnungsmarkt, zum Beispiel in Orlando, Little Rock oder Tulsa, ist eine Wohnung in einem sozialen Brennpunkt lukrativer. Das trifft besonders auf Städte mit dem unattraktivsten Immobilienmarkt zu.

Warum verdienen Vermieter in armen Vierteln mehr? Weil ihre Fixkosten (zum Beispiel Hypotheken oder Grundsteuer) niedriger sind als in wohlhabenderen Vierteln, während ihre Mieten kaum günstiger sind. In vielen Städten mit durchschnittlichen oder unterdurchschnittlichen Mieten sind die Wohnungen in den ärmsten Vierteln nicht deutlich günstiger als in Vierteln der Mittelschicht. In Indianapolis betrug die Miete für eine Zwei-Zimmer-Wohnung zwischen 2015 und 2019 durchschnittlich 991 Dollar; in Vierteln mit einer Armutsquote von mehr als 40 Prozent betrug sie 816 Dollar, also nur 17 Prozent weniger. In extrem armen Vierteln sind die Mieten zwar etwas günstiger, aber nicht so günstig, wie man meinen könnte.[11]

Theorien und Analysen des Problems übersehen oft den Faktor Mensch. Manche Vermieter holen den letzten Cent aus ihren Ruinen, um dann weiterzuziehen und eine Spur der Verwüstung zu hinterlassen. Ein kleiner Teil der Vermieter ist verantwortlich für einen unverhältnismäßig großen Teil unserer Wohnungsmisere. In Städten wie Tucson in Arizona oder Fayetteville in North Carolina entfallen 40 Prozent aller Zwangsräumungen auf gerade einmal 100 Mietshäuser.[12] Ich habe Vermieter kennengelernt, die sich den Titel «Slumlord» mehr als verdient haben, aber ich kenne auch solche, die ihr Möglichstes tun, um Geringverdienern eine anständige Bleibe zu bieten. Ich kenne auch Kleinvermieter, die ihre Mieten niedrig halten, und Großvermieter, die Umvermietungen anbieten, um Zwangsräumungen zu vermeiden.

Viele Eigentümer investieren in Immobilien, um ihre Rente aufzubessern, und es kann vorkommen, dass eine Investition, die eigentlich als Nebengeschäft und «passives Einkommen» gedacht war, zum Hauptgeschäft und «aktiven Einkommen» wird, aus dem die Vermieter ihren Lebensunterhalt bestreiten wollen. Sie versuchen, so viel wie möglich aus der Immobilie herauszuholen, was insofern problematisch ist, als es sich um das Zuhause von Familien handelt und Mieterhöhungen die Mieter immer tiefer in die Armut treiben. Durchschnittsvermieter verdienen zwar noch lange nicht so viel wie zum Beispiel ihre Steuerberater. Doch wenn sie mit ihren Wohnungen dasselbe Einkommen erzielen wollen wie mit einer normalen Berufstätigkeit oder Rente, müssen sie dazu oft ihre Mieter ausquetschen. Wobei wir hier gar nicht von schwarzen Schafen sprechen müssen – besonnene Vermieter können genauso Ausbeuter sein wie gierige, vor allem wenn es alle tun, sprich, «wenn der Markt es hergibt».

Warum ziehen arme Familien nicht einfach in bessere Stadtteile, wenn die Wohnungen dort gar nicht so viel teurer sind? Diese Frage setzt voraus, dass arme Familien genauso umziehen wie wohlhabende, um eine bessere Wohnung, ein besseres Viertel oder eine bessere Schule zu finden. Doch arme Familien erleben einen Umzug oft nicht als Chance, sondern als Trauma. Sie ziehen unter schwierigen Umständen um, weil ihnen nichts anderes übrig bleibt – weil der Vermieter sie aus der Wohnung klagt, weil die Stadtverwaltung ihr Haus für abbruchreif erklärt oder weil die Gegend zu gefährlich wird. Dabei tun sie ihr Möglichstes, sich von den schlimmsten Vierteln fernzuhalten, und nehmen die erstbeste Wohnung, die sie bekommen.[13] Wenn sie umziehen, stehen zahlreiche Hindernisse zwischen ihnen und einer besseren Wohngegend. Arme Mieter haben oft eine Vorgeschichte von Räumungsklagen, keinen Kredit und keine Bürgen. Auch Nicht-Weiße und Familien mit Kindern werden von Vermietern benachteiligt. Das Wohnungsbauministerium führt seit den 1970er Jahren jedes Jahrzehnt groß angelegte Untersuchungen zur Diskriminierung durch. Es engagiert Schauspieler unterschiedlicher Hautfarbe, die sich in unterschiedlichen Großstädten um dieselbe Wohnung bewerben. Eine aktuelle Auswertung kam zu dem Schluss, dass die Diskriminierung zwar insgesamt geringer geworden ist, dass schwarze Kandidaten jedoch nach wie vor benachteiligt werden.[14]

Arme Mieter haben auch keine Möglichkeit, ein Eigenheim zu erwerben. Der Grund ist nicht, dass ihr Einkommen nicht für einen Immobilienkredit ausreicht – wer Miete zahlen kann, kann mit ziemlicher Sicherheit auch die Raten eines Immobilienkredits bezahlen –, sondern dass sie von anderen Hürden daran gehindert werden.

Im Herbst 2021 lernte ich Lakia Higbee kennen, die damals in einem Versandzentrum von Amazon arbeitete. Sie lebte mit ihren beiden erwachsenen Töchtern und zwei Enkeltöchtern in einer Vier-Zimmer-Wohnung in Cleveland, für die sie im Monat 950 Dollar Miete zahlten. Nicht schlecht, dachte Lakia, auch wenn die Fenster so zugig waren, dass für die Heizung in manchen Monaten noch einmal 500 Dollar obendrauf kamen. Hätte Lakia eine vergleichbare Wohnung gekauft, dann hätte sie pro Monat nur 577 Dollar bezahlt, und zwar für Hypothek, Grundsteuer und Versicherung.[15] Mit der Differenz von 373 Dollar in der Tasche hätte sie die Fenster austauschen können. Doch selbst wenn Lakia ausreichend Bonität vorweisen könnte und selbst wenn sie das Eigenkapital für den Kauf einer Eigentumswohnung aufbringen könnte, ist die Wahrscheinlichkeit, dass sie einen Kredit bekommt, ausgesprochen gering, denn Banken haben kaum ein Interesse, die Art von Immobilie zu finanzieren, die sie sich leisten kann.

Ohne Kredit müssen arme Familien weiterhin Wuchermieten für minderwertige Wohnungen zahlen. In der nicht allzu fernen Vergangenheit (1934 bis 1968) machten Banken grundsätzlich keine Geschäfte in armen und schwarzen Vierteln, weil sich der Staat weigerte, dort die Garantie für Hypothekenkredite zu übernehmen. Heute machen sie dort keine Geschäfte, weil sie anderswo mehr verdienen können. Der Staat mag seine Politik korrigiert haben, doch das ändert nichts daran, dass arme und überwiegend schwarze Viertel und ganze Ortschaften nach wie vor «Kreditwüsten» sind. Wenn Millionen von armen Mietern die ausbeuterischen Wohnbedingungen hinnehmen müssen, dann nicht, weil sie sich die Alternativen nicht leisten können, sondern weil sie keine Alternativen haben.[16]

★

Die altindischen Veden und die buddhistischen Sutras verurteilen den Wucher genauso wie die jüdische Thora. Aristoteles und Thomas von Aquin wetterten gegen die Praxis. Dante verbannte die Geldverleiher in den siebten Kreis der

Hölle. Diese Mahnungen konnten zwar nichts ausrichten, doch sie sind ein Zeugnis dafür, dass die Verschuldung der Armen mindestens so alt ist wie die Schrift. Es könnte sich nach der Sklaverei um die älteste Form der Ausbeutung handeln. Viele Autoren haben die Armen der Vereinigten Staaten als unsichtbare, schattenhafte und vergessene Masse dargestellt. Doch die Märkte, vor allem die Geldmärkte, haben die Armen keineswegs vergessen.[17]

Seit der Deregulierung des Bankwesens in den 1980er Jahren hat sich die Konkurrenz unter den Geldinstituten verschärft. Viele haben seither ihre Gebühren stark erhöht und verlangen Mindesteinlagen von ihren Kunden. 1977 bot mehr als ein Drittel der Banken Konten ohne Kontoführungsgebühr an, Anfang der 1990er Jahre waren es nur noch 5 Prozent. Genossenschaftsbanken gingen pleite, Großbanken wurden noch größer, und 2019 kassierten die größten von ihnen 11,68 Milliarden Dollar an Überziehungsgebühren von ihren Kunden. 84 Prozent dieser Gebühren entfielen auf gerade einmal 9 Prozent der Kunden. Wer sind diese unglücklichen 9 Prozent? Kunden mit einem Durchschnittsguthaben von weniger als 350 Dollar. Die Armen werden gezwungen, für ihre Armut zu bezahlen.[18]

Im Jahr 2021 betrug die durchschnittliche Gebühr für eine Kontoüberziehung 33,58 Dollar. Aufgrund der Buchungspraktiken der Banken ist es allerdings nicht ungewöhnlich, dass jemand, der sein Konto um 20 Dollar überzieht, am Ende 200 Dollar berappen muss. Zwar kann eine Bank einem Kunden mit einer Vorgeschichte der Kontoüberziehung das Konto verweigern, doch das wäre ein Fehler, denn gerade diese Kunden bieten den Geldinstituten einen steten Strom an Einnahmen.[19]

In den Vereinigten Staaten waren Banken lange nur für Weiße da, und für Schwarze kann die Begegnung mit dem Bankwesen noch heute zu einer traumatischen Erfahrung werden. Schwarze Kunden wurden von Bankangestellten registriert und des Betrugs bezichtigt. Ihnen wird häufiger ein Kredit verweigert als Angehörigen anderer Ethnien, und wenn sie denn ein Darlehen bekommen, dann zu höheren Zinsen. Eine Untersuchung aus dem Jahr 2021 zeigte, dass schwarze Hausbesitzer der mittleren Einkommensgruppe (75000 bis 100000 Dollar pro Jahr) im Durchschnitt mehr Hypothekenzinsen zahlen als weiße Geringverdiener (unter 30000 Dollar).[20] Laut Einlagenversicherungsfonds (FDIC) hatten im Jahr 2019 mehr als 5 Prozent der amerikanischen Haushalte oder mehr als 7 Millionen Familien kein Konto. Dabei waren schwarze oder Latinofamilien fünfmal so häufig betroffen wie weiße.[21]

Wo es Ausgrenzung gibt, da gibt es auch Ausbeutung. Bürger ohne Konto sind ein Markt, der heute von Tausenden Dienstleistern bedient wird, die Schecks einlösen. Das Geschäftsmodell ist ganz einfach. Man eröffnet eine Filiale in einem Viertel von nichtweißen Geringverdienern. Da Banken und Schwarze einander meiden, springen Pseudobanken in die Lücke. An die Stelle der bescheidenen Genossenschaftsbanken, die öffentliche Projekte sponsorten, sind zweifelhafte Kassen getreten, an deren Fassade leuchtend gelbe und rote Schilder mit der Aufschrift «Hier werden Schecks eingelöst» prangen. Scheckeinlöser und Anbieter von Expresskrediten sind in schwarzen Vierteln mit geringer Armut häufiger anzutreffen als in weißen Vierteln mit hoher Armut, und für Banken trifft das Gegenteil zu.[22]

Zum Geschäftsmodell dieser Kassen gehört auch, dass sie

länger geöffnet sind als die Banken, möglichst rund um die Uhr und auch am Wochenende, denn wenn Freitag Zahltag ist, können viele nicht bis Montag darauf warten, ihren Gehaltsscheck einzulösen. Außerdem machen diese Einrichtungen fast jede Art von Scheck zu Barem, ohne dass die Kunden ein Konto haben müssen. Dafür kassieren sie allerdings Gebühren, die je nach Scheck zwischen 1 und 10 Prozent betragen können. Das heißt, wenn ein Arbeitnehmer mit einem Stundenlohn von 10 Dollar zur Monatsmitte nach 100 Arbeitsstunden einen Gehaltsscheck über 1000 Dollar einlöst, dann muss er dafür zwischen 10 und 100 Dollar hinblättern, also den Lohn von einer bis zehn Arbeitsstunden. (Das ist vielen lieber als die Ausbeutung durch traditionelle Banken, die ihre Gebühren automatisch einbehalten. Viele ziehen eben das vertraute Übel vor.) Konzerne mischen kräftig mit. Walmart löst inzwischen Gehaltsschecks bis zu einer Höhe von 1000 Dollar ein. Im Jahr 2020 zahlten Amerikaner 1,6 Milliarden Dollar an Gebühren, nur um ihre Schecks einlösen zu können. Wenn Geringverdiener eine kostenlose Möglichkeit hätten, an ihr Geld zu kommen, dann hätten sie während der Pandemie und der nachfolgenden Rezession über eine Milliarde Dollar gespart.[23]

Auch neue Finanzdienstleister im Internet profitieren von der finanziellen Unsicherheit und richten sich vor allem an eine jüngere, technikaffine Klientel. Mit Apps wie Dave oder Earnin kommen Arbeitnehmer schon vor dem Zahltag an einen Teil ihres Lohns. Die Nutzer können damit zwar Strafgebühren vermeiden, dafür zahlen sie happige Dispozinsen und Grundgebühren. Im Jahr 2020 hatten diese Apps 56 Millionen Nutzer, gegenüber 18,6 Millionen im Jahr 2018. Anbieter von Verbraucherkrediten, zum Beispiel Afterpay oder

Klarna, ermöglichen ihren Kunden den Einkauf zu zinsfreien Ratenzahlungen, doch wer eine Rate versäumt, muss mit saftigen Gebühren und dem Verlust der Bonität rechnen. Mehr als 40 Prozent der Kunden, die von diesen Krediten Gebrauch machen, haben mindestens eine Zahlung versäumt.[24]

Wir leben auf Pump. Mit Krediten finanzieren wir große Anschaffungen wie Eigenheime und Autos, aber auch kleinere, etwa wenn wir die Kreditkarte zücken, um Medikamente oder eine Winterjacke zu bezahlen. Meine Mutter datierte Schecks vor, um die Familie gegen Ende des Monats über Wasser zu halten. Heute, dank der Kreditkartenschwemme, muss man die Ladenbesitzer dazu nicht einmal mehr um Erlaubnis bitten.

Armut bedeutet, Raten zu versäumen und seine Bonität aufs Spiel zu setzen. Aber noch schlimmer als eine schlechte Bonität ist gar keine, und das trifft auf 26 Millionen Amerikaner zu. Weitere 19 Millionen haben eine Kreditgeschichte, die zu dünn oder zu alt ist, um gewertet zu werden.[25] Wer keine (ausreichende) Bonität hat, bekommt keine Wohnung und keine Versicherung; selbst eine Anstellung ist in Gefahr, denn immer mehr Arbeitgeber überprüfen im Rahmen des Einstellungsverfahrens die Kreditwürdigkeit ihrer Bewerber. Und wenn dann das Unvermeidliche passiert und Sie weniger Stunden bekommen als üblich oder das Auto bockt – dann springt der Expresskreditgeber ein.[26]

Wucherzinsen waren in den Vereinigten Staaten lange Zeit verboten. Die Banken kassierten zwischen 6 und 12 Prozent Zinsen und machten kaum Geschäfte mit Armen, die in einer Notsituation ihre Wertsachen ins Pfandleihhaus brachten oder zum Kredithai gingen. Mit der Deregulierung des Bankwesens in den 1980er Jahren wurden die Grenzen aufgeweicht, und die Geldverleiher machten sich wieder im Tempel breit. Zinsen erreichten bald 300, 500, dann 700 Prozent. Plötzlich hatten wieder viele ein Interesse daran, den Armen Geld zu leihen. In den letzten Jahren haben siebzehn Bundesstaaten erneut Gesetze zum Verbot von Wucherzinsen verabschiedet und Kredithaie effektiv verboten. Doch in den meisten Bundesstaaten blüht das Geschäft nach wie vor. In Texas kann der Jahreszins für einen Kredit über 300 Dollar mit einer Laufzeit von vierzehn Tagen bis zu 664 Prozent erreichen, in Wisconsin 516 Prozent und in Kalifornien 460 Prozent.[27]

Um einen Expresskredit zu bekommen, benötigt man nur einen Lohnzettel und einen gültigen Ausweis. Außerdem braucht man ein Konto, was ein Hinweis darauf ist, dass sich diese Branche zwar an einkommensschwache Bürger richtet, nicht aber an den Bodensatz des Marktes (Kunden der Expresskreditgeber haben ein Durchschnittseinkommen von 30000 Dollar pro Jahr). Die Summe beläuft sich meist auf unter 500 Dollar, und Gebühren und Zinsen werden in der Regel je 100 Dollar berechnet. Eine Gebühr von 15 Dollar pro 100 Dollar mag vernünftig klingen, doch das entspricht einem effektiven Jahreszins von 400 Prozent. Der Geldverleiher verlangt eine Möglichkeit, das Geld bei Fälligkeit zu kassieren – in der Regel Zugriff auf ein Konto oder einen vordatierten Scheck über die Kreditsumme plus die Gebühr. Die meisten Kredite haben eine Laufzeit von zwei bis vier Wochen, bis zum nächsten Zahltag, weshalb sie als «Zahltagskredit» bezeichnet werden.[28]

Aber wenn der Kredit fällig wird, sind Sie leider immer noch pleite. Also beantragen Sie eine Verlängerung, die natürlich nicht umsonst ist. Wenn Sie einen Kredit mit zweiwöchiger Laufzeit zu einer Gebühr von 60 Dollar aufgenommen haben, wird diese Gebühr zum Ende der ursprünglichen Laufzeit fällig. Und wenn der Kredit um weitere vierzehn Tage verlängert wird, dann fallen weitere 60 Dollar an Gebühren an. So berappen Sie für einen Kredit von 400 Dollar mit einem Mal 120 Dollar, und das bei einer einzigen Verlängerung. Rund 80 Prozent der Zahltagskredite werden auf diese Weise verlängert. Und weil die Kreditgeber Zugriff auf Ihr Konto haben, können sie die fällige Summe auch einfach abbuchen und Ihr Konto überziehen, sodass obendrein noch Überziehungsgebühren bei Ihrer Bank fällig werden. Rund ein Drittel der Zahltagskredite werden inzwischen über das Internet vergeben, und in fast der Hälfte der Fälle machte der Kreditgeber von der Möglichkeit der Kontoüberziehung Gebrauch. Durchschnittliche Kreditnehmer bleiben fünf Monate lang verschuldet und zahlen 520 Dollar Gebühren für einen Kredit von 375 Dollar. Für die Kreditgeber ist es natürlich ideal, wenn die Kunden so lange wie möglich verschuldet bleiben – so machen sie aus 15 Dollar Gewinn schnell 150 Dollar.[29]

Die Pseudobanken verdienen an der fieberhaften Kurzsichtigkeit der finanziell Schwachen. Wer dringend einen Expresskredit braucht, kann meist nicht über den gegenwärtigen Moment hinausdenken. Die Miete ist fällig, die Zwangsräumung droht. Der Strom wird abgeschaltet. (Das sind übrigens die beiden Anlässe, aus denen 70 Prozent der Kleinkredite aufgenommen werden: Miete und laufende Kosten müssen beglichen werden.) Doch der Kreditgeber denkt an Ihre Zukunft. Er sieht schon voraus, wie Sie einen Tag vor der Fälligkeit in die Räume stürmen, weil Sie den Kredit nicht in ganzer Höhe zurückzahlen können. Er sieht voraus, dass Sie die Verlängerung unterschreiben. Er sieht Sie schon, wie

Sie im nächsten Monat wiederkommen. Er weiß, dass Sie B sagen müssen, nachdem Sie A gesagt haben.

Kreditgeber konkurrieren mit ihrer Lage, ihren Öffnungszeiten und den Bearbeitungsfristen – aber nicht bei den Gebühren. Sie wissen, dass ihre Kunden zu verzweifelt sind, um Konditionen zu vergleichen. Deshalb bleiben die Gebühren hoch, und die Kreditnehmer bekommen überall dasselbe miese Angebot. Konventionelle Banken könnten die Branche leicht mit günstigeren Angeboten unterbieten. Schätzungen gehen davon aus, dass Banken ein Achtel der Gebühren für einen Zahltagskredit verlangen und immer noch satte Gewinne einstreichen würden.[30] Doch bislang haben sie kein Interesse an diesem Markt gezeigt. Es ist eine Sache, deftige Überziehungsgebühren von einkommensschwachen Kunden zu kassieren, weil diese Gebühren für alle dieselben sind, auch wenn sie vor allem von den Geringverdienern bezahlt werden. Es ist jedoch eine ganz andere Sache, Produkte anzubieten, die sich vor allem an eine finanziell schwache Klientel richten, denn auch wenn hier Jahreszinsen von 40 bis 80 Prozent zu verdienen wären, könnte dieses Geschäft den guten Ruf in Mitleidenschaft ziehen. Das ist es den Banken bislang nicht wert. Solange die Kreditnehmer nicht auf die Kosten schauen können (weil sie am Boden sind) und Banken kein Interesse am Geschäft mit den Armen haben, begünstigt der Markt die Kredithaie. Diese verlangen nicht deshalb Wucherzinsen, weil die Kreditvergabe an Arme riskant ist – die Armen zahlen immer, und sei es nach zahlreichen Verlängerungen. Sie verlangen Wucherzinsen, weil sie es können.[31]

Jahr für Jahr: 11 Milliarden Dollar Überziehungsgebühren, 1,6 Milliarden Scheckgebühren, bis zu 9,8 Milliarden an Wucherzinsen. Das sind *pro Tag* 61 Millionen Dollar Gebühren, die vor allem von Geringverdienern und Armen gezahlt werden – die Zinsen von Pfandleihhäusern, Verbraucherkrediten oder Leasingbanken noch gar nicht eingerechnet. Als James Baldwin 1961 schrieb, «Armsein ist eine teure Sache», hätte er sich diese Rechnung nicht vorstellen können.[32]

Die Historikerin Keeanga-Yamahtta Taylor spricht von «räuberischer Inklusion» und meint damit die ehrwürdige amerikanische Tradition, marginalisierten Gruppen faire Angebote zu verweigern und ihnen stattdessen ausbeuterische Geschäfte anzubieten. Da die Armen aus dem traditionellen Bank- und Kreditwesen ausgeschlossen werden, sind sie gezwungen, andere Möglichkeiten zu finden, um ihre Schecks einzulösen oder ein Darlehen zu bekommen. Dort werden sie standardmäßig ausgebeutet. Das ist vollkommen legal und wird von den reichsten Geldinstituten des Landes noch gefördert. Schließlich gäbe es die Pseudobanken nicht, wenn die herkömmlichen Banken Kredite an die Armen vergeben würden. Die Großbanken füttern die Kredithaie, und alle machen ihren Schnitt.[33]

★

Es gibt nicht das eine Bankwesen. Es gibt zwei – eins für die Armen und eins für den Rest der Gesellschaft. So wie es zwei Wohnungsmärkte und zwei Arbeitsmärkte gibt. Aufgrund dieser Aufspaltung in Parallelwelten fällt es denjenigen von uns, die von der Situation profitieren, oft gar nicht auf, dass die Armen als Arbeitskräfte, Verbraucher und Kreditnehmer ausgebeutet werden – wir leben schließlich in einer ganz anderen Welt. Viele Bereiche unserer Gesellschaft sind nicht kaputt, sondern zweigeteilt. Für die einen bedeutet ein Eigenheim Wohlstand, für die anderen die Vernichtung von Wohlstand. Den einen eröffnet ein Kredit finanzielle Spielräume, den anderen nimmt er sie. Es ist daher verständlich, dass gut genährte Amerikaner den Armen ratlos gegenüberstehen und vielleicht sogar enttäuscht sind, weil sie meinen, dass sie unkluge Entscheidungen treffen oder es einfach nicht besser wissen. Aber was, wenn sie gar keine andere Wahl haben? Was nutzt es, Menschen Kurse zum Umgang mit Geld angedeihen zu lassen, wenn sie sich überall höchstens für «die beste schlechte Option» entscheiden können?[34]

Arm zu sein, bedeutet nicht nur, nicht genug Geld zu haben. Es bedeutet, keine Wahlmöglichkeiten zu haben und deshalb ausgebeutet zu werden. Wenn wir vergessen, dass Menschen, die in Armut leben, auch durch die Ausbeutung in Armut gehalten werden, dann ist unsere Armutsbekämpfung im besten Falle ungenügend und im schlimmsten kontraproduktiv. Wenn die Gesetzgebung die untersten Einkommen aufbessert – etwa durch Kinderfreibeträge oder die Anhebung des Mindestlohns –, ohne gleichzeitig etwas gegen die Wohnungskrise zu unternehmen, dann landen diese Zugewinne an Einkommen in der Tasche der Vermieter und nicht bei den Familien, denen damit eigentlich geholfen werden sollte. Die Notenbank von Philadelphia stellte 2019 in einer Untersuchung fest, dass es Familien nach einer Anhebung des Mindestlohns zunächst leichter fiel, die Miete zu bezahlen. Doch die Vermieter reagierten schnell, und die Maßnahme verlor an Wirkung. (Das passierte auch mit den Coronahilfen, doch Kommentatoren sprachen lieber abstrakt von «Inflation».)[35]

In seinem Roman *Dort dort* beschreibt Tommy Orange das Problem der Selbstmorde in den Reservaten der Ureinwohner so: «Kinder springen aus den Fenstern von brennenden

Häusern und stürzen in den Tod. Aber wir sehen das Problem darin, dass sie springen.»[36] Die Armutsdebatte leidet unter einer ähnlichen Kurzsichtigkeit. Im zurückliegenden halben Jahrhundert haben wir versucht, die Armutsfrage zu lösen, indem wir den Blick auf die Armen selbst gerichtet haben, etwa indem wir ihren Arbeitswillen infrage gestellt oder über Sozialhilfe diskutiert haben. Stattdessen hätten wir uns um das Feuer kümmern müssen. Die Frage sollte zu einem Mantra werden, und wir sollten sie jedes Mal stellen, wenn wir an einem improvisierten Zeltlager vorüberkommen oder wenn wir jemanden in Arbeitskleidung im Bus schlafen sehen: *Wem nutzt das?* Nicht: *Warum suchst du dir keine bessere Arbeit?* Nicht: *Warum ziehst du nicht einfach um?* Nicht: *Warum nimmst du einen Kredit zu so miesen Bedingungen auf?* Sondern: *Wer frisst sich daran satt?*[37]

KAPITEL 5

WIE WIR VON SOZIALHILFE ABHÄNGIG WURDEN

Als die Coronapandemie begann, stürzte die Wirtschaft der Vereinigten Staaten ab. Abstandsregeln trieben Geschäfte in den Ruin, Millionen Amerikaner verloren ihre Arbeit. Von Februar bis April 2020 verdoppelte sich die Arbeitslosigkeit, dann verdoppelte sie sich wieder und erreichte einen Stand, wie ihn das Land seit den Suppenküchen und Selbstmorden der 1930er Jahre nicht mehr erlebt hatte. In der härtesten Woche der Weltwirtschaftskrise beantragten 661000 Amerikaner Arbeitslosenhilfe. In der dritten Märzwoche des Jahres 2020 waren es mehr als 3,3 Millionen. Das Land befand sich im freien Fall.[1]

Die Regierung schnürte kühne Hilfspakete. Sie verlängerte die Anspruchsdauer der Arbeitslosenhilfe und stockte die Zahlungen auf – ein seltenes Eingeständnis der Unzulänglichkeit dieser Hilfen. Vier Monate lang erhielten Arbeitslose pro Woche 600 Dollar zusätzlich zur normalen Stütze, womit sich die durchschnittlichen Bezüge fast verdreifachten. Im September 2020 senkte die Regierung den Bonus dann auf 300 Dollar. Im Sommer 2021 schätzte die Handelskammer, dass jeder vierte Empfänger so mehr Geld erhielt, als er mit Arbeit verdient hätte.[2]

Dank der Arbeitslosenunterstützung sowie Direkthilfen, Mietzuzahlungen, der Erhöhung der Kinderfreibeträge und anderer Maßnahmen wurde die Armut während dieser schlimmsten Rezession seit fast einem Jahrhundert nicht größer. Im Gegenteil, sie sank sogar, und zwar spürbar. Während der Coronapandemie gingen zwar Millionen Arbeitsplätze verloren, doch 2021 gab es rund 16 Millionen weniger Arme als 2018. Die Armut sank quer durch alle sozialen Gruppen, in den Städten und auf dem Land, unter Jungen und Alten, und vor allem unter Kindern.[3] Mit ihrem schnellen Handeln verhinderte die Regierung nicht nur eine wirtschaftliche Katastrophe, sondern sie sorgte dafür, dass sich die Kinderarmut mehr als halbierte.

Ein Grund zum Feiern, sollte man meinen: Nach Jahren der Untätigkeit haben die Vereinigten Staaten endlich etwas gegen die Armut unternommen. Doch einige Menschen sahen das anders. Einem besonders lautstarken Segment wollte es gar nicht gefallen, dass der Staat so viel für seine Bürger tat. Sie gaben der aufgebesserten Arbeitslosenhilfe die Schuld dafür, dass sich die Wirtschaft des Landes nur allmählich von der Pandemie erholte. David Rouzer, republikanischer Abgeordneter aus North Carolina, postete auf Twitter das Foto eines geschlossenen Schnellrestaurants und schrieb dazu: «Das passiert, wenn man die Stütze verlängert und 1400 Dollar Direkthilfe drauflegt.» Der republikanische Sprecher Kevin McCarthy schrieb, die Arbeitslosenversicherung habe «die Arbeit verteufelt und die Bürger vom Staat abhängig gemacht». Das *Wall Street Journal* veröffentlichte einen Kommentar mit dem Titel «Coronastütze macht Hilfe unmöglich». Reporter schwärmten aus und interviewten Kleinunternehmer, die keine Arbeitskräfte fanden und die Schuld dafür den staatlichen Hilfen gaben. «Wir hatten Leute, die sich lieber arbeitslos gemeldet haben, als zu arbeiten», schimpfte ein Hotelbesitzer aus Montana. «Wann sind die Leute nur so faul geworden?»[4]

Diese Theorie erfreute sich großer Beliebtheit. Sie klang überzeugend. Die Leute wollten nicht wieder an die Arbeit gehen, weil sie Geld fürs Nichtstun bekamen. Doch dass viele von uns das glaubten, zeigt nur, wie sehr wir darauf konditioniert sind, das Schlimmste von unseren Mitmenschen anzunehmen, wenn es um staatliche Hilfen geht.

Im Juni und Juli 2021 stellten 25 Bundesstaaten die Pandemiehilfen ganz oder teilweise ein, darunter auch die Verlängerung der Arbeitslosenhilfe. Nun konnte man nachprüfen, ob in diesen Staaten die Beschäftigung spürbar zunehmen würde – genau das hätte man schließlich erwarten müssen, wenn die Arbeitnehmer aufgrund der staatlichen Hilfen nicht mehr zur Arbeit zurückkehren wollten. Diese Zunahme blieb jedoch aus. Als das Arbeitsministerium im August seine Daten veröffentlichte, erfuhr die Öffentlichkeit, dass der Wettlauf um die besten Beschäftigungszahlen unentschieden ausging. Die fünf Staaten mit der niedrigsten Arbeitslosigkeit (Alaska, Hawaii, North Carolina, Rhodes Island und Vermont) hatten die Hilfen ganz oder teilweise beibehalten. In Staaten, die Pandemiehilfen gestrichen hatten, war kein spürbarer Anstieg der Beschäftigungszahlen zu verzeichnen. Allerdings ging dort der private Verbrauch zurück, denn die Bürger hatten weniger Geld, und das schadete der regionalen Wirtschaft.[5]

Auch andere Untersuchungen fanden keinen Hinweis darauf, dass Arbeitnehmer aufgrund der staatlichen Hilfen nicht wieder zur Arbeit zurückkehrten. In Europa litten einige Länder unter Arbeitskräftemangel, obwohl sie die Arbeitslosenhilfen kaum oder gar nicht erhöht hatten.[6] Warum glaubten wir also so bereitwillig, dass die staatlichen Hilfen an der Arbeitslosigkeit schuld waren, obwohl es zahlreiche andere Erklärungen gab? Warum kamen wir nicht auf den Gedanken, dass die Arbeitnehmer auch deshalb nicht wieder zur Arbeit gehen wollten, weil sie Angst hatten, sich anzustecken und zu sterben? Oder weil sie die sexuelle Belästigung und Ausbeutung satthatten? Oder weil die Schulen ihrer Kinder geschlossen waren und sie keine Kinderbetreuung hatten? Warum war unsere Erklärung dafür, dass es so viele Amerikaner mit der Rückkehr an den Arbeitsplatz nicht eilig hatten: *Weil sie pro Woche 300 Dollar mehr bekommen*?

★

Vielleicht, weil wir seit den Kindertagen des Kapitalismus gelernt haben, die Armen für antriebslos und faul zu halten. Die ersten Kapitalisten standen vor derselben Schwierigkeit wie die Konzerne von heute: Wie sollten sie die Massen in ihre Mühlen und Schlachthöfe holen, damit sie dort für möglichst wenig Geld arbeiteten? Die Lösung der Kapitalisten für dieses Problem war der Hunger. «Die Armen verstehen nur wenig von den Motiven, die Höherstehende zum Handeln bewegen – Stolz, Ehre und Ehrgeiz. Nur der Hunger ist imstande, sie zur Arbeit anzutreiben.» Das schrieb der englische Arzt und Priester Joseph Townsend 1786 in einem Aufsatz über die Armengesetzgebung. Diese Ansicht wurde erst zum Gemeinplatz, dann fand sie Eingang in die Gesetzgebung. Townsend schrieb weiter: «Der unerbittliche Hunger ist der natürlichste Antrieb zur Beschäftigung.»[7]

Sobald man die Armen in die Fabriken gebracht hatte, brauchte man Gesetze zum Schutz des Eigentums, Gesetzeshüter zur Festnahme von Zuwiderhandelnden, Gerichte zu deren Verfolgung und Gefängnisse zu deren Unterbringung. Ein Wirtschaftssystem, das auf dem globalen Austausch von Arbeit, Kapital und Waren basierte, benötigte Zölle und Verträge, die den Handel ermöglichten, nicht zu vergessen ein stehendes Heer zur Verteidigung der nationalen Souveränität. Das große Geld brauchte einen starken Staat. Aber der starke Staat konnte auch Brot verteilen. Daher prangerten die frühen Kapitalisten die zersetzende Wirkung von staatlichen Hilfen an, lange bevor der Staat auch nur auf den Gedanken kam, sie an arbeitsfähige Arme zu verteilen. Der englische Schriftsteller Daniel Defoe veröffentlichte 1704 ein Pamphlet, in dem er behauptete, die Armen würden nicht arbeiten, wenn man ihnen Almosen gebe. Andere Denker wiederholten das Argument bis zum Erbrechen, darunter auch Thomas Malthus in seinem berühmten *Bevölkerungsgesetz* aus dem Jahr 1798.[8] Frühe Apologeten des Kapitalismus sahen in der Armenhilfe nicht nur eine Belastung oder schlechte Politik, sondern eine Existenzbedrohung, weil sie die Arbeiter aus der Abhängigkeit von den Kapitalisten befreie.

Diese Argumentation ist uns noch heute vertraut. Dahinter steckt der Wunsch, die Abhängigkeit der Arbeitnehmer von der Wirtschaft zu erhalten und die Abhängigkeit der Bürger vom Staat zu schwächen. In der Propaganda des Kapitalismus ist die Medizin (die Hilfe für die Armen) in Wirklichkeit ein Gift. Wenn Präsident Franklin Roosevelt, der Begründer des modernen amerikanischen Sozialstaats, die Sozialhilfe als Droge und «leisen Vernichter der menschlichen Seele» bezeichnete; wenn Senator Barry Goldwater aus Arizona 1961 erklärte, es passe ihm nicht, «dass ich mit meinen Steuern uneheliche Kinder finanziere», und über «professionelle Schlitzohren» klagte, «die auf den Straßen herumlungern, ohne arbeiten zu wollen»; wenn Ronald Reagan im Vorwahlkampf einen Komplex von Sozialwohnungen in New York City anprangerte, in dem man «Wohnungen mit drei Meter hohen Decken, sechs Meter Balkon, Swimmingpool und Fitnessstudio» bekam; wenn die Amerikanische Psychiatrische Gesellschaft (American Psychiatric Association, APA) die «abhängige Persönlichkeit» 1980 offiziell in den Rang einer psychischen Störung erhob; wenn der konservative Autor Charles Murray 1984 in seinem Buch *Losing Ground* behauptete, «wir wollten mehr für die Armen tun und haben stattdessen mehr Arme gemacht»; wenn Präsident Bill Clinton 1996 verkündete, er wolle «dem Sozialstaat, so wie wir ihn kennen, ein Ende bereiten», weil er «viele Millionen unserer Mitbürger in einen Teufelskreis der Abhängigkeit sperrt, der sie von der Arbeitswelt ausschließt»; wenn Präsident Donald Trumps Wirtschaftsberater in einem Gutachten Sozialhilfeempfänger zur Arbeit verpflichten wollten, weil die Sozialpolitik des Landes einen «Verlust an Eigenständigkeit» bewirkt habe; wenn der Senator Roger Marshall aus Kansas im Juni 2021 erklärte, «die größte Bürde» für den Arbeitsmarkt sei die Arbeitslosenversicherung, die «Menschen dafür belohnt, dass sie zu Hause bleiben, anstatt zu arbeiten» – dann käuen sie alle dieselbe Botschaft wieder. Diese Botschaft ist angekommen: Die Hälfte der Bürger glaubt, dass Sozialhilfe faul macht.[9]

Unsere Ansichten werden auch von unserer Wahrnehmung der Empfänger geprägt. Untersuchungen zeigen, dass in der amerikanischen Öffentlichkeit zwei Ansichten vorherrschen.

Erstens glauben Amerikaner (fälschlich), dass die meisten Sozialhilfeempfänger schwarz sind. Und zweitens glauben viele bis heute, dass es Schwarzen an Arbeitsmoral fehlt. Seit 1972 führen Sozialwissenschaftler eine Umfrage namens General Social Survey durch, mit deren Hilfe sich gesellschaftliche Entwicklungen verfolgen lassen. Im Jahr 1990 sollten die Befragten zum Beispiel angeben, für wie faul oder fleißig sie Angehörige bestimmter ethnischer Gruppierungen halten. Weiße wurden nur von 6 Prozent der Befragten als faul eingeschätzt, Schwarze dagegen von 44 Prozent. In der aktuell letzten Befragung aus dem Jahr 2021 glaubte immer noch jeder Siebte, Schwarze seien faul. Dieser Rassismus schürt die Stimmung gegen Sozialhilfe.[10]

Die Behauptung, Sozialhilfe schade der Arbeitsmoral, stützt sich nicht auf Zahlen, sondern auf Anekdoten und Appelle an den gesunden Menschenverstand. Malthus, ansonsten ein nüchterner Empiriker, scherte sich in dieser Frage nicht um Fakten und meinte, «es genügt die bloße Feststellung». Und als der renommierte Wirtschaftswissenschaftler Michael Strain, Leiter der Abteilung für Wirtschaftspolitik am American Enterprise Institute, 2021 von einem Journalisten gefragt wurde, welche Belege er denn für seine Aussage habe, er wolle «keine Steuern bezahlen, damit sich jemand davon seine Drogen oder seinen Schnaps kauft oder nach Las Vegas fährt», erwiderte er: «Bei diesem Thema braucht es keine Beweise.»[11]

Doch das ist falsch. Die Statistiker des Arbeitsministeriums haben genauestens untersucht, wofür Sozialhilfeempfänger ihr Geld verwenden. Es ist nicht verwunderlich, dass diese Familien einen größeren Teil ihres Einkommens für Grundbedürfnisse (Wohnen, Essen) ausgeben als bessergestellte

Familien und einen kleineren Teil für Freizeit, Alkohol oder Tabak. Die Statistiker fanden auch heraus, dass Familien mit einem Einkommen in den obersten 20 Prozent doppelt so viel ihres Budgets für Alkohol aufwenden als Familien mit einem Einkommen in den untersten 20 Prozent. Das hat sich seit Generationen nicht geändert. Schon 1899 schrieb der Soziologe Thorstein Veblen von der Vorliebe der Reichen für «berauschende Getränke und Betäubungsmittel», während die Armen aufgrund des hohen Preises von Alkohol und anderen Drogen in «erzwungener Abstinenz» lebten.[12]

Wir können auch beobachten, wie sich arme Menschen verhalten, wenn sie spürbar mehr Geld in der Tasche haben. Bei einem Experiment zum bedingungslosen Grundeinkommen, das in Stockton im Bundesstaat Kalifornien durchgeführt wurde, erhielten 125 nach dem Zufallsprinzip ausgewählte Einwohner eines einkommensschwachen Stadtteils 500 Dollar pro Monat. Was sie mit dem Geld anfingen? Sie kauften Lebensmittel, bezahlten Stromrechnungen und reparierten ihr Auto. Für Zigaretten und Alkohol gaben sie weniger als 1 Prozent des Geldes aus.[13]

In den armen Stadtteilen von Milwaukee lernte ich Menschen kennen, die in bitterem Elend lebten und zum Teil obdachlos waren. Mir fiel auf, dass die wenigsten von ihnen ihr Leid mit Drogen zu vergessen suchten und dass sie höchstens hin und wieder ein Kippchen rauchten. Ich habe zwar auch Heroinsüchtige kennengelernt, und es gab eine Menge Schnapsläden in der Gegend, doch die meisten meiner Nachbarn boten ihrer Armut nüchtern die Stirn. Es war beinahe enttäuschend. Ich persönlich spürte gelegentlich den Drang zu vergessen, und wenn ich dazu hin und wieder ein Bier oder ein Glas Whiskey trank, missfiel das meinen Freunden. «Ich hatte keine Ahnung, dass du trinkst», schimpfte mich Crystal einmal, als ich vor einem Schnapsladen hielt, um einen Sixpack mitzunehmen. Ich sah mich im Wagen um: Crystal, ihre Freundin Vanetta, die Crystal in einem Obdachlosenheim der Heilsarmee kennengelernt hatte, und Vanettas Mutter, die ihre Kinder in einer Sozialwohnung in Chicago großgezogen hatte.

«Soll ich euch was mitbringen?»

Alle schüttelten den Kopf. Keine von ihnen rührte Alkohol an. Sie hätten nicht einmal gewusst, was ich ihnen mitbringen sollte. Ich kaufte mein Bier und hatte das Gefühl, dass ich uns damit das Essen verdorben hatte.[14]

★

Auch zur vermeintlichen Abhängigkeit von Sozialhilfe gibt es solide Daten. Wissenschaftler haben das Thema bereits in den 1980er und 1990er Jahren erforscht, als es die öffentliche Debatte beherrschte, doch sie fanden kaum Hinweise auf eine solche Abhängigkeit. Die meisten jungen Mütter, die Sozialhilfe erhielten, waren nach zwei Jahren nicht mehr darauf angewiesen. Viele von ihnen beantragten sie irgendwann später wieder und bezogen sie für kurze Phasen der Arbeitslosigkeit oder nach einer Scheidung. Es gab zwar auch Frauen, die länger auf die staatlichen Leistungen angewiesen waren, doch sie waren eher die Ausnahme als die Regel. Sozialhilfe schuf im Allgemeinen keine Abhängigkeit. Ein in der Zeitschrift *Science* veröffentlichter Forschungsüberblick kam zu dem Schluss: «Der Sozialstaat schafft keine Abhängigkeit, insofern er als Absicherung gegen vorübergehende Rückschläge dient.»[15] Damals wie heute sind körperlich gesunde und arbeitsfähige

Sozialhilfeempfänger eine Seltenheit. Einer Untersuchung zufolge handelt es sich bei nur 3 Prozent der Armen in den Vereinigten Staaten um Erwachsene im erwerbsfähigen Alter, die aus unbekannten Gründen dem Arbeitsmarkt nicht zur Verfügung stehen.[16]

Eine genauere Auswertung der Daten zeigt, dass das eigentliche Problem nicht die Abhängigkeit vom Sozialstaat ist, sondern die Scheu vor ihm. Diese führt dazu, dass viele arme Familien keine staatlichen Beihilfen beantragen, obwohl sie ein Anrecht darauf hätten. Nur ein Viertel der Familien, die Anspruch auf befristete Sozialhilfe hätten, machen diesen auch geltend. Nur 48 Prozent der Senioren, die Lebensmittelmarken beantragen könnten, tun dies auch. Ein Fünftel aller Eltern, die für eine staatliche Krankenversicherung infrage kommen, melden sich nicht an, und ein Fünftel der Arbeitnehmer, die Anspruch auf Lohnsubvention haben, stellen keinen Antrag.[17] Diese Scheu wird auch in schwierigen Zeiten nicht kleiner. Auf dem Höhepunkt der Finanzkrise waren 10 Prozent der Amerikaner arbeitslos, aber nur ein Drittel davon bezog Arbeitslosenhilfe.[18]

Es gibt keine offiziellen Zahlen dazu, welcher Anteil der Berechtigten die Sozialhilfe nicht in Anspruch nimmt, doch auf diese Weise bleiben viele Milliarden im Jahr liegen. Nehmen wir nur die Summen, die sich Geringverdiener entgehen lassen, wenn sie auf die Lohnsubventionen verzichten. Rund 7 Millionen Berechtigte stellen keinen Antrag und verlieren damit 17,3 Milliarden Dollar pro Jahr. Wenn man die ungenutzten Ansprüche auf Lebensmittelmarken (13,4 Milliarden Dollar), staatliche Krankenversicherung (62,2 Milliarden Dollar), Arbeitslosenhilfe (9,9 Milliarden Dollar) und Behindertenrente (SSI, 38,9 Milliarden Dollar) hinzurechnet, kommt man schon auf knapp 142 Milliarden Dollar, die nicht in Anspruch genommen werden.[19]

Das Problem ist derart hartnäckig und vertrackt, dass sich ein ganzer Zweig der Verhaltensforschung mit der Frage beschäftigt, wie sich die Zahl der Antragsteller erhöhen lässt. Psychologen und Wirtschaftswissenschaftler entwickeln ausgeklügelte Experimente, veranstalten Tagungen, betreuen Doktorarbeiten, veröffentlichen Studien und schreiben Bücher, in denen es darum geht, wie man Geringverdiener dazu bringen kann, die staatlichen Beihilfen zu beantragen, die ihnen zustehen.

Von einer Abhängigkeit vom Sozialstaat kann also keine Rede sein. Wenn die Armen in den Vereinigten Staaten tatsächlich das System melken würden, dann würden sie wohl schwerlich auf Abermilliarden Dollar im Jahr verzichten. Wenn sich Politiker und Experten über die angebliche Abhängigkeit von Sozialleistungen ereifern oder die soziale Absicherung als «Hängematte» bezeichnen, die «arbeitsfähige Menschen zu einem Leben in Abhängigkeit und Faulheit verführt», wie der republikanische Abgeordnete Paul Ryan behauptete, dann sind sie entweder falsch informiert, oder sie lügen.[20] Die Armen haben kein Talent zur Abhängigkeit. Ich wünschte, sie hätten es. Und genauso wünschte ich, wir würden dieselbe Kreativität aufbringen, um bedürftige Familien an Sozialprogramme heranzuführen, mit der uns Konzerne zum Kauf von Kartoffelchips und Autoreifen verlocken.

★

Ganz anders der Rest der Gesellschaft, wir Angehörigen der behüteten Klassen. Wenn jemand abhängig vom Sozialstaat wird, dann sind wir das. Im Jahr 2020 gab der Staat mehr als 193 Milliarden Dollar aus, um den Erwerb von Eigenheimen zu subventionieren - fast viermal so viel wie für das Wohngeld von Geringverdienern (53 Milliarden Dollar). Die meisten Nutznießer dieser Subventionen verdienen sechsstellige Summen im Jahr und sind weiß. Arme Familien, die das Glück haben, in staatlichen Sozialwohnungen unterzukommen, müssen sich oft mit Schimmel und bleihaltigen Farben herumschlagen, während wohlhabende Familien die Zinsen ihres Immobilienkredits für ihren Erst- und Zweitwohnsitz von der Steuer absetzen. Bedürftige Eltern beziehen maximal fünf Jahre lang Direkthilfen, doch die Eigenheimförderung kann während der gesamten Kreditlaufzeit in Anspruch genommen werden, in der Regel also dreißig Jahre lang. Der fünfzehnstöckige Wohnturm und das Eigenheim in der Vorstadt werden also gleichermaßen vom Staat gefördert, aber ansehen kann man es nur Ersterem.[21]

Wenn man alles zusammenzählt, haben die Vereinigten Staaten - gemessen am Staatshaushalt - nach Frankreich den zweitgrößten Sozialetat der Welt. Allerdings nur, wenn man die staatlichen Zuschüsse zu Betriebsrenten, Studienkredite, Kinderfreibeträge und Eigenheimzulagen mitrechnet - alles Mittel, die in erster Linie Bürgern oberhalb der Armutsgrenze zugutekommen. Wenn man nur den Sozialetat für wirklich Bedürftige nimmt, dann liegen die Vereinigten Staaten weit hinter anderen Industrienationen. Der amerikanische Sozialstaat ist schief.[22]

Anders als man immer hört, ist unser Land nicht gespalten in «Geber», die sich durch ihrer Hände Arbeit selbst ernähren, und «Nehmer», die sich auf dem Staatssäckel ausruhen. Fast alle Amerikaner beziehen in der einen oder anderen

Form Unterstützung vom Staat. Republikaner oder Demokraten, Familien jeder Hautfarbe und Herkunft bekommen gleichermaßen Geld von Uncle Sam.[23] Das ganze Land lebt von der Stütze.

Die Politikwissenschaftlerin Suzanne Mettler hat ermittelt, dass 96 Prozent der erwachsenen Amerikaner im Laufe ihres Lebens in der einen oder anderen Form staatliche Förderung in Anspruch nehmen. Zwar gibt es je eigene Förderprogramme für Ober-, Mittel- und Unterschicht, doch Familien mit hohen und mittleren Einkommen nehmen durchschnittlich genauso viele Programme in Anspruch wie Familien mit geringen Einkommen. Studienkredite sehen zwar so aus, als würden sie von einer Bank gewährt, doch Banken geben Achtzehnjährigen ohne festes Einkommen und Sicherheiten nur deshalb Geld, weil der Staat für sie bürgt und die Hälfte der Zinsen übernimmt. Private Anlageberater helfen Ihnen, die richtige Ausbildungsversicherung für Ihre Kinder zu finden, doch die großzügigen Freibeträge dafür kosten den Staat zwischen 2017 und 2026 geschätzte 28,5 Milliarden Dollar. Die meisten Berufstätigen sind zwar über ihre Arbeitgeber krankenversichert, doch die Beiträge sind steuerlich absetzbar. Im Jahr 2022 kostete diese indirekte Unterstützung den Staat 316 Milliarden Dollar, und nach Schätzungen wird diese Summe bis 2032 auf über 600 Milliarden ansteigen. Fast die Hälfte aller Amerikaner kommt in den Genuss dieser Vergünstigungen, und ein weiteres Drittel hat eine staatlich geförderte private Rentenversicherung abgeschlossen. Die Begünstigten kommen überwiegend aus der Ober- und Mittelschicht, und der Anteil der Geförderten liegt weit über dem der Sozialprogramme für einkommensschwache Familien, zum Beispiel den Lebensmittelmarken (14 Prozent der Amerikaner) und Lohnsubventionen (19 Prozent).[24]

Im Jahr 2021 kosteten die Steuervergünstigungen den Staat insgesamt 1,8 Billionen Dollar – mehr als innere Sicherheit, Bildung, Wohnungsbau, Gesundheit, Diplomatie und alle anderen Haushaltsposten zusammengenommen.[25] Rund die Hälfte der teuersten Steuervergünstigungen kam den reichsten 20 Prozent zugute. Wobei das reichste Prozent mehr erhielt als alle Familien der Mittelschicht zusammengenommen und doppelt so viel wie die untersten 20 Prozent. Ich weiß nicht, wie oft ich gehört habe, wir sollten doch den Verteidigungshaushalt kürzen, um mit den Einsparungen die Armen zu unterstützen. Dieser Vorschlag erntet immer allgemeines Kopfnicken. Viel seltener hört man, wir sollten die Armen fördern, indem wir die Steuervergünstigungen für die Reichen kürzen, obwohl diese uns doppelt so teuer zu stehen kommen wie die gesamte Landesverteidigung.[26]

Die größten Bezieher staatlicher Beihilfen sind heute die Wohlhabenden. Um sich eine Krankenversicherung leisten zu können, braucht man eine gute Anstellung, und die setzt in der Regel einen Studienabschluss voraus. Um in den Genuss der Eigenheimförderung zu kommen, muss man sich erst einmal ein Eigenheim leisten können, und am meisten profitiert, wer am meisten aufnimmt. Um eine Ausbildungsversicherung abschließen zu können, muss man am Monatsende Geld übrig haben, und je mehr man auf die Seite legen kann, umso höher die Steuervergünstigungen, weshalb diese Förderung fast ausschließlich Besserverdienern zugutekommt.[27] Soweit ich weiß, werden nirgends Untersuchungen durchgeführt und Doktorarbeiten darüber geschrieben, wie man Reiche motivieren kann, die Freibeträge für Ausbildungs-

und Krankenversicherungen und den Erwerb eines Eigenheims in Anspruch zu nehmen, denn sie wissen nur zu gut um ihre Ansprüche.

Aber die Reichen zahlen ja auch mehr Steuern, könnte man nun einwenden. Das ist richtig – sie haben ja auch mehr Geld. Aber das heißt nicht, dass sie auch denselben Anteil ihres Einkommens zahlen. Die Einkommenssteuer ist zwar progressiv, womit die Abgabenlast mit dem Einkommen größer wird: Im Jahr 2020 waren es 10 Prozent für die Einkommensschwächsten (mit einem Jahreseinkommen von weniger als 9875 Dollar), 24 Prozent für mittlere Einkommen (zwischen 85526 und 163300 Dollar) und 37 Prozent für die Reichsten (mit einem Jahreseinkommen über 518401 Dollar). Andere Steuern wirken dagegen regressiv, das heißt, dass die Armen einen größeren Anteil ihres Einkommens für sie aufwenden. Das beste Beispiel ist die Mehrwertsteuer. Sie trifft die Ärmsten am härtesten, und zwar aus zwei Gründen. Erstens können arme Familien nicht sparen, wohlhabende dagegen sehr wohl. Eine Familie, die ihr gesamtes Einkommen ausgibt, wendet automatisch einen größeren Teil ihres Geldes für Mehrwertsteuer auf. Und zweitens geben reiche Familien mehr Geld für Dienstleistungen aus und arme mehr für Waren (Benzin, Lebensmittel), für die eine höhere Mehrwertsteuer fällig wird. Die Progression der Einkommenssteuer wird durch die Regression der Mehrwertsteuer aufgehoben. Dazu kommt, dass die Steuern auf Kapitalgewinne niedriger sind als die auf Arbeitseinkommen. Unterm Strich bezahlen wir daher alle in etwa denselben Steuersatz. Familien der Unter- und Mittelschicht führen effektiv 25 Prozent ihres Einkommens an Steuern ab, Familien der Oberschicht etwa 28 Prozent, also nur unwesentlich mehr. Die 400 reichsten

Amerikaner kommen sogar nur auf einen effektiven Steuersatz von 23 Prozent und zahlen damit weniger Steuern als alle anderen.[28]

★

Der amerikanische Staat gibt denen am meisten, die es am wenigsten benötigen. So sieht unser Sozialstaat aus, und das hat weitreichende Auswirkungen nicht nur auf unseren Kontostand und unsere Armutsquote, sondern auch auf unsere Psyche und unsere staatsbürgerliche Gesinnung.

Untersuchungen haben gezeigt, dass sich Bürger, die Lohnsubventionen beantragen, genauso wenig als Nutznießer des Staats erleben wie Bürger in ähnlicher Lage, die sie nicht beantragen wollen oder können. Bürger, die Direkthilfen erhalten, erleben sich dagegen sehr wohl als Empfänger staatlicher Unterstützung. Auch Nutzer von Studienkrediten und Ausbildungsversicherungen erkannten die Rolle des Staats in ihrem Leben nicht, im Gegensatz zu Veteranen, die dank staatlicher Unterstützung neue Ausbildungsmöglichkeiten erhielten. Bürger, die von staatlicher Unterstützung in ihrer sichtbarsten Form profitieren (zum Beispiel durch Sozialwohnungen oder Lebensmittelmarken) erkennen am ehesten, was der Staat alles für sie tut, während Nutznießer der unsichtbarsten Programme (der Steuervergünstigungen) am wenigsten zur Kenntnis nehmen, dass ihnen der Staat zur Seite steht.[29]

Die größten Nutznießer des staatlichen Geldsegens – in der Regel weiße Familien mit Steuerberatern – stehen dem starken Staat besonders ablehnend gegenüber. Diese Menschen gehen jedoch häufiger zur Wahl als ihre Mitbürger, die

die Rolle des Staats in ihrem Leben zu schätzen wissen. Sie unterstützen Politiker, die eine Senkung der Staatsausgaben verlangen, in dem Wissen, dass *ihre* Vergünstigungen der Axt nicht zum Opfer fallen werden. Empfänger von Eigenheimförderung sind mit überwältigender Mehrheit gegen weitere Investitionen in den sozialen Wohnungsbau, genau wie Angestellte, die über ihren Arbeitgeber krankenversichert sind, gegen Obamacare mobilmachten. Die Widersprüche der Politik sind manchmal unerträglich.[30]

Gelegentlich passiert es, dass staatliche Leistungen, die überwiegend wohlhabenden Bürgern zugutekommen, dem Rotstift zum Opfer fallen sollen. Dann wird der «unsichtbare» Sozialstaat mit einem Mal sichtbar. Präsident Obama schlug 2015 vor, die Steuervergünstigungen für Ausbildungsversicherungen zu streichen, doch die Demokraten aus wohlhabenderen Landesteilen positionierten sich postwendend gegen den Vorschlag, weil sie fürchteten, von ihren Wählern abgestraft zu werden. Einen Tag nachdem die Regierung den Vorschlag publik gemacht hatte, war er auch schon wieder vom Tisch.[31] Der Führung der Demokraten war klar, dass sie mit der Abschaffung von Eigenheimzulagen und Steuervergünstigungen für Ausbildungsversicherungen oder private Krankenversicherungen die Familien der Ober- und Mittelschicht vor den Kopf stoßen würde, was wiederum zeigt, dass diese unsichtbaren Zuwendungen so unsichtbar dann doch wieder nicht sind.

Was bedeutet das alles? Wie kann es sein, dass Ober- und Mittelschicht die staatliche Unterstützung, die sie erhalten, gar nicht zur Kenntnis nehmen und gleichzeitig Groll gegen die vermeintlichen staatlichen Almosenempfänger hegen, und wie kann es sein, dass sie politisch gegen die Armutsbekämpfung mobilmachen und zugleich ihre unsichtbaren Vergünstigungen schützen?

Darauf gibt es drei mögliche Antworten. Erstens fällt es vielen von uns verständlicherweise schwer zu erkennen, dass eine Steuervergünstigung nichts anderes ist als eine Direkthilfe vom Staat. Steuern sind eine Belastung, und mit Freibeträgen gestattet uns der Staat, mehr von dem zu behalten, was uns zusteht. Psychologen wissen, dass wir Verluste stärker empfinden als Gewinne. Der Verlust von 1000 Dollar schmerzt uns mehr, als uns der Gewinn von 1000 Dollar beglückt.[32] Das ist mit den Abgaben an den Staat nicht anders. Die Steuern, die wir zahlen müssen (Verlust), wiegen schwerer als diejenigen, die wir durch Steuervergünstigungen einsparen (Gewinn).

In den Vereinigten Staaten sind Steuererklärungen bewusst kompliziert und zeitraubend gestaltet. In Japan, Großbritannien, Estland, den Niederlanden und vielen anderen Ländern müssen abhängig Beschäftigte keine Steuererklärung abgeben - das übernimmt der Staat für sie. Die Steuerzahler erhalten einen Bescheid, den sie unterschreiben und zurückschicken. Das ist eine Sache von ein paar Minuten und stellt vor allem sicher, dass die Bürger die Steuern zahlen, die sie dem Staat schulden, und dass sie die Vergünstigungen bekommen, die der Staat ihnen schuldet. Wenn japanische oder niederländische Steuerzahler der Ansicht sind, dass der Staat sie übervorteilt hat, dann können sie Einspruch einlegen, doch das tun die wenigsten. In den Vereinigten Staaten könnte man die Steuern nach demselben Prinzip erheben, wären da nicht die Unternehmer und die Republikaner, die meinen, dass das Verfahren möglichst schmerzhaft sein sollte. «Steuern müssen wehtun», sagte Ronald Reagan. Sonst könnten wir Steuern ja als einen normalen Teil unserer Zugehörigkeit zu einer Gesellschaft auffassen und nicht als einen lästigen Akt, mit dem uns der Staat jedes Jahr im Frühjahr unser Geld wegnimmt.[33]

Einmal mehr ist die Verpackung so wichtig wie das Geschenk, und ich habe keinen Zweifel, dass die Art und Weise, wie der Staat Leistungen verteilt und Steuern eintreibt, einen großen Einfluss darauf hat, wie wir diese wahrnehmen. Steuernzahlen tut weh, und man kommt leicht zu dem Schluss, dass eine Steuervergünstigung etwas grundsätzlich anderes ist als eine staatliche Direkthilfe. Doch das ist ein Irrglaube. Beide kommen sie dem Haushaltseinkommen zugute, beide kosten den Staat Geld, und beide sollen bestimmte Verhaltensweisen begünstigen, sei es einen Arztbesuch (Medicaid) oder ein Studium (Ausbildungsversicherung). Wir könnten die Darreichungsform ändern, indem wir zum Beispiel Lohnsubventionen einfach in Form von Steuererleichterungen für Geringverdiener auszahlen (wie dies zum Beispiel in Frankreich der Fall ist) und Eigenheimzulagen per monatlicher Überweisung zuteilen. Der Staatshaushalt ist ein gigantischer Mahlstrom, in dem Geld vom Staat zu den Steuerzahlern und von den Steuerzahlern zum Staat fließt. Man kann Familien unterstützen, indem man ihre Abgabenlast mindert oder ihnen Bares in die Hand drückt – das Ergebnis ist dasselbe.[34]

Einige sind der Ansicht, dass die arbeitende Bevölkerung mit ihrer Einkommenssteuer die Armen durchfüttert. Aber sehen wir uns die Daten an. Im Jahr 2018 hatte eine durchschnittliche Familie der Mittelschicht ein Jahreseinkommen von 63 900 Dollar brutto, zahlte 9900 Dollar Steuern und erhielt 13 600 Dollar an Sozialversicherungsleistungen (zum Beispiel Behindertenrente oder Arbeitslosenhilfe) sowie bedürftigkeitsorientierte Leistungen (zum Beispiel Medicaid und Lebensmittelmarken) in Höhe von 3400 Dollar. Das heißt, die Durchschnittsfamilie der Mittelschicht erhielt 7100 Dollar mehr vom Staat, als sie an Steuern abführte – eine gute Investition. Die Behauptung, dass sie mit ihren Steuern die Armen subventionieren und nichts dafür zurückbekommen, stimmt also nicht.[35]

Wenn wir uns nur die Einkommenssteuer ansehen, dann ist das so, als würden wir unsere Kalorien zählen und dabei nur das Frühstück berücksichtigen. Wenn Kritiker die Armen als «Nicht-Steuerzahler» bezeichnen, weil sie nach Abzug ihrer Freibeträge kaum noch Einkommenssteuern bezahlen, verschweigen sie bewusst all die anderen Steuern, die Arme bezahlen, ebenso wie die Steuern, die Reiche nicht bezahlen. Unterm Strich sieht es so aus: Aktuelle Zahlen zu Sozialversicherung, bedürftigkeitsorientierten Beihilfen, Steuerfreibeträgen, Studienbeihilfen und so weiter zeigen, dass die ärmsten 20 Prozent der Haushalte pro Jahr 25733 Dollar vom Staat erhalten und die reichsten 20 Prozent rund 35363 Dollar.[36] Wohlhabende Familien erhalten also 40 Prozent mehr vom Staat als die ärmsten Familien des Landes.

Ich würde daher vermuten, dass hier noch etwas anderes am Werk ist und es einen weiteren Grund gibt, warum wir den unsichtbaren Sozialstaat nicht sehen wollen. Die Angehörigen der Ober- und Mittelschicht meinen, dass sie, nicht aber die Armen, ein Anrecht auf staatliche Unterstützung haben. Dafür gibt es eine Erklärung, die seit Langem unter liberalen Denkern kursiert: Der Glaube an die Meritokratie ist so tief in der amerikanischen Psyche verankert, dass wir materiellen Erfolg mit Verdienst verwechseln – und für diesen vermeintlichen Verdienst auch noch belohnt werden wollen. Aber glauben wir wirklich, dass das reichste Prozent verdienstvoller ist als der Rest der Menschen? Glauben wir wirklich, dass Weiße reicher sind als Schwarze, weil sie mehr dafür getan haben, oder dass Frauen weniger verdienen als Männer, weil sie nicht mehr verdient haben? Wollen wir wirklich einer Haushaltshilfe mit ihren von Putzmitteln geschwollenen Händen oder einem Erntehelfer mit seinem krummen Rücken oder den vielen Millionen anderen erwerbstätigen Armen erklären, dass sie am unteren Ende der Gesellschaft festsitzen, weil sie zu faul sind? *Ich habe hart dafür gearbeitet, um dort zu sein, wo ich heute bin,* könnten Sie nun vielleicht sagen. Mag sein. Aber unzählige Arme haben *zu hart* gearbeitet, um dort zu sein, wo sie heute sind.[37]

Selbst in unserem Privatleben sehen wir, dass Menschen nicht durch Tatkraft und Einsatz vorankommen, sondern weil sie groß oder attraktiv sind, weil sie die richtigen Leute kennen oder weil sie eine satte Erbschaft gemacht haben. Ein genialer Kollege wird bei der Beförderung übergangen, und ein kleineres Licht nimmt auf dem Chefsessel Platz. Eine Familie gerät nach einem Krankheitsfall oder einem Autounfall in Not. Der Lauf unseres Lebens hängt von Tausenden Kleinigkeiten ab – nicht nur von alldem, was wir selbst beeinflussen können, sondern auch von der erbarmungslosen Willkür der Welt. Tag für Tag müssen wir erleben, wie launisch das Leben sein kann und wie sehr unsere Zukunft von dummen Zufällen oder größeren Zusammenhängen abhängt.

Die meisten von uns sind überzeugt, dass sie durch Fleiß vorankommen – was ja auch stimmt –, doch die meisten wissen auch, welche Vorteile sie genießen, weil sie die richtige Hautfarbe haben, weil ihre Eltern Akademiker sind oder weil sie Beziehungen haben. Uns ist durchaus bewusst, dass wir aus eigener Kraft nur bis zu einem bestimmten Punkt kommen, dass das Gerede von Mumm und Disziplin und Einsatz für unsere Kinder taugen mag, dass es aber kein Ersatz dafür ist, die Welt als Ganzes zu betrachten. Seit es Armut und Reichtum gibt, verbreiten die Sieger Erzählungen, mit denen sie diese Ordnung der Dinge rechtfertigen. *Wer arm bleibt, hat sich einfach nicht genug angestrengt. Sozialhilfe macht abhängig. Armen eine Chance zu geben, ist Selbstmord und der sichere Weg zu Sozialismus und Diktatur.* Wir verbreiten Propaganda dieser Art nicht deshalb, weil wir von ihr überzeugt sind, sondern weil sie unsere Gesellschaft strukturiert und uns vor der schmerzlicheren Wahrheit schützt, dass unser Leben mit dem der Armen verquickt ist.[38] Doch die alten Stereotype sterben aus. Wir haben sie durchschaut. Unabhängig von ihrer Parteizugehörigkeit wissen auch die meisten Politiker inzwischen, dass Armut nichts mit mangelnder Leistungsbereitschaft zu tun hat, sondern mit ungerechten Umständen.[39]

Was uns zu der dritten Antwort auf die Frage bringt, warum wir die Dinge so hinnehmen, wie sie sind: Wir haben sie gern so.

Das ist die hässlichste Erklärung, weshalb wir sie mit allen möglichen Rechtfertigungen und Ausflüchten verschleiern. Doch wie die Bürgerrechtlerin Ella Baker einmal sagte: «Die Betuchten wollen ihr Tuch nicht hergeben» – egal, woher ihr Tuch kommen mag. Ganz ehrlich, Steuerfreibeträge sind eine feine Sache, wenn man sie bekommt. Im Jahr 2020 sparten 13 Millionen Amerikaner dank der Eigenheimvergünstigungen insgesamt 24,7 Milliarden Dollar Steuern. Aber wir müssen genau hinsehen: Auf Eigenheimbesitzer mit einem jährlichen Haushaltseinkommen unter 20 000 Dollar entfielen 4 Millionen Dollar – auf Familien mit einem Einkommen von über 200000 Dollar dagegen 15,5 Milliarden. Im selben Jahr konnten 11 Millionen Bürger die Zinsen ihrer Ausbildungskredite von der Steuer absetzen, damit sparten Geringverdiener 12 Millionen Dollar – Arbeitnehmer mit einem Jahreseinkommen zwischen 100000 und 200000 Dollar hingegen 432 Millionen. Insgesamt erhielten die reichsten 20 Prozent das Sechsfache an Steuervergünstigungen wie die ärmsten 20 Prozent. Geld ist Geld, mag es auch aus noch so absurden staatlichen Subventionen stammen, und was wir in der Tasche haben, das rücken wir nicht wieder heraus.[40]

Staatliche Hilfe ist ein Nullsummenspiel. Die größten Summen werden nicht darauf verwendet, Arme aus der Armut zu führen, sondern darauf, Reichen den Reichtum zu sichern. Damit bleiben weniger Mittel für die Armen. Wenn das unser Ziel und unser Gesellschaftsvertrag ist, dann sollten wir das auch so sagen. Wir sollten aufstehen und sagen: *Ja, das ist das Land, in dem wir leben wollen.* Aber wir können den Armen nicht ins Gesicht sehen und sagen: *Wir würden euch ja gern helfen, aber wir können es uns halt nicht leisten.* Das ist nämlich eine Lüge.

KAPITEL 6

WIE WIR UNS MÖGLICHKEITEN KAUFEN

In den Nullerjahren, vor der Finanzkrise, verkündeten die Zeitungen ein neues Goldenes Zeitalter. Im Oktober 2007 zeigte das *New York Times Magazine* einen vergoldeten Gullydeckel auf dem Cover, als würden die New Yorker jetzt schon Gold scheißen. Das war natürlich nur die eine Seite der Geschichte, doch sie brachte eine Wahrheit zum Ausdruck, die viele Amerikaner heute vorsichtiger aussprechen: Viele von uns sind reich.[1] Sogar stinkreich. Im Jahr 2020 kauften Amerikaner 310 000 neue Motorboote. Wir gaben 100 Milliarden für Haustiere aus und mehr als 550 Milliarden für Urlaubsreisen (so wenig war es nur wegen der Coronapandemie, im Vorjahr waren es noch 723 Milliarden gewesen). Wir fahren die größten Autos. Nicht anders verhält es sich bei unseren Häusern: In ein amerikanisches Durchschnittshaus passen drei englische. Rund 12 Prozent der Amerikaner haben neben ihrem Hauptwohnsitz weitere Immobilien, zum Beispiel eine Zweitwohnung oder einen Anteil an einer Ferienwohnung.[2]

Wir sind reicher als die Bürger anderer Länder, auch anderer reicher Länder, und wir sind viel reicher als frühere Generationen. Und doch ist die Stimmung in der Mittel- und Oberschicht von Unmut und Sorge geprägt. Früher stellten die Reichen ihren Wohlstand zur Schau, unter anderem durch ihre Verachtung gegenüber jeglicher Form der Erwerbstätigkeit. Doch der Geldadel von heute scheint lieber zu schuften und zu jammern. Gab es jemals eine Epoche, in der so viele Menschen so viel besaßen und sich trotzdem so benachteiligt und verunsichert fühlten?

Diese Stimmungslage trägt dazu bei, dass wir uns nicht als Verursacher der Ungleichheit sehen. Wir lieben Schnäppchen und intelligente Produkte. Wir wollen günstige Waren und Dienstleistungen und regen uns auf, wenn etwas teurer wird. Schnell und billig – so soll der Konsum sein. Aber irgendjemand muss die Zeche zahlen, und das sind die amerikanischen Arbeitnehmer. Schnäppchen sind nur durch Hungerlöhne möglich, schneller Service nur durch Überwachung und Kontrolle. Den Preis für unsere Gelüste und Belustigungen zahlen die Arbeiter, die erwerbstätigen Armen und inzwischen auch die erwerbstätigen Obdachlosen.[3]

Der Bieterwettbewerb zwischen den Reichen lässt die Immobilienpreise explodieren, auch wenn wir die Ursachen dafür gern woanders suchen. Seit vielen Jahren spreche ich mit Politikern und Aktivisten im ganzen Land über den Mangel an bezahlbarem Wohnraum. Egal, wo ich bin, die Rede kommt früher oder später auf russische Oligarchen. In New York höre ich, wie sie die Upper West Side aufkaufen. Sogar Bürgermeister Bill de Blasio beschwert sich schon über sie. Auch in Los Angeles, Seattle, Honolulu und Austin sind die Oligarchen schuld. Wie viele russische Oligarchen gibt es eigentlich, frage ich mich. In Wahrheit ist kaum etwas über sie bekannt. Aber es ist leichter, über die zu sprechen als über uns selbst. Wir schaffen es ja nicht einmal, die heimischen Oligarchen «Oligarchen» zu nennen.[4]

Es gibt Länder, die viel ärmer sind als die Vereinigten Staaten, und es gibt Länder mit viel weniger Armut und weniger Reichtum. Unter den demokratischen Nationen tun sich die USA durch ihre extremen Klassenunterschiede hervor. Dieselben Kräfte, die uns nach oben befördern, können uns in den Abgrund stoßen. Was passiert in einem Land, wenn die Kluft so groß ist und wenn Millionen Arme neben Millionen Reichen leben? Das Ergebnis ist «privater Überfluss und öffentliches Elend», eine sich selbst verstärkende Dynamik, die unsere gesamte Gesellschaft umkrempelt und einen immer tieferen Keil zwischen uns treibt.

Das Problem ist alt. Schon der römische Historiker Sallust beschrieb es in seinem Buch *Bellum Catalinae*, in dem er die politischen Unruhen im alten Rom des Jahres 63 v. Chr. zur Zeit von Julius Cäsar schildert.[5] Der Wirtschaftswissenschaftler John Kenneth Galbraith griff das Problem 1958 in seinem Buch *Gesellschaft im Überfluss* auf. Das Thema der Ausbeutung streifte Galbraith nur. Seine Sorge galt der Tatsache, dass Privatvermögen deutlich schneller wuchsen als die staatlichen Investitionen in Schulen, Parks und Sozialleistungen. Dieser Prozess beginnt in der Regel allmählich und entwickelt irgendwann eine Eigendynamik. Einige Menschen werden reicher, koppeln sich von staatlichen Leistungen ab und haben immer weniger Interesse daran, sie zu finanzieren. Wenn es nach ihnen geht, dann erhalten sie Steuervergünstigungen und ihr Vermögen wächst immer weiter, während staatliche Leistungen mehr und mehr vernachlässigt werden. Sozialwohnungen, staatliche Bildung und öffentlicher Nahverkehr verfallen und werden irgendwann nur noch von Armen genutzt.[6]

Dann beginnt man damit, den staatlichen Sektor ganz allgemein zu verunglimpfen, so als sei er ein grundsätzliches Problem und nicht nur ein Dorn im Auge der Reichen. Reiche und Arme sind sich bald in der Ablehnung des Staats einig – die Reichen, weil er sie zwingt, für Dinge zu zahlen, die sie nicht nutzen, und die Armen, weil er ihnen nicht gibt, was sie benötigen. Gemeingut wird herabgewürdigt. In den Vereinigten Staaten lässt sich Armut am Grad der Abhängigkeit von Sozialleistungen ablesen und Reichtum am Grad der Unabhängigkeit davon. Wer genug Geld hat, ist «finanziell unabhängig», wenn auch interessanterweise nur von öffentlichen Dienstleistungen, nicht von der Arbeit. Es gab eine Zeit, als die Amerikaner von ihren Chefs unabhängig werden wollten. Heute wollen wir von Busfahrern unabhängig werden. Wir wünschen uns die Freiheit, uns aus der Gesellschaft zu verabschieden, uns eine exklusive Gemeinschaft zu suchen und uns so weit von den Armen zu entfernen, bis wir die Welt, in der sie leben, nicht mehr erkennen.[7]

Reichtum wird zur Schau gestellt, krasse Unterschiede zwischen Arm und Reich sind offensichtlich. Mit unseren SUVs fahren wir an den Zelten der Obdachlosen vorüber. Wir verbringen unzählige Stunden im Stau, weil wir es versäumt haben, in Hochgeschwindigkeitszüge und andere öffentliche Nahverkehrsmittel zu investieren. Wir treten aus unserem Apartmentgebäude in Manhattan, nicken dem Pförtner zu und gehen an Müllbergen vorbei zum verlotterten U-Bahnhof, um zu einem Sushi-Restaurant zu fahren. Wir meiden öffentliche Parks, die gefährliche Orte geworden sind, und haben unsere Mitgliedschaft in einem privaten Club oder Golfplatz. Wir bauen unsere Keller aus und neue Küchen ein, während Sozialwohnungen vor sich hin schimmeln. Bei einem Rechtsstreit heuern wir ein ganzes Team von Anwälten an, aber dem Rechtsschutz für die Armen streichen wir die Mittel. Das scheint uns normal: Wer einen engagierten Anwalt am nötigsten hätte, bekommt einen hoffnungslos überlasteten Pflichtverteidiger, der sich oft nicht einmal an den Namen seines Klienten erinnert. Als die Abgeordneten des Bundesstaats Michigan als Entgegenkommen für ihre betuchten Stammwähler die Steuern nicht erhöhten, schloss der Staat die Haushaltslücke, indem er die Mittel für die Instandhaltung der Infrastruktur kürzte und Sicherheitsinspektoren entließ; in der Folge tranken in Flint mehr als 12 000 Kinder – die meisten arm und schwarz – mit Blei verseuchtes Trinkwasser.[8]

Wenn man der Spur des Geldes folgt, sieht man, dass der Trend zu privatem Überfluss und öffentlichem Elend nicht nur eine Handvoll Gemeinden betrifft, sondern das ganze Land. In den vergangenen fünf Jahrzehnten sind die privaten Einkünfte in den Vereinigten Staaten um 317 Prozent gestiegen, die Steuern dagegen nur um 252 Prozent. Privatvermögen wachsen schneller als öffentliche Haushalte, und staatlichen Investitionen wird mehr und mehr der Hahn abgedreht. Das trifft auf von Demokraten regierte Bundesstaaten genauso zu wie auf republikanische. Zwischen der Amtszeit von George Bush Senior und Donald Trump stiegen die Einkommen im mehrheitlich demokratischen Bundesstaat Oregon um 112 Prozent, die Bildungsausgaben dagegen nur um 54 Prozent. Im traditionell republikanischen Bundesstaat Montana stiegen die Einkommen um 114 Prozent, die staatlichen Bildungsausgaben jedoch nur um 37 Prozent.[9]

Wir haben beschlossen, unsere Einkommenszuwächse auf unseren privaten Konsum zu verwenden, und weniger auf öffentliche Leistungen. Unsere Urlaubsreisen werden immer luxuriöser, aber Lehrkräfte müssen heute ihre eigenen Unterrichtsmaterialien kaufen. Wir sparen, um den Wohlstand unserer Kinder zu mehren, aber wir geben weniger dafür aus, um allen Kindern mehr Möglichkeiten zu eröffnen. 1955 machten Staatsausgaben rund 22 Prozent der Volkswirtschaft aus, und dieser Anteil blieb lange konstant. Seit dem letzten Viertel des 20. Jahrhunderts sinken die Investitionen der öffentlichen Hand. Im Jahr 2021 betrugen die Staatsausgaben – darunter Verteidigung, Transport, Gesundheit und Soziales – nur noch 17,6 Prozent des Bruttoinlandsprodukts. Der Anteil des privaten Verbrauchs stieg im gleichen Zeitraum von 60 auf 69 Prozent des Bruttoinlandsprodukts.[10] 9 Prozentpunkte, das klingt nach nicht viel, doch im Jahr 2021 waren das mehr als 2 Billionen Dollar.

Wie kam es dazu? Einer der Gründe war die größte Steuersenkung der amerikanischen Geschichte. Mit dem Steuergesetz zur Wiederbelebung der Wirtschaft (Economic Recovery Tax Act), das Präsident Reagan 1981 unterzeichnete, sanken die staatlichen Einnahmen über vier Jahre hinweg um 13 Prozent. Das Gesetz beinhaltete eine pauschale Senkung der Einkommenssteuer, eine Senkung des Spitzensteuersatzes um 20 Prozentpunkte und einen Abbau der Vermögenssteuern. Der republikanische Übermut erschütterte die Wirtschaft. Die Verabschiedung des Gesetzes trieb die Staatsverschuldung und die Zinsen in die Höhe und ließ die Märkte einbrechen. Reagan war gezwungen, den Kurs zu korrigieren, indem er im Folgejahr die Unternehmenssteuern wieder anhob. Den höchsten Preis für die Umverteilung zahlte jedoch der staatliche Sektor. Reagan kürzte die Mittel für sozialen Wohnungsbau und Stadtentwicklung um fast 70 Prozent. Das Ministerium, das einst nach dem Verteidigungsministerium den größten Etat hatte und Slums durch sichere Wohnungen ersetzte, konnte bald schon nicht mehr für die Müllabfuhr und die Wartung von Aufzügen in seinen Gebäuden aufkommen.[11]

Steuersenkungen sind eine der Hauptursachen für privaten Überfluss und öffentliches Elend, und in den letzten Jahrzehnten waren es vor allem die Republikaner, die dieses Mittel einsetzten. Das ist allerdings eine neuere Entwicklung: Der demokratische Präsident Kennedy senkte Steuern, die Republikaner Nixon und Ford hoben sie wieder an, und der staatliche Investitionsabbau nahm seinen Anfang in der demokratischen Hochburg Kalifornien. Dort kam es in den 1970er Jahren inmitten steigender Lebenshaltungskosten und Grundsteuern zu einer regelrechten Steuerrevolte. Beim Volksentscheid Proposition 13 wurde eine Obergrenze für Grundsteuern auf 1 Prozent des Kaufpreises der besteuerten Immobilie festgelegt. Demokraten stimmten genauso dafür wie Republikaner und natürlich auch Hausbesitzer der Mittel- und Oberschicht. Das Gesetz begünstigte die Bildung von Privatvermögen und wirkte verheerend auf staatliche Dienstleistungen. Was Hausbesitzer dazubekamen, das nahm man den Schülern von staatlichen Schulen weg. Der Bundesstaat, der mit seinen Bildungsausgaben einst an der Spitze des Landes gestanden hatte, fand sich mit einem Mal auf Rang 41 wieder.[12]

Proposition 13 war der Startschuss einer landesweiten Revolte, die in Reagans Kürzungsrausch gipfelte. Es war eine weiße Revolte. (Nur staatliche Angestellte und Schwarze hatten mehrheitlich gegen das Volksbegehren gestimmt.) Die massiven Steuersenkungen, die das Programm beider Parteien umkrempelten und privaten Reichtum und öffentliche

Armut begünstigten, waren nicht nur eine Reaktion auf staatliche Ausgabenexzesse. Sie waren auch eine Reaktion von Weißen, die sich dagegen wehrten, dass sie öffentliche Güter mit Schwarzen teilen sollten.[13]

Die Bürgerrechtsbewegung hatte es geschafft, die Rassentrennung in der Öffentlichkeit zu überwinden – mit dem Prozess *Brown vs. Board of Education* (1954) zunächst in Schulen, dann mit dem Bürgerrechtsgesetz von 1964 in öffentlichen Parks und Gebäuden sowie in Gaststätten und Kinos, schließlich mit dem Bürgerrechtsgesetz von 1968 auch beim Wohnen. Für viele weiße Familien waren diese Änderungen ein Schock. Sie reagierten mit einer Massenflucht aus öffentlichen Räumen und ganzen Städten und nahmen ihre weißen Steuergelder mit. Viele sahen in den Abgaben eine Zwangsspende an Schwarze. Weiße Familien hatten das Gefühl, sie würden zur Integration gezwungen und müssten auch noch dafür bezahlen. Der Widerstand gegen die Steuern einte weiße Wähler des gesamten politischen Spektrums und beendete das demokratische Arbeitnehmerbündnis, das seit dem New Deal der 1930er Jahre bestanden hatte. Natürlich besuchten auch weiße Kinder staatliche Schulen, doch in der Folge der Bürgerrechtsgesetze stimmten die meisten Weißen bei Wahlen weniger nach ihren wirtschaftlichen als nach ihren vermeintlich ethnischen Interessen.[14]

Wie der Historiker Kevin Kruse schreibt: «Am Ende brachte die von Gerichten angeordnete Abschaffung der Rassentrennung in der Öffentlichkeit keine Integration mit sich, sondern eine neue Rassentrennung, in der Weiße den öffentlichen Raum zunehmend den Schwarzen überließen und sich neue private Räume schufen.» Als staatliche Schulen zwangsintegriert wurden, wehrten sich weiße Eltern zunächst, dann schickten sie ihre Kinder auf Privatschulen oder zogen in die Vorstädte. In Großstädten verloren staatliche Schulen fast alle weißen Schüler. Im Jahr 2022 waren rund 16 Prozent der Schüler von staatlichen Schulen weiß, während der Anteil der Weißen an den Einwohnern der Stadt bei 38 Prozent lag.[15]

Die Entwicklung zu mehr privatem Überfluss und öffentlichem Elend schadet den Armen nicht nur deshalb, weil die Gelder für staatliche Institutionen gestrichen werden, sondern auch, weil gleichzeitig private Einrichtungen entstehen, die zum bevorzugten Kanal des sozialen Aufstiegs werden. Wenn wohlhabende Bürger verstärkt diesen Weg gehen, dann entziehen sie den öffentlichen Einrichtungen zunehmend ihre Unterstützung. Wird staatlichen Institutionen heute der Hahn abgedreht, dann heißt das nicht, dass man irgendwann wieder mehr Geld in sie steckt, sondern im Gegenteil, die Kürzungen gehen immer weiter, und irgendwann wird die Forderung laut, selbst geschätzte Institutionen wie die Post oder gar die Sozialversicherung zu privatisieren.[16] Chancengleichheit setzt voraus, dass alle Zugang zu Kinderbetreuung, hochwertiger Bildung und sicheren Wohngebieten haben – das alles sind Motoren der sozialen Mobilität. Doch privater Überfluss und öffentliches Elend führen zu einer «Kommerzialisierung der Chancen», und die Instrumente der sozialen Mobilität werden zu käuflichen Gütern. Wenn man dafür sorgen will, dass Chancen unfair und ungleich verteilt sind, muss man nur Geld für sie verlangen.[17]

Den Preis für Proposition 13 zahlt Kalifornien noch heute. Die Vereinigten Staaten haben sich nie von Reagans Kahlschlag erholt, und viele von uns lechzen sogar nach mehr. In seiner üblichen Bescheidenheit nannte Präsident Trump seine zentrale politische Maßnahme als «größte Steuersenkung in der Geschichte der Vereinigten Staaten». Das stimmte zwar nicht, doch sie reichte aus, um die staatlichen Investitionen bis 2027 um weitere 1,7 Billionen zu reduzieren.[18] Mehr für mich. Weniger für uns.

★

Natürlich ist das öffentliche Elend nicht gleichmäßig über das Land verteilt. In den meisten Gemeinden sind die städtischen Grünflächen gepflegt, der Schnee wird geräumt, der Müll abgefahren, die Schulen haben Bücher im Herbst und Heizung im Winter, und wenn man den Notruf wählt, kommt ein Krankenwagen. Die Dinge funktionieren einigermaßen, zumindest nach amerikanischen Standards (die nicht besonders hoch sind, wie jeder weiß, der sich einmal in Europa in einen Zug gesetzt oder in Seoul ins Internet eingewählt hat). Möglichkeiten hortet man nicht nur, indem man sich aus staatlichen in private Institutionen flüchtet, sondern auch, indem man sich mithilfe seines Privatvermögens Zugang zu exklusiven privaten Gütern verschafft und sich in eine gehobene Gemeinschaft einkauft. In vielen Gegenden bekommt man für ein hohes Baudarlehen nicht nur ein Haus, sondern auch eine gute Schule für die Kinder und öffentliche Sicherheit; das alles scheint vollkommen natürlich, und kaum jemand käme darauf, dass es das Ergebnis sozialer Manipulation ist.[19]

Seit Jahrzehnten suchen Sozialwissenschaftler und Politiker nach Möglichkeiten, Geringverdiener aus Vierteln mit hoher Kriminalität und Armut herauszuholen und in Viertel umzusiedeln, in denen ihnen mehr Möglichkeiten offenstehen. Sie begannen damit, Kinder quer durch die Stadt zu transportieren, um staatliche Schulen sozial zu durchmischen. Dieser erzwungene Schultransport wurde zu einer der meistgehassten politischen Maßnahmen der zweiten Hälfte des 20. Jahrhunderts, vor allem unter der besonders betroffenen weißen Arbeiterschicht. Als der Erfolg ausblieb, versuchte man, ganze Familien «zu den Chancen zu bringen» (wie man das nannte), zum Beispiel durch überall gültige Mietcoupons, die auch in Vierteln der Mittelschicht eingelöst werden konnten. Damit hatten die Familien zwar ein Dach über dem Kopf, aber auch das trug wenig dazu bei, Familien aus armen Vierteln herauszuholen. Die meisten verwendeten die Coupons, um sich eine bessere Wohnung im selben Viertel zu suchen. Als sich die Armen nicht zu den Chancen bringen ließen, beschloss man, die Chancen zu den Armen zu bringen. In sozialen Brennpunkten wies man Sonderzonen aus und versprach Steuervergünstigungen für Entwickler und Menschen, die hier investierten.

Jede dieser Maßnahmen erreichte wichtige Ziele, doch keine brachte die Integration von Klassen und Ethnien voran.[20] Warum? Weil die meisten Bewohner von sicheren und wohlhabenden Vierteln nicht wollen, dass im Nachbarhaus Arme einziehen, vor allem dann nicht, wenn sie weiß und die Armen schwarz sind.

Man erfährt viel über eine Stadt, wenn man sich ihre Mauern ansieht. Unsere ersten Mauern waren primitive Wälle aus Erde, Steinen und zugespitzten Pfählen. Später lernten wir, Gräben auszuheben und feste Mauern zu errichten. Im Westen der Vereinigten Staaten erfand irgendjemand den Stacheldraht. Unsere heutigen Mauern sind abschreckender und wirkungsvoller: Geld und Gesetze. Bebauungspläne regeln, was in einer Gemeinde gebaut werden darf und was nicht, und weil in jeder Art von Gebäude andere Menschen leben, regeln diese Gesetze auch, wer in einer Gemeinde leben darf und wer nicht. Wie alle Mauern entscheiden auch sie über Leben, und wie alle sind sie grau. Es gibt kaum ein seelenloseres Wort als «Flächennutzungsplan», doch wenig beschreibt die Seele einer Gemeinde besser.

In den Vereinigten Staaten gibt es diese Bebauungs- und Flächennutzungspläne seit den 1920er Jahren, doch damals handelte es sich um allgemeine Weisungen zur Raumordnung – die Fabriken hierhin, die Geschäfte dorthin, die Wohnviertel da drüben. Heute dagegen dienen diese Pläne auch dazu, bestimmte Wohngebäude aus Wohnvierteln zu verbannen. Die neue Art der Bebauungspläne war eine Reaktion auf die Great Migration, als Millionen schwarze Familien vor dem Rassenterror der ehemaligen Südstaaten in die Städte des Nordens flohen, und sie dienten dazu, Mauern zwischen weißen und schwarzen Vierteln zu errichten. Nachdem der Oberste Gerichtshof die Rassentrennung für verfassungswidrig erklärt hatte, benannte die Stadt Atlanta ihre zwei Bezirkskategorien von «R-1 weißer Bezirk» und «R-2 farbiger Bezirk» um in «R-1 Einfamilienhaus-Bezirk» und «R-2 Mehrfamilienhaus-Bezirk». Nach Verabschiedung der Bürgerrechtsgesetze von 1968 richteten immer mehr Städte solche Wohnbezirke ein.[21] Heute verbannt man nicht mehr bestimmte soziale oder ethnische Gruppen aus einer Gemeinde, sondern man verbannt die Häuser, in denen diese Menschen leben, nämlich die Mehrfamilienhäuser und Wohnblocks. Der Effekt ist derselbe.

Heute bestehen viele amerikanische Städte weitgehend aus «R-1 Einfamilienhaus-Bezirken». In der *New York Times* konnte man 2019 lesen: «In vielen amerikanischen Städten dürfen auf drei Vierteln der für Wohngebiete ausgewiesenen Flächen ausschließlich Einfamilienhäuser gebaut werden.»

Eine Untersuchung von 100 Großstädten ergab 2021, dass im Mittel nur auf 12 Prozent der Wohnflächen Mehrfamilienhäuser gebaut werden durften. Diese Beschränkungen sind typisch für die Vereinigten Staaten. In Griechenland oder Bulgarien unterscheiden Flächennutzungspläne nicht zwischen Ein- und Mehrfamilienhäusern, und in Deutschland sieht man einen Vorteil darin, unterschiedliche Haustypen in einem Viertel zu versammeln.[22]

Die höchsten Mauern haben «progressive» Städte mit ihrem Gewirr von Flächennutzungen. Das liegt nicht daran, dass Liberale besonderen Spaß an der Entmischung haben, sondern daran, dass in diesen Städten die schwarze Bevölkerung in der Folge der Great Migration am stärksten gewachsen ist. Vor allem im Norden wurden Städte liberaler, weil hier mehr schwarze Wähler lebten, weshalb Liberalisierung und Entmischung Hand in Hand gingen. Dass dieses Muster so klar ist und nicht nur die Städte von gestern, sondern auch die von heute prägt, wirft Fragen über unser Bekenntnis zu Gleichheit und Gerechtigkeit auf.[23]

Die meisten Amerikaner würden sich wünschen, dass der Staat mehr Sozialwohnungen für Arme baut – nur bitte nicht vor ihrer Haustür. Demokraten stehen dem sozialen Wohnungsbau zwar theoretisch aufgeschlossener gegenüber als Republikaner, doch als Hausbesitzer lehnen sie Sozialprojekte in ihrer Nachbarschaft genauso ab. In einer Umfrage waren konservative Mieter sogar noch eher bereit, eine Wohnanlage mit 120 Wohnungen in ihrer Gemeinde zu unterstützen, als liberale Hausbesitzer.[24] Vielleicht ist das Land ja gar nicht so tief gespalten, wie man immer hört. Vielleicht sind wir ab einem bestimmten Einkommen alle Befürworter der Rassentrennung.

Wohlhabende Liberale unterstützen in der Regel eine Politik, die ihnen nicht wehtut. Während der Bürgerrechtsbewegung unterstützten weiße Eliten die Abschaffung der Rassentrennung in Parks und Schwimmbädern, weil sie diese sowieso nicht besuchten. Sie hatten schließlich ihre privaten Clubs. Das erboste weiße Angehörige der Arbeiterschicht, die von «Integration für alle mit Ausnahme der Reichen» sprachen. In den 1970er Jahren widersetzten sich wohlhabende weiße Liberale einer integrationsfördernden Neuordnung der Flächennutzung; der Integration per Schulbus stimmten sie dagegen zu, da ihre Kinder nicht betroffen waren. So wurden zum Beispiel in der Metropolregion von Boston nicht die weißen Schüler der Nobelvororte Newton oder Lexington in andere Schulbezirke verfrachtet, sondern die Kinder aus Arbeitervierteln wie Dorchester und Southie.[25] Dieser wohlfeile Liberalismus, der am eigenen Gartenzaun endet, versperrte nicht nur den Geringverdienern den Zugang zu guten Schulen und sicheren Wohnvierteln, sondern wälzte den Preis der Integration auf weiße Arbeiterfamilien ab. Das schürte die Ressentiments der weißen Arbeiterschicht gegen die Eliten und ihre Einrichtungen – Universitäten und Wissenschaften, den professionellen Journalismus und seine Ethik, den Staat und den politischen Anstand – und heizte eine politisierte Wut an, unter der wir noch heute leiden.

Der Gewinn für eine Gruppe muss zwar nicht der Verlust für eine andere sein, wie Heather McGhee in ihrem Buch *The Sum of Us* argumentiert. Trotzdem hat dieses Nullsummendenken Weiße immer wieder veranlasst, lieber mit Armut und Krankheit zu leben als in Gleichheit mit Afroamerikanern.[26] Wer jedoch Ressourcen hortet und Gesetze verabschiedet, die anderen den Zugang zu diesen Ressourcen versperren, bereitet den Boden für immer größeren privaten Wohlstand, vor dessen Tür die Unerwünschten lungern.

Wer in einem Stadtteil teure und schicke Einfamilienhäuser errichtet und deren Wertsteigerung durch das Verbot von Mehrfamilienhäusern zementiert (womit die Häuser zum Teil so wertvoll werden, dass potenzielle Käufer Bittbriefe an die Verkäufer schreiben oder den geforderten Preis sogar noch überbieten, wie dies in liberalen Städten wie Austin, Seattle oder Boston gang und gäbe ist), der hat wenig Interesse daran, dass sich in seiner Gemeinde etwas ändert.[27] Wer das Schulwesen so gestaltet, dass es in erster Linie dem Nachwuchs von studierten Eltern dient, die Zeit haben, sich der Bildung ihrer Kinder anzunehmen, und Nachhilfe, Klassenfahrten und Therapien bezahlen können, der schafft natürlich ein bereicherndes Lernumfeld und öffnet seinen Kindern alle Türen. Die soziale und ethnische Durchmischung von Schulen würde diese «Maschinen des Statuserhalts» nur stören und reiche Kinder zwingen, die Schulbank neben ärmeren Kindern zu drücken, die vielleicht von der Armut traumatisiert sind, Englisch nur als Zweitsprache sprechen und den Sommer vor allem vor dem Fernseher zubringen, weil es zu gefährlich ist, ins Freie zu gehen. Eine Studie fand heraus, dass das Leben in einem sozial benachteiligten Stadtteil die Sprachkompetenz genauso zurückwirft wie ein verpasstes Schuljahr. Eine weitere Untersuchung stellte fest, dass der Grundstein für die späteren Leistungsunterschiede zwischen reichen und armen Kindern bereits im Kindergartenalter gelegt wird.[28]

Heute versucht man, den Reichen den sozialen Wandel schmackhaft zu machen, indem man an ihr Eigeninteresse appelliert. *Soziale Gerechtigkeit ist auch für Sie das Beste! Die Durchmischung unserer Schulen ist antirassistisch, sie optimiert das Lernumfeld und bereitet Ihre Kinder auf eine pluralistische Arbeitswelt vor! Mit der Anhebung des Mindestlohns haben die Arbeitnehmer mehr Geld für ihre Grundbedürfnisse zur Verfügung, das ist gut fürs Geschäft, stabilisiert die Belegschaft und ist billiger als eine hohe Fluktuation!* Als Joe Biden während des Präsidentschaftswahlkampfs einer Gruppe wohlhabender Spender erklärte, dass sich «im Grunde nichts ändern wird», wenn er gewählt würde, wiederholte er eine beliebte liberale Formel: *Helfen Sie mir im Kampf gegen die Ungleichheit, von der Sie selbst profitieren, denn Sie werden nichts verlieren.* Wenn der Satz «Davon profitieren wir alle» hohl klingt, dann deshalb, weil er es ist. Wenn der Kampf gegen Armut und Diskriminierung die Ausbildung der reichen Kinder verbessern oder die Aktienkurse steigen lassen würde, dann wären die Reichen doch längst an vorderster Front dabei.

Es kann nicht sein, dass der Ausschluss der Armen aus privilegierten Gemeinschaften die Menschen drinnen begünstigt und den Menschen draußen schadet *und* dass die Menschen drinnen davon profitieren, wenn sie diese Mauer einreißen und die Armen willkommen heißen. Der Reichtum hat es den Reichen gestattet, die Mauer zu errichten, und die Mauer ermöglicht es ihnen, ihren Reichtum zu mehren. Wie es die Soziologin Tressie McMillan Cottom ausdrückt: «Familien, die horten können, tun dies auch, und davon profitieren die Stadtteile, in denen sie leben.»[29] Seien wir doch ehrlich: Wenn die Reichen etwas von den Chancen abgeben, die sie an sich gerissen haben, dann profitieren natürlich nicht alle. Das Stück der Reichen muss kleiner werden, damit andere ihren Teil bekommen.

KAPITEL 7

WIE WIR DIE ARMUT ABSCHAFFEN KÖNNEN

Im Alter von dreiundfünfzig Jahren zog Lew Tolstoi 1881 vom Land nach Moskau. Der Autor von *Krieg und Frieden* und *Anna Karenina* war ein vermögender Mann und beschäftigte eine große Dienerschaft. Was ihm mit als Erstes in Moskau auffiel, war die Armut. «Ich kannte die Armut auf dem Land», schrieb er. «Aber die Armut in der Stadt war mir neu und unverständlich.» Angewidert beobachtete er das Nebeneinander von Hunger und Verschwendung, von Hoffnungslosigkeit und Extravaganz. Das Problem beschäftigte Tolstoi, und er suchte nach einer Lösung. Er besuchte Bordelle, diskutierte mit Polizisten, die einen Bettler verhafteten, und adoptierte sogar einen Jungen, der jedoch später davonlief. Das Problem war nicht die Arbeit, wie der Schriftsteller schnell feststellte. Die Armen schienen unermüdlich zu arbeiten. Das Problem waren er und die anderen Reichen mit ihrem Müßiggang. «Ich sitze auf dem Rücken eines Mannes, ich stranguliere ihn und zwinge ihn, mich zu tragen. Gleichzeitig rede ich mir und anderen ein, dass er mir leidtut und ich alles unternehme, um sein Leid zu lindern – ohne von seinem Rücken abzusteigen.»[1]

Das ist in den Vereinigten Staaten von heute so wahr wie im Moskau von damals. Wenn hierzulande die Armut grassiert, dann nicht trotz unseres Wohlstands, sondern genau deshalb. Das heißt, es geht nicht um sie. Es geht um uns. «Es ist ganz einfach», schrieb Tolstoi. «Wenn ich den Armen helfen möchte, das heißt, wenn ich möchte, dass sie nicht arm sind, dann darf ich sie nicht arm machen.»[2]

Wie machen wir die Armen arm? Auf mindestens dreierlei Weise. Erstens, indem wir sie ausbeuten. Auf dem Arbeitsmarkt nehmen wir ihnen Wahlmöglichkeiten und Einfluss, und auf dem Wohnungs- und Geldmarkt schröpfen wir sie. Wer nicht arm ist, profitiert von dieser Ordnung der Dinge. Unternehmen profitieren von der Ausbeutung der Arbeitskräfte, genau wie Verbraucher, die billige Waren und Dienstleistungen dieser Unternehmen in Anspruch nehmen, und wie Anleger, die ihre Aktien kaufen. Von der Ausbeutung auf dem Wohnungsmarkt profitieren nicht nur die Vermieter, sondern auch viele Hausbesitzer, deren Eigenheim durch die kollektiven Anstrengungen zur Verknappung und Verteuerung von Wohnraum an Wert gewinnt. Banken und Kredithaie profitieren von der finanziellen Ausbeutung der Armen genauso wie diejenigen von uns, deren gebührenfreies Girokonto durch die Milliarden an Überziehungsgebühren subventioniert wird.[3] Wenn wir zur Stromerzeugung Kohle verbrennen, werden Schwefeldioxid, Stickoxide und andere Schadstoffe freigesetzt. Kein Strom ohne Luftverschmutzung. Genauso verhält es sich mit dem Reichtum in den Vereinigten Staaten: Einer muss die Zeche zahlen.

Zweitens ist uns die Subventionierung von Reichtum wichtiger als die Bekämpfung der Armut. Die Vereinigten Staaten könnten die Armut morgen beenden, und zwar ohne neue Schulden zu machen, wenn sie konsequent gegen Steuervermeidung vorgehen und die so eingenommenen Summen an die weiterleiten würden, die sie am dringendsten benötigen.[4] Stattdessen drücken wir bei den Reichen beide Augen zu, geben denen am meisten, die ohnehin schon am meisten haben, und schaffen einen Sozialstaat für die Reichen. Doch unsere Politiker besitzen die Frechheit, Geschichten über die Abhängigkeit der Armen von Sozialhilfe in die Welt zu setzen und Projekte zur Armutsbekämpfung zu verhindern. Wenn sie das Preisschild eines Programms zur Bekämpfung der Kinderarmut oder einer Krankenversicherung für alle sehen, schütteln sie den Kopf und fragen: «Wovon sollen wir das nur bezahlen?» Was für eine egoistische und unaufrichtige Frage – als ob wir die Antwort nicht wüssten. Wir könnten die notwendigen Maßnahmen bezahlen, wenn das Finanzamt seine Arbeit tun würde. Wir könnten sie bezahlen, wenn sich die Reichen weniger vom Staat nehmen würden. Wir könnten sie bezahlen, wenn wir unseren Sozialstaat so gestalten würden, dass er Chancen für alle eröffnet, statt die Reichen zu schützen.

Drittens schaffen wir exklusive Gemeinschaften der Begüterten. So entstehen nicht nur Stadtteile des geballten Reichtums, sondern auch Stadtteile der geballten Verzweiflung – der externe Effekt der Chancenkonzentration. Reichenviertel schaffen Armutsfallen.[5] Konzentrierter Reichtum schafft mehr Reichtum, und konzentrierte Armut mehr Armut. Arm zu sein, heißt, unglücklich zu sein, aber arm zu sein und ringsum von Armut umgeben zu sein, hat noch einmal eine ganz andere Qualität.[6] Und reich zu sein und ringsum von Reichtum umgeben zu sein, ist ein Privileg einer ganz anderen Güte. Wir müssen keine Inkassounternehmer oder Gefängniswärter sein, um unser Scherflein zur Armut beizutragen. Wir müssen nur für Maßnahmen stimmen, die privaten Reichtum und öffentliches Elend fördern, und uns mit diesem Reichtum ein Leben hinter einer Mauer aufbauen, die wir täglich instand halten. Wir können diese Mauer mit Unabhängigkeitssymbolen, Regenbogenfahnen oder Black-Lives-Matter-Transparenten schmücken, so lange wir wollen – Mauer bleibt Mauer.[7]

Wir wissen, dass in unserem reichen Land viel zu viel Mangel herrscht. Was nützt uns das ganze Geld, wenn so viele von uns vier Busse zur Arbeit nehmen oder in ihrem Auto wohnen müssen, wenn sie bei Zahnschmerzen nicht zum Zahnarzt gehen, sondern auf die Fäule warten, oder wenn sie verseuchtes Wasser trinken? Wir sollten unsere gemeinsame Investition in wirtschaftliche Stabilität und Menschenwürde aufstocken und für «das Recht auf ein anständiges Leben und ein Mindestmaß an Ernährung, Gesundheit und andere Grundbedürfnisse des Lebens» eintreten, wie es der Wirtschaftswissenschaftler Arthur Okun formuliert, denn: «Hunger und Würde gehen nicht gut zusammen.»[8]

★

Es wäre ein Leichtes, dafür zu sorgen, dass Geringverdiener die Hilfe bekommen, auf die sie Anspruch haben. Lange Zeit meinte man, dass sich die Bedürftigen vor der Stigmatisierung fürchten und aus Scham keine staatlichen Hilfen beantragen. Diese Theorie wurde jedoch durch zahlreiche Untersuchungen widerlegt. So werden zum Beispiel bedürftigkeitsorientierte Lebensmittelmarken genauso häufig in Anspruch genommen wie andere Leistungen, zum Beispiel die Arbeitslosenhilfe. Und als die Behörden die klassischen Marken aus Papier abschafften, die man im Supermarkt an der Kasse aushändigen musste, und sie durch diskrete Plastikkärtchen ersetzten, die aussehen wie jede andere Bankkarte, hatte dies keinerlei Einfluss auf die Zahl der Anträge. Es war dann offenbar doch nicht so, dass Millionen Menschen zu Hause saßen und dachten: «Ich würde ja mit Lebensmittelmarken bezahlen, wenn nur die Leute in der Schlange nicht so glotzen würden.» In Oregon nehmen übrigens fast alle Berechtigten die Lebensmittelhilfen in Anspruch, im benachbarten Kalifornien dagegen nur ein Drittel. Sind die Beihilfen in Kalifornien stigmatisierter als in Oregon? Natürlich nicht.[9]

Aber wenn der Grund nicht die Scham ist, was ist es dann? Untersuchungen zeigen, dass es einen viel banaleren Grund dafür gibt, dass Geringverdiener ihre Ansprüche nicht wahrnehmen: Wir machen es ihnen zu schwer. Viele Leute wissen gar nicht, dass sie Anspruch auf Beihilfen haben, oder sie sind vom Antragsverfahren überfordert. Die beste Methode, um alle Berechtigten zu erreichen, ist ganz einfach Information und Entbürokratisierung.[10]

Mit wenig lässt sich schon viel bewegen. In einem Pilotprojekt erhielten Seniorenhaushalte eine Informationsbroschüre zum Antrag auf Lebensmittelmarken mit einer Telefonnummer. Anrufer wurden mit Sachbearbeitern verbunden, die ihnen beim Ausfüllen des Antrags und bei der Zusammenstellung der nötigen Dokumente halfen. Mit dieser einfachen Maßnahme verdreifachte sich die Zahl der älteren Antragsteller. In einem anderen Pilotprojekt stieg die Zahl der Anträge auf Lohnsubventionen, nachdem auf dem Antragsformular die Textmenge reduziert und eine lesbarere Schrift verwendet wurde. Kein Witz: Mit den Schriftarten des Schweizer Designers Adrian Frutiger, die in der Schweiz heute auf Straßenschildern und Arzneimittelverpackungen verwendet werden, würden amerikanische Geringverdiener Abermillionen Dollar mehr bekommen.[11]

Die Privatwirtschaft weiß, wie man für Produkte wirbt und diese reibungslos an die Verbraucher bringt. Davon dürfte sich der Staat ruhig eine Scheibe abschneiden. Wenn sich eine junge Mutter für ein Ernährungsprogramm anmeldet oder wenn ein Vater Arbeitslosenhilfe beantragt, dann sollte das genauso einfach sein, wie es für mich ist, per App Bürobedarf oder Mundwasser nach Hause zu bestellen.

★

Aber wir sollten uns höhere Ziele stecken. Wie viel würde es kosten, die Armut zu beseitigen? Nicht, sie um 10 oder gar 50 Prozent zu reduzieren, sondern vollständig mit ihr aufzuräumen? Im Jahr 2020 lag der Fehlbetrag zwischen der Armutsgrenze und allen darunterliegenden Einkommen bei 177 Milliarden Dollar. Auf diese grob geschätzte Summe komme ich, indem ich die Zahl der in Armut lebenden Haushalte mit der Differenz zwischen ihrem Durchschnittseinkommen und der Armutsgrenze multipliziere.[12] Diese Summe käme zu den aktuellen Sozialausgaben hinzu; nicht eingerechnet sind die Kosten, die mit der Verteilung der Gelder einhergingen (und den Betrag anheben würden), oder Maßnahmen zum Arbeitnehmer- und Mieterschutz (die den Betrag senken würden). Eine seriöse Kostenschätzung verlangt eine umfangreichere Berechnung, aber 177 Milliarden sind zumindest eine gute Hausnummer. Sie geben uns einen Eindruck von den Dimensionen, um die es bei der Beseitigung der Armut in den Vereinigten Staaten geht. Mit dieser Summe scheint das Ziel mit einem Mal in greifbarer Nähe.

177 Milliarden sind weniger als 1 Prozent des Bruttoinlandsprodukts. Das ist weniger als der Wert der Lebensmittel, die Amerikaner Jahr für Jahr wegwerfen.[13]

Was könnte man mit 177 Milliarden Dollar kaufen? Eine ganze Menge. Wir könnten dafür sorgen, dass jeder Mensch in den Vereinigten Staaten an einem sicheren Ort und in einer bezahlbaren Wohnung lebt. Wie die Obdachlosigkeit könnten wir auch den Hunger beseitigen. Wir würden jedem Kind die Chance auf ein sicheres und erfolgreiches Leben geben. Wir könnten Gewalt, Krankheit, Verzweiflung und viele andere schmerzliche Nebenwirkungen der Armut zurückdrängen. Die Kriminalität würde genauso sinken wie die Zahl der Zwangsräumungen. Stadtviertel würden sich beleben. Schulen könnten sich mehr auf ihren Bildungsauftrag konzentrieren und weniger darauf, Grundbedürfnisse ihrer Schüler zu kompensieren.

Woher könnte diese Summe kommen? Der beste Ansatzpunkt ist meiner Ansicht nach die Steuergerechtigkeit. Nach Schätzungen des Finanzamts gehen dem amerikanischen Staat jedes Jahr rund eine Billion Dollar durch die Lappen, überwiegend durch Steuervermeidung von global agierenden Konzernen und reichen Familien. Der Kongress verweigert allerdings der Behörde die Mittel, die sie braucht, um Steuerhinterzieher zur Strecke zu bringen.[14]

In den letzten Jahrzehnten haben Konzerne immer mehr ihrer Gewinne über Briefkastenfirmen in Steueroasen geparkt. Der Trick besteht darin, so zu tun, als habe ein Großunternehmen aus dem Silicon Valley oder der Wall Street seinen Sitz in Wirklichkeit in Irland oder auf den Bermudas. Facebook machte kürzlich 13 Milliarden Dollar Gewinn in Irland, was 10 Millionen Dollar für jeden irischen Mitarbeiter entspräche, und Bristol Myers Squibb gab an, auf der Grünen Insel 5 Milliarden verdient zu haben (7,5 Millionen pro Mitarbeiter). Unternehmen tun offensichtlich alles in ihrer Macht Stehende, um ihre Schulden gegenüber dem Staat nicht begleichen zu müssen. Auch reiche Familien haben neue Wege gefunden, sich dem Fiskus zu entziehen. Untersuchungen zufolge zahlen die meisten Amerikaner im Durchschnitt rund 90 Prozent ihrer Steuern, die Superreichen jedoch nur 75 Prozent. Sie setzen zunehmend auf die blühende Branche der Steuerberater, die immer neue Schlupflöcher erschließen, um nichts für das Gemeinwohl tun zu müssen.[15] Wenn Unternehmen ihre Gewinne in Steueroasen verstecken und reiche Familien ihr Vermögen ins Ausland schleusen, dann hintergehen sie die amerikanische Öffentlichkeit und zwingen alle anderen, den Preis für ihre Gier zu zahlen. Der Kongress muss gegen diese Art der Korruption vorgehen, er muss dem Finanzamt grünes Licht für die Verfolgung von Steuersündern geben und Unternehmen zwingen, einen Mindeststeuersatz - sagen wir 25 Prozent - auf die im Land erzielten Gewinne zu bezahlen, egal, wo sie ihren Sitz haben.

Das Einkommensgefälle hat den reichen Familien größere politische Macht beschert, mit der sie sich für neue Steuersenkungen einsetzen; dies stärkt wiederum ihre politische und wirtschaftliche Stellung und setzt einen undemokratischen und ungerechten Selbstverstärkungsmechanismus in Gang.[16] Diesen Teufelskreis müssen wir durchbrechen. Seit 1962 zahlen Angehörige der Unter- und Mittelschicht effektiv mehr Steuern und die reichsten 10 Prozent weniger. Das ist absurd. Wir sollten den Spitzensteuersatz anheben - vielleicht auf 50 Prozent, wo er 1986 stand, oder auf 70 Prozent wie 1975 - und unsere Steuerklassen so einrichten, dass das

Einkommen eines Investmentbankers anders besteuert wird als zum Beispiel das eines Zahnarztes. Die Unternehmenssteuer steht heute bei 21 Prozent, dem niedrigsten Satz seit mehr als achtzig Jahren. Wenn wir sie auf 35 Prozent anheben, wo sie sich 1995 befand, oder auf 40 wie 1987, könnten wir damit eine Menge Maßnahmen zur Armutsbekämpfung finanzieren.[17]

Man hört immer wieder, damit erdrossele man die Wirtschaft und bestrafe Innovation und Unternehmertum. Doch kein ernst zu nehmender Sozialwissenschaftler glaubt, dass die Wirtschaft zum Stillstand kommt, wenn wir das Einkommen der Reichen und der multinationalen Konzerne angemessen besteuern. In den zurückliegenden Jahrzehnten gab es trotz höherer Steuern zahlreiche Erfolgsgeschichten, während in den letzten Jahren die Produktivität zusammen mit den Steuern für Reiche und Unternehmen immer weiter gesunken ist. Beobachter sprechen von einem neuen «Zeitalter der Dekadenz» oder einem «finsteren Zeitalter für Erfindung und Innovation», einer Zeit der Stagnation und des Stillstands. Nachdem die Reichen der Wirtschaft nicht den Schwung verliehen haben, den sie im Gegenzug für Steuersenkungen versprochen haben, können sie wenigstens einen größeren Beitrag zu staatlichen Investitionen leisten.[18]

Werden diese reichen Amerikaner nach einer solchen Steuerreform zum Telefon greifen und ihre Anwälte und Steuerberater anrufen? Natürlich. Werden sie ihre Anlagestrategien anpassen, um den Schaden zu begrenzen? Sicher doch. Und wenn schon. Ich habe die fatalistischen Stimmen, die Steuergerechtigkeit ablehnen, nur weil sie schwer umzusetzen ist, nie verstanden.[19] In einem New Yorker Restaurant bin ich einmal mit einem Wirtschaftswissenschaftler in einen Streit geraten. Meine Tischgenossen und ich diskutierten über die von der demokratischen Politikerin Elizabeth Warren vorgeschlagene Vermögenssteuer. Der Ökonom, der sich zu uns gesetzt hatte, erklärte, das werde doch nie funktionieren – die Reichen fänden immer einen Weg, sich herauszuwinden. Ich nannte ihn Langweiler und Defätist. Daraufhin wurde es laut am Tisch.[20]

Die Lösung schwieriger Probleme ist nun einmal nicht einfach. Doch das Frustrierende an dieser Debatte ist nicht, wie schwierig es wäre, Steuergerechtigkeit durchzusetzen, sondern wie einfach es wäre, genug Geld für die Beseitigung der Armut aufzubringen, wenn man die Steuerschlupflöcher schließen würde. Wenn Ihnen die eben genannten Vorschläge nicht zusagen, kann ich Ihnen zwanzig kleinere Reformen, fünfzig Reförmchen oder hundert Kleinstmaßnahmen nennen, die uns dorthin bringen. Man könnte beispielsweise 25 Milliarden Dollar einsparen, indem man die Abschreibung von Hypothekenzinsen abschafft, die überwiegend den Vermögenden zugutekommt und kaum etwas zur Förderung des Wohneigentums beiträgt. Wir könnten 64,7 Milliarden auftreiben, indem wir die allgemeine Sozialversicherungspflicht einführen und Vielverdienern denselben Satz abverlangen wie Geringverdienern. Und wir könnten weitere 37,3 Milliarden gutmachen, wenn wir die Kapitalgewinne und Dividenden der Reichen nach demselben Satz besteuern würden wie Arbeitseinkommen.[21]

Jetzt bin ich der Langweiler. Doch das ist nun mal das Kleingedruckte der Zivilisation, und wenn wir uns hier durchackern, können wir die oft so allgemeine Debatte konkret machen und erkennen, wie kaputt das Sozialsystem der Vereinigten Staaten ist. Es gibt zahllose Möglichkeiten, in wirtschaftliche Mobilität und Sicherheit zu investieren, ohne dass sich der Staat weiter verschulden muss. Wir dürfen den Reichen einfach nicht mehr so viel Geld in den Rachen stopfen. Das ist für mich die wahre Bedeutung einer verantwortungsvollen Haushaltspolitik.

★

Der Umbau des Sozialstaats im Sinne einer kompromisslosen Agenda der Armutsbekämpfung könnte viele Formen annehmen. Wir könnten zum Beispiel das Kindergeld für die Unter- und Mittelschicht zu einem bedingungslosen Grundeinkommen für Familien mit Kindern ausbauen. Mit Investitionen in den sozialen Wohnungsbau könnten wir endlich die Wohnungskrise anpacken, die so viele Menschen in den Ruin treibt und die Hoffnung zahlloser junger Menschen auf ein Eigenheim zunichtegemacht hat. Wir könnten mehr in Bildung, Kinderbetreuung und öffentlichen Nahverkehr investieren.

Sollten wir dabei auf gezielte oder lieber auf breite Förderung setzen? Das ist eine alte Frage. Gezielte Programme (zum Beispiel Lebensmittelmarken) sind für die Ärmsten bestimmt. Da sie sich an Menschen mit konkreten Bedürfnissen richten (zum Beispiel Hunger), sind sie kosteneffektiv und erreichen in der Regel ihr Ziel. Sie wirken allerdings auch polarisierend, da sie Familien oberhalb einer willkürlich gezogenen Grenze die Unterstützung verweigern und einen Konflikt zwischen den offiziell Armen und der viel größeren Gruppe von Menschen knapp oberhalb der Armutsgrenze schaffen. Was das bedeutet, haben wir bei der Einführung von Obamacare erlebt. Einige Familien der Unterschicht mussten im Monat bis zu 1000 Dollar bezahlen, um in die Krankenversicherung aufgenommen zu werden, für ärmere Familien war sie dagegen kostenlos. Die Verkäuferin Gwen Hurd war eine derjenigen, deren Versicherung sich schlagartig verteuerte; im Fernsehen sagte sie 2018: «Wer nichts verdient und nichts beiträgt, kriegt alles umsonst. Und wer hart arbeitet und jeden Cent dreimal umdreht, muss ums Überleben kämpfen.»[22]

Programme für alle, zum Beispiel ein bedingungsloses Grundeinkommen, haben dieses Problem nicht. Sie haben das Ziel, einer großen Zahl von Menschen zu helfen, unabhängig von ihrer Situation, sie sind weniger polarisierend und gelten daher als politisch langlebiger. Allerdings sind sie auch deutlich kostspieliger – das bedingungslose Grundeinkommen könnte je nach Spielart über eine Billion Dollar pro Jahr kosten –, und den ärmsten Familien könnte mit dem Gießkannenprinzip möglicherweise sogar weniger geholfen sein.[23]

In jüngster Zeit kommen Überlegungen auf, die den Gegensatz «gezielt oder breit» hinter sich lassen. Ein Beispiel ist die «Breitspektrumsförderung», gezielte Programme für größere Einkommensgruppen, die sich nicht nur an die Armen richten, sondern auch an Familien der Unter- und Mittelschicht. Ein anderes ist die Lohnsubvention, die Familien mit einem Monatseinkommen bis zu 4784 Dollar (Stand 2022) beantragen können. Diese Subvention erreicht Arme, aber auch Familien weit oberhalb der Armutsgrenze. Programme dieser Art erfreuen sich seit einigen Jahrzehnten zunehmender Beliebtheit und sind weniger abhängig von der politischen Stimmungslage (im Gegensatz zur Direkthilfe der 1990er Jahre).[24]

Ein weiterer Ansatz ist das «gezielte Gießkannenprinzip», wie es der Jurist John A. Powell nennt. Dazu setzt man ein Ziel fest und entwickelt Umsetzungspläne, die der Tatsache Rechnung tragen, dass unterschiedliche Gruppen unterschiedliche Hilfen benötigen, um dieses Ziel zu erreichen. Nehmen wir an, jeder Haushalt soll Zugang zum Internet erhalten. Mit einem gezielten Ansatz könnte man beispielsweise Coupons an alle Familien mit einem Monatseinkommen unter 2000 Dollar verteilen, und wer 2001 Dollar verdient, geht leer aus. Ein breiter Ansatz sähe Coupons für alle Familien vor, womit man wohlhabenden Familien etwas gibt, das sie nicht nötig haben, und Internetanbieter subventioniert, während die ärmsten Familien trotzdem keinen Zugang zum Internet bekommen, weil sie mehr benötigen als einen Coupon. Was ist zum Beispiel mit Familien auf dem Land? Oder Familien, die die Stromrechnung nicht bezahlen können oder keinen Computer haben? Oder Häftlingen? Das gezielte Gießkannenprinzip erkennt dagegen, dass das Ziel «Internetzugang für alle» nur zu erreichen ist, wenn jede Gruppe je nach ihren Bedürfnissen Unterstützung erhält.[25]

Aus dieser Debatte können wir einen grundlegenden Schluss ziehen: Wenn wir die Armut überwinden wollen, müssen wir Maßnahmen ergreifen, die auf breite Zustimmung stoßen, und uns vor allem hüten, was Ressentiments schürt. *Eint diese Maßnahme die Menschen, die in wirtschaftlicher Unsicherheit leben, sowohl ober- als auch unterhalb der Armutsgrenze? Senkt sie die Armut und verbessert sie wirtschaftliche Chancen?* Wenn wir beide Fragen mit Ja beantworten können, dann sollten wir eine Maßnahme ernsthaft in Erwägung ziehen. Eine Leitlinie für die Armutsbekämpfung könnte sein: Wir müssen soziale und steuerliche Gerechtigkeit herstellen, um die großen Investitionen der Armutsbekämpfung tätigen und Maßnahmen durchsetzen zu können, die von einem breiten gesellschaftlichen Bündnis getragen werden. Wir sollten uns ehrgeizige Ziele stecken: keine Mikroanreize, kein Gebastel, keine Halbheiten, kein vorprogrammiertes Scheitern. Ambitionierte Maßnahmen sollten durch progressive Steuern finanziert und von einem umstrukturierten Sozialstaat auf eine Weise verteilt werden, die benachteiligte Familien, die eigentlich Verbündete sein sollten, nicht gegeneinander aufbringt.

Geht es hier um die Umverteilung von Wohlstand?

«Umverteilung» ist kein schönes Wort. Es provoziert nur reflexhafte Ablehnung und alte politische Floskeln. *So reich sollte niemand sein dürfen! Arbeit muss sich wieder lohnen!* Wie ermüdend. Schlimmer noch, das Wort «Umverteilung» lässt sozialen Fortschritt als ein «Nehmen» erscheinen, so als sei der Staat ein gefräßiges Monster, das uns mit seinen Tentakeln immer tiefer in die Taschen greift. Und das, obwohl der amerikanische Staat in Wirklichkeit viel zu viel Energie darauf verwendet, die Konten des Geldadels zu füttern.

Dieses Land sollte es sich zur Aufgabe machen, den Menschen bei der Vermögensbildung zu helfen, aber es sollte sie nicht subventionieren. Warum geben wir so viel Geld aus, um den Reichen die Taschen zu füllen, während Millionen in Armut leben? PayPal-Mitgründer Peter Thiel hat sich über die private Altersversorgung 5 Milliarden Dollar zurückgelegt. Wenn er dieses Geld ruhen lässt, bis er 59,5 Jahre alt ist, dann zahlt er dafür keinen einzigen Cent Steuern. Das ist nur ein extremes Beispiel für die Probleme, die wir korrigieren sollten: «Sozialismus für die Reichen und Marktwirtschaft für die Armen.»[26]

Deshalb verlange ich keine «Umverteilung». Ich verlange nur, dass die Reichen ihre Steuern bezahlen. Ich verlange einen Umbau unseres Sozialstaats. Ich verlange, dass die Vereinigten Staaten so viel in das Gemeinwohl investieren, wie sie es früher getan haben. Ich verlange mehr Unterstützung für die Armen und weniger Unterstützung für die Reichen.

★

In den Vereinigten Staaten ist die Politik heute ein trostloses und hässliches Schauspiel. In einer Zeit der politischen Polarisierung, der gefährdeten demokratischen Institutionen und der Grabenkämpfe in Washington könnte der Ruf nach einem sozialen Umbau zur Beseitigung der Armut hoffnungslos naiv erscheinen. Andererseits schnürte der Kongress während der Pandemie kühne Hilfspakete, die von beiden Parteien getragen wurden und im Kampf gegen die Armut so viel erreichten wie seit Generationen nicht mehr. Nach der Finanzkrise, die 2008 begann, mussten Familien in der unteren Hälfte der Einkommensverteilung fast zehn Jahre lang warten, bis ihr Einkommen wieder den Stand vor der Rezession erreichte. Nach der Coronarezession dauerte es nur anderthalb Jahre. Das ist zu einem guten Teil den staatlichen Hilfen zu verdanken.[27]

Wir müssen die Erfolge der sozialen Maßnahmen während der Pandemiezeit gebührend anerkennen. Zum Beispiel die Mietbeihilfe (Emergency Rental Assistance, ERA). Als die Coronakrise das Land erfasste, nahm die Zahl der Zwangsräumungen zu, was den Staat veranlasste, ein Räumungsmoratorium zu verhängen. Natürlich war allen klar, dass das Moratorium nicht ewig halten würde, weshalb die Frage aufkam: Was passiert mit den Familien, die mit ihren Mieten im Rückstand sind, wenn die Rechnung schließlich fällig wird? Dutzende Organisationen im ganzen Land forderten Maßnahmen, und der Staat reagierte mit Mietbeihilfen in Höhe von 46,5 Milliarden Dollar. Das war eine massive Investition in die Wohnstabilität, die den gesamten Jahresetat des Ministeriums für Wohnungsbau und Stadtentwicklung überstieg.[28] Damit das Geld auch in die richtigen Hände kam, mussten in sämtlichen Gemeinden der Vereinigten Staaten neue Kanäle eingerichtet werden. Schließlich profitierten davon Millionen von Mieterfamilien. Die Zahl der Zwangsräumungen blieb auch nach Ende des Moratoriums noch monatelang unter dem üblichen Stand, selbst als Inflation und Mieten stiegen. Im Dezember 2021 wurden in Minneapolis 30 Prozent weniger Räumungsklagen eingereicht, in Albuquerque 53 Prozent und in Austin 64 Prozent. Dank der Pandemiehilfen wie dem Wohngeld und dem aufgestockten Kindergeld hatte sich die Zahl der Zwangsräumungen im ganzen Land halbiert, und die Quote war auf einen historischen Tiefststand gesunken.[29]

Die zuständigen Beamten hätten eine Siegesparade verdient, doch sie mussten sich mit stillem Beifall zufriedengeben. Während der schwierigen Anlaufphase schien sich die Presse zu zerreißen, doch als es dann funktionierte, krähte kein Hahn mehr danach. Da Journalisten und Influencer die Mietbeihilfen nicht gebührend feierten, fand diese Maßnahme in Washington kaum Fürsprecher. Politiker lernten, dass sie keinen Beifall ernten, wenn sie Steuermittel in den Mieterschutz investieren. So verschwand ERA in der Versenkung, und die Gesellschaft kehrte zur Normalität von sieben Zwangsräumungen pro Minute zurück.[30]

Was wäre passiert, wenn wir den Erfolg der ERA angemessen zelebriert hätten? Wenn er in den sozialen Medien aufgegriffen worden wäre? Wenn die Zeitungen mit der Schlagzeile aufgemacht hätten: «Biden-Regierung verabschiedet wichtigste Mieterschutzmaßnahme der Geschichte»? Wenn wir gemeinsam die während der Pandemie erreichten Erfolge zur neuen Normalität gemacht hätten? Stattdessen zuckten wir nur mit den Schultern. Dafür werden arme Mieter in Zukunft zahlen, genau wie die Demokratische Partei, der man immer vorwirft, sie hätte ein Kommunikationsproblem. Wobei das Problem selektiv ist: Missstände kommuniziert sie nämlich laut und vernehmlich, während Erfolge eher weggenuschelt werden.

Wir hatten sinnvolle, spürbare Fortschritte erzielt, doch wir haben sie einfach nicht zur Kenntnis genommen. Wenn wir nicht erkennen, was funktioniert, dann laufen wir Gefahr, an die Lüge zu glauben, dass nichts funktioniert. Wir laufen Gefahr zu glauben, dass sich die alten Probleme bis in alle Zukunft fortsetzen. Wir laufen Gefahr, in Verzweiflung und Apathie zu versinken. Diese Gefühle können jede sinnvolle Handlung ersticken und sind nicht geeignet, andere zu begeistern. «Liberale sind gut im Kritisieren, doch ihnen fehlen oft die Worte der Zuversicht», schrieb der Theologe Walter Brueggemann 1978. Aber ohne Worte der Zuversicht laufen wir Gefahr, uns zu verlieren und eine kämpferische Identität aufzubauen, ohne eine kämpferische Politik zu haben. Selbst wenn erfolgreiche Maßnahmen ihr Ziel nicht auf längere Sicht erreichen, sollten wir ihren Erfolg würdigen, denn damit bekräftigen wir, dass Wandel möglich ist. Selbst in den dunkelsten Momenten sollten wir uns gestatten, uns einen neuen Gesellschaftsvertrag vorzustellen, denn damit bringen wir unsere Unzufriedenheit mit dem aktuellen Zustand zum

Ausdruck und bekräftigen, dass es so nicht bleiben muss. «Wir sollten nicht fragen, ob etwas realistisch oder machbar ist, sondern ob es *vorstellbar* ist», schrieb Brueggemann. «Wir sollten fragen, ob unser Bewusstsein und unsere Vorstellungskraft derart von der bestehenden Ordnung gefangen sind, dass wir den Mut und die Kraft zu einem alternativen Gedanken verloren haben.»[31]

Auch 1963, nach der Ermordung von John F. Kennedy, schien die Lage hoffnungslos. Lyndon B. Johnson übernahm die Präsidentschaft, das Land war im Vietnamkrieg versunken und von der Bürgerrechtsbewegung zerrissen. Bei der Wahl des Jahres 1964 gewannen die Demokraten in beiden Kammern des Parlaments die Mehrheit, doch Washington war genauso blockiert wie heute, und Demokraten aus den Südstaaten machten mit den Republikanern gemeinsame Sache, um Reformen zu verhindern. In einigen Städten kam es zu Unruhen, und vor Ende von Johnsons Amtszeit sollte es in Dutzenden brennen. Inmitten dieser Polarisierung und Unsicherheit wurde der moderne amerikanische Sozialstaat geboren. Unter den Schlagworten «War on Poverty» und «Great Society» wurden Lebensmittelbeihilfen beschlossen, die Arbeitslosenversicherung ins Leben gerufen, eine Arbeitsvermittlung gegründet, eine staatliche Krankenversicherung eingerichtet und die Sozialleistungen ausgebaut. In Johnsons ersten fünf Amtsjahren wurden fast zweihundert Gesetze verabschiedet – ein atemberaubendes Tempo. Mit dem Ergebnis, dass sich 1974, zehn Jahre nach Verabschiedung der ersten Programme, der Anteil der in Armut lebenden Amerikaner im Vergleich zu 1960 halbiert hatte.[32]

In früheren Generationen konnte die Zahl der Armen durch staatliche Investitionen erheblich reduziert werden.

Wir können noch weitergehen, und die Mittel dazu wären nicht schwer zu finden. Einer Schätzung zufolge könnte der Staat pro Jahr 175 Milliarden mehr einnehmen, wenn er die Einkommenssteuern des reichsten einen Prozents der Haushalte eintreiben würde. Das heißt, wenn die Reichen ihre Steuern zahlen würden, ließe sich die Armutslücke fast vollständig schließen.[33]

Aber so gewaltig das wäre - an diesem Punkt sollten wir nicht stehen bleiben. Die Sozialreformen der Johnson-Regierung fielen in eine Zeit der starken Gewerkschaften und steigenden Einkommen. Heute sind die Gewerkschaften schwach, und die Realeinkommen zu vieler Amerikaner sinken. Solange die Wirtschaft den Arbeitnehmern gegenüber ihr Versprechen hielt, waren Programme zur Armutsbekämpfung wirksam. Im heutigen Arbeitsmarkt sind diese Programme jedoch bestenfalls eine Art Dialyse - eine Behandlung, die Armut weniger tödlich macht, sie aber nicht beseitigt.[34] Dazu kommt, dass der Wohnungsmarkt viel von den Gewinnen der Arbeitnehmer wieder auffrisst. Als die Löhne 2021 infolge des Arbeitskräftemangels zu steigen begannen, folgten die Mieten auf dem Fuß, und die Arbeitnehmer waren schnell wieder da, wo sie angefangen hatten. Das Muster ist bekannt. Seit 1985 übertreffen die Mieterhöhungen die Einkommenszuwächse um 325 Prozent.[35]

Mit Geld ist dem nicht beizukommen. Das haben wir in den vergangenen fünfzig Jahren erlebt, als wir die Sozialleistungen pro Kopf verdoppelt haben, ohne damit die Armutsgrenze erkennbar zu verschieben. Das liegt daran, dass unsere Politik zwar den Armen hilft, aber nicht die Armut bekämpft. Mit unserer umfangreichsten Direkthilfe, der Lohnsubvention, stützen wir Unternehmensgewinne und drücken Löhne. Mit unserem Wohngeld subventionieren wir private Vermieter und treiben die Kosten in die Höhe.[36] Helfen wir mit diesen Programmen den einkommensschwachen Mietern? Zweifelsohne. Ohne sie würden Millionen weitere Familien in Armut leben. Jahrelang bin ich für eine Ausweitung des Wohngelds als Lösung für die Wohnungskrise eingetreten. Doch während der Arbeit an diesem Buch musste ich einsehen, dass Wohngeld und Lohnsubventionen die Armut nicht gesenkt haben. Diese Maßnahmen unterstützen Arme und Armut zugleich. Sie retten Millionen Familien aus ihrer Not, doch die Wurzeln des Übels lassen sie unangetastet.

Mehr Geld allein reicht nicht, um die Armut zu bekämpfen. Wir müssen das Geld auch anders einsetzen, in Maßnahmen, die keine Komplizen der Armut sind, sondern sie bekämpfen. Wir müssen sicherstellen, dass das Geld, das wir den Armen geben, auch in ihren Taschen bleibt und nicht bei den Unternehmen landet, deren Billiglöhne wir mit unserem Geld subventionieren, oder bei Vermietern, die an den Lohnsteigerungen mitverdienen, oder bei Banken und Kredithaien, die ihre Wucherzinsen und -gebühren kassieren. Wenn wir nichts gegen die vielen Formen der Ausbeutung am unteren Ende des Marktes unternehmen, dann tritt der Kampf gegen die Armut trotz aller Steigerungen der Sozialausgaben noch weitere fünfzig Jahre lang auf der Stelle. Wir müssen die Armen stärken.

KAPITEL 8

WIE WIR DIE ARMEN STÄRKEN

Wer hat nicht gern die Wahl? Aber genau die haben die Armen oft nicht. Wahlmöglichkeiten bieten Schutz vor Ausbeutung. Beim Kampf gegen die Armut ist es daher umso wichtiger, mehr Menschen die Möglichkeit zu geben, selbst zu entscheiden, wo sie arbeiten und leben, bei welcher Bank sie ihr Konto einrichten und wann sie eine Familie gründen wollen.

Beginnen wir bei der Arbeit. Im Jahr 2020 verdienten 1,1 Millionen Arbeitnehmer weniger als den landesweiten Mindestlohn von 7,25 Dollar pro Stunde – ein Satz, der seit mehr als einem Jahrzehnt nicht mehr angehoben wurde. Die meisten Bundesstaaten gestatten Restaurants und anderen Dienstleistern nach wie vor, ihren Mitarbeitern einen «Unter-Mindestlohn» von 2,13 Dollar pro Stunde zu zahlen, weshalb fast 5 Millionen Beschäftigte auf Trinkgeld angewiesen sind. (Das Prinzip eines solchen «Unter-Mindestlohns» ist ein Überbleibsel der Sklaverei. Nach deren Abschaffung beschäftigten Restaurantbesitzer ehemals versklavte Schwarze, ohne ihnen einen Lohn zu bezahlen. Kellner und Küchenpersonal waren auf die Almosen der Gäste angewiesen.) Das ist unverzeihlich. Der Kongress sollte den Mindestlohn anheben und dafür sorgen, dass ihn auch alle erhalten. Der «Unter-Mindestlohn» gehört abgeschafft. Aber die Politik sollte noch weiter gehen. Sie sollte dafür sorgen, dass Arbeitnehmer nie mehr dafür kämpfen müssen, einen anständigen Lebensunterhalt zu verdienen. In achtzig Ländern, die einen Mindestlohn eingeführt haben, ist die Politik verpflichtet, die Tarife jährlich zu überprüfen - nicht so in den Vereinigten Staaten. Doch die regelmäßige Anpassung sollte verpflichtend sein. Die Vereinigten Staaten sollten sich ein Beispiel an den über hundert Ländern nehmen, in denen die Regierung oder das Arbeitsministerium den Mindestlohn in Rücksprache mit Arbeitgeber- und Arbeitnehmervertretern anheben kann oder in denen er durch Tarifverhandlungen festgelegt wird. Damit wäre sichergestellt, dass der Satz regelmäßig angepasst wird, und nicht erst dann, wenn sich der Kongress dazu herbeilässt.[1]

Der Kongress hat immer wieder in den Arbeitsmarkt eingegriffen, wenn Gesundheit und Freiheit der Arbeitnehmer gefährdet waren. Er hat die Lohnsklaverei und die Kinderarbeit verboten. Er hat Sicherheitsstandards festgelegt und dafür gesorgt, dass Beschäftigte nach Arbeitsunfällen entschädigt werden. Diese Maßnahmen nutzen uns allen. Genauso sollte der Kongress Hungerlöhne verbieten, denn diese sind nicht nur menschenunwürdig, sondern sogar gefährlich. Laut der Fachzeitschrift *Preventive Medicine* könnte man Niedriglöhne als «berufsbedingte Gefährdung» bezeichnen. So gesehen besteht kein Unterschied zwischen schlechter Bezahlung und Kontakt mit gesundheitsschädlichen Substanzen.[2] Wenn Unternehmen dafür verantwortlich sind, dass ihre Mitarbeiter keinen unnötigen Gefahren und keiner entwürdigenden Diskriminierung ausgesetzt sind, warum dürfen sie ihnen dann gefährliche und entwürdigende Löhne bezahlen?

Das beste Mittel gegen die Ausbeutung ist die Stärkung der

Arbeitnehmer. In der Vergangenheit haben das die Gewerkschaften geleistet. Doch der Versuch, den Gewerkschaften ihre alte Macht wiederzugeben, wäre vergebliche Liebesmüh. So wie uns die Bibel anhält, «neuen Wein in neue Schläuche» zu füllen, braucht die neue Wirtschaft neue Arbeitsgesetze. Aber wie könnten die aussehen?

Wir könnten bei der Einsicht beginnen, dass die alte Arbeiterbewegung eine exklusive Angelegenheit war. Die Tarifgesetzgebung aus dem Jahr 1935, die den Grundstein für die Gewerkschaftsbewegung bildete, schloss Sektoren aus, in denen überwiegend Frauen und Schwarze beschäftigt waren, etwa Hausarbeit oder Landwirtschaft. Die Gewerkschaften selbst nahmen lange Zeit keine schwarzen Arbeitnehmer auf und sabotierten sich damit am Ende selbst. Die neue Arbeiterbewegung muss alle einschließen und antirassistisch sein, sie muss Junge und Alte stärken, auch die, die auf unseren Feldern buckeln, in Gaststätten kellnern, unsere Wohnungen und Büros sauber halten und sich um unsere Alten und Kranken kümmern.[3]

Neue Arbeitsgesetze müssen die Bildung von Gewerkschaften erleichtern. Aktuell ist es für Arbeitnehmer ausgesprochen schwer, sich zusammenzuschließen. Die Gründung einer Gewerkschaft wird von undurchschaubaren Gesetzen geregelt, und wenn Arbeitnehmer es trotzdem versuchen, lässt der Staat sie im Stich und setzt sie der Gefahr der Entlassung aus. Kein Wunder, dass die wenigsten Versuche der Gewerkschaftsgründung gelingen.[4] Nach der aktuellen Gesetzgebung müssen sich Arbeitnehmer in jedem Amazon-Auslieferungszentrum und jeder Starbucks-Filiale unabhängig organisieren. Lageristen und Baristas stärkt man auf diese Weise nicht.[5]

Deshalb versuchen neue Gewerkschaften, ganze Branchen zu organisieren. Die Kampagne «Fight for 15 Dollars», die von der Dienstleistungsgewerkschaft Service Employees International Union (SEIU) initiiert wurde, konzentriert sich nicht auf *eine* Filiale oder *ein* Unternehmen, sondern bringt die Arbeitnehmer mehrerer Fast-Food-Ketten zusammen. In Seattle, New York City und andernorts haben die Arbeitnehmer dafür gesorgt, dass die Politik die Mindestlöhne für alle Arbeitnehmer in ihrer Stadt anhebt. Diese neue Bewegung versucht, ganze Regionen zu organisieren, und sie lässt sich ausweiten. Wenn die Arbeitnehmer bestimmter Branchen - zum Beispiel Einzelhandel, Hotelgewerbe oder Pflege - dafür stimmen, kann das Arbeitsministerium eine Tarifpartei einberufen, der gewählte Arbeitnehmervertreter angehören. Diese Partei kann mit Unternehmen in Verhandlungen treten, um die Bedingungen für Arbeitnehmer der gesamten Branche zu verbessern. Auf diese Weise ließen sich sämtliche Amazon- oder Starbucks-Mitarbeiter auf einen Schlag organisieren oder die unabhängigen Dienstleister von Meta oder Apple stärken.[6]

Diese Branchentarifverhandlungen kämen zig Millionen Arbeitnehmern zugute, die nie eine eigene Gewerkschaft hatten. In Europa und Lateinamerika kennt man dies längst. In Österreich wurde 2017 auf diesem Weg ein Mindestlohn von 1500 Euro im Monat festgelegt.[7] Branchentarifverhandlungen schaffen gerechtere Bedingungen, nicht nur zwischen Arbeitnehmern und Arbeitgebern, sondern auch für Unternehmen derselben Branche, die nicht mehr in einem Unterbietungswettbewerb gefangen sind und hoffen, sich durch Ausbeutung ihrer Arbeitnehmer einen Konkurrenzvorteil zu verschaffen. Stattdessen wären Unternehmen gezwungen, über die Qualität ihrer Produkte und Dienstleistungen zu konkurrieren. Vielleicht hätten wir auf diese Weise endlich etwas von unserer wirtschaftlichen Produktivität, wie man es uns schon so lange verspricht.[8]

Ideen für eine neue Gewerkschaftsbewegung entstanden in einer zweijährigen gemeinsamen Anstrengung von mehr als siebzig Gewerkschaftsführern, Akademikern, Aktivisten und Arbeitnehmern aus aller Welt, die einen Fahrplan zur Stärkung der Arbeitnehmerschaft im 21. Jahrhundert vorgelegt haben. In ihrem Bericht *Clean Slate for Worker Power* aus dem Jahr 2020 präsentierten sie noch zahlreiche weitere Lösungsvorschläge. Unter anderem sollen Arbeitnehmer stärker im Vorstand vertreten sein, und Unternehmen sollten Strafen zahlen, wenn sie die Gewerkschaftsbildung unterbinden. Diese Vorschläge richten sich nicht gegen den Kapitalismus, sondern gegen Ausbeutung und Ungleichheit. (Wie George Orwell sagte: «Uns wäre geholfen, wenn wir etwas weniger über ‹Kapitalisten› und ‹Proletariat› reden würden, und mehr über Räuber und Ausgeraubte.»)[9] Sie sind Rufe nach einem Kapitalismus, der den Menschen dient, und nicht umgekehrt.

★

Wie sieht es beim Wohnen aus? Arme Familien, die nach einer sicheren und bezahlbaren Wohnung suchen, haben in der Regel nur eine Wahl: Sie können sich auf dem privaten Markt umsehen und die Hälfte ihres Einkommens an ihren Vermieter abtreten. Was wäre, wenn diese Familien die Wahl hätten zwischen einer bezahlbaren Privatwohnung, einer Sozialwohnung, einem Eigenheim oder einem selbstverwalteten Wohnkollektiv? Damit hätten armen Familien mehr Spielraum und eine bessere Verhandlungsposition, und sie müssten sich nicht mit heruntergekommenen und überteuerten Wohnungen zufriedengeben. Wenn wir Mietwucher und Gammelwohnungen beikommen wollen, müssen wir dafür sorgen, dass Geringverdiener mehr Wahlmöglichkeiten bekommen. Dazu gibt es nicht die eine Patentlösung, aber wir wissen, wie man es nicht macht: so, wie wir es heute handhaben.

Eine einfache Möglichkeit wäre die Ausweitung des sozialen Wohnungsbaus. Sozialwohnungen sind eine bezahlbare Alternative für Millionen Amerikaner, doch es gibt zu wenige, und die Wartezeit bemisst sich oft nicht in Monaten oder Jahren, sondern in Jahrzehnten.[10] Die gewaltige Nachfrage ist ein klarer Hinweis: Eine bezahlbare Wohnung bedeutet eine Wende zum Besseren, und Familien würden alles dafür tun.

Das mag all diejenigen überraschen, die Sozialwohnungen für ein gescheitertes Experiment halten und dabei an die baufälligen und gewaltverseuchten Wohnsilos von Chicago oder St. Louis denken, die nur noch mit Dynamit zu sanieren waren. Doch es gibt auch Projekte wie Via Verde in der South Bronx, einen Komplex mit bezahlbaren Wohnungen, Fitnessstudio und Dachgarten. Oder Bent Tree in Austin, einen eichenumstandenen Komplex mit 126 Wohnungen und Schwimmbad. Oder die bunten Zweifamilienhäuser in den Vororten von Milwaukee, Pittsburgh oder Washington D.C. mit ihren adretten Balkons.[11] Das sind nicht mehr die Sozialwohnungen der Generation unserer Eltern. Untersuchungen bestätigen, was Väter und Mütter auf den langen Wartelisten längst wissen: Kinder, die in günstigen Sozialwohnungen groß werden, sind gesünder, leiden seltener unter Bleivergiftung und sind besser in der Schule als Gleichaltrige, die in ärmlichen Privatwohnungen aufwachsen. Für die glückliche

Minderheit von einkommensschwachen Familien, die davon profitiert, sind Sozialwohnungen ein Segen. Wenn wir mehr davon bauen, könnten wir mehr oder vielleicht sogar allen Geringverdienern in den Vereinigten Staaten eine dauerhafte und bezahlbare Alternative bieten.[12]

Daneben könnten wir auch dafür sorgen, dass mehr Menschen Besitzer eines Eigenheims werden. Das käme armen Familien genauso zugute wie Familien der Unter- und Mittelschicht. Viele Familien zahlen mehr Miete, als sie an Monatsraten für einen Immobilienkredit bezahlen würden. In Louisville im Bundesstaat Kentucky zahlten Mieter im Jahr 2019 im Mittel 900 Dollar pro Monat, Hauskäufer dagegen nur 573 Dollar. Leider haben Banken wenig Interesse an der Finanzierung von Eigenheimen im untersten Segment. Im selben Jahr wurden rund 27 Prozent der Wohneinheiten - 2,1 Millionen - für weniger als 100 000 Dollar gekauft, doch nur 23 Prozent davon wurden mit Kredit finanziert. Den Rest kauften Spekulanten und Vermieter, die aus eigener Tasche zahlten. Wenn Mieter zu Eigenheimbesitzern werden, sinken nicht nur ihre Kosten, sondern sie können auch Vermögen bilden. Es wäre ein erster Schritt zur Korrektur des Unrechts, das Afroamerikaner am Erwerb von Wohneigentum hinderte.[13]

Wenn Banken kein Interesse an kleinen Immobilienkrediten haben, dann nicht, weil sie riskanter wären - die Ausfallrate ist dieselbe wie bei großen Darlehen -, sondern weil damit weniger Profit zu machen ist. Die Kreditvergabe ist mit Fixkosten verbunden, die unabhängig von der Kreditsumme ist; deshalb verdient eine Bank an einem Kredit über eine Million Dollar mehr als mit zehn Krediten über 100 000 Dollar. Die Finanzierung wird für sie umso wirtschaftlicher, je teurer ein Eigenheim ist. An dieser Stelle könnte der Staat einspringen und den Eigenheimerwerb fördern. Auf dem Land passiert das bereits, dort konnten dank staatlicher Direktkredite zwei Millionen Familien in ihr Eigenheim ziehen. Diese Kredite werden vom Landwirtschaftsministerium gedeckt, haben günstige Zinsen, und arme Familien müssen keinerlei Selbstbeteiligung aufbringen. Außerdem gibt es zinsgünstige Kredite für Reparaturen. Diese Direktkredite beliefen sich 2021 durchschnittlich auf 187181 Dollar, kosteten den Staat jedoch insgesamt nur 10370 Dollar – ein günstiger Preis für eine derart nachhaltige Maßnahme. Wenn dieses Programm auf Städte ausgedehnt würde, könnten noch mehr Familien der unteren und mittleren Einkommensgruppen ein Eigenheim erwerben.[14]

Wenn wir uns vorstellen wollen, wie eine Welt ohne Armut aussieht, dann müssen wir uns nur Gemeinschaften ansehen, die bereits daran arbeiten. Vor einigen Jahren lernte ich die Mietervereinigung IX (Inquilinxs Unidxs por Justicia) in Minneapolis kennen – eine Organisation von Wachleuten, Verkäufern, Nachtwächtern, Einwanderern und jungen Leuten. Die Mitglieder von IX wollten nicht in Sozialwohnungen wohnen und keine Mietbeihilfen beantragen, aber sie wollten auch kein Eigenheim erwerben. Sie wollten ihrem Vermieter das gesamte Mietshaus abkaufen und es in eine Wohngenossenschaft umwandeln, die den Bewohnern gehörte.[15]

Diese Form der Allmende hat eine längere Tradition in amerikanischen Städten. Schon Ende der 1960er Jahre begannen arme New Yorker damit, von den Eigentümern aufgegebene Mietshäuser zu renovieren. Eine Wohnung verdiente man sich durch eine «Schweißabgabe», also durch Arbeit. Die Stadtverwaltung unterstützte diese Projekte und trug Dutzende Genossenschaften als Eigentümer von Gebäuden ins Grundbuch ein. In Washington D.C. entstanden allein zwischen Ende 1979 und Ende 1980 siebzehn Genossenschaften, die überwiegend von schwarzen Frauen geführt wurden, heruntergekommene Gebäude aufkauften und sie in Eigenarbeit renovierten.[16] In einer beliebten Abwandlung des Modells kaufen Mitglieder Anteile an der Genossenschaft und zahlen eine bescheidene Monatsgebühr zur Instandhaltung des Gebäudes. Wenn eine Familie auszieht, kann sie ihre Anteile zu einem Preis verkaufen, der geringfügig über dem Kaufpreis liegt. Obwohl die Nachfrage groß ist, ist ein Bieterwettbewerb tabu, denn er widerspricht dem sozialen Gedanken der Genossenschaften.[17]

Da der Vermieter von Minneapolis seiner Verantwortung nicht nachkam - bei undichten Leitungen halfen nur Eimer, zerbrochene Scheiben wurden nicht ausgetauscht -, machten die Mieter gegen ihn mobil. Sie erreichten, dass die Stadtverwaltung ihm die Lizenz entzog. Damit konnte er keine Miete mehr kassieren, und die Mieter stellten die Zahlung ein. Er reagierte mit Räumungsklagen. Die Mitglieder von IX protestierten, sie demonstrierten vor seinem Haus und in seiner Kirche. Sie sammelten Geld von örtlichen Stiftungen und arbeiteten mit der Land Bank Twin Cities, einer Gruppe von Immobilieninvestoren, denen es nicht um Profitmaximierung geht, sondern um den Erhalt von bezahlbarem Wohnraum.

Die letzten Verhandlungen zwischen dem Vermieter und den Mitgliedern von IX verliefen angespannt, der Ausgang war völlig unklar. Die Mieter hatten genug Geld zusammen, um das Gebäude zu einem marktüblichen Preis zu kaufen, doch der Eigentümer schien es auf eine Zwangsräumung anzulegen. Chloé Jackson, eine alleinerziehende Mutter, die für 15,60 Dollar pro Stunde in einem Apple-Store am Flughafen arbeitete, brachte ihren Fall stellvertretend für alle vor ein Geschworenengericht. Der Anwalt des Vermieters erklärte, sein Mandant wolle die Gebäude räumen lassen, um sie zu renovieren und zu verkaufen. «Das hat nichts mit Vergeltung zu tun, das ist eine vernünftige wirtschaftliche Entscheidung», behauptete er. «Mein Mandant will etwas verdienen. Das ist schließlich nicht verboten.» Chloés Anwalt hielt dagegen, die Zwangsräumung sei ein Akt der Vergeltung und verstoße gegen das Gesetz. «Hier soll eine Mieterin bestraft werden, weil sie für ihre Rechte eingetreten ist», erklärte er.

Gegen Mittag zogen sich die Geschworenen zur Beratung zurück, und Chloé und ihre Nachbarn warteten in einem Innenhof des Gerichtsgebäudes. Ich saß neben TeCara Ayler, einer guten Freundin von Chloé. TeCara hatte sich eine kleine Blüte auf die Wange tätowiert und ihre Haare rosa und gelb gefärbt. Sie nannte das den «Phönix-Look» und verriet mir, dass sie sich immer die Haare färbte, wenn sie von Selbstzweifeln überkommen wurde.

Die Stunden vergingen, und es begann zu schneien. Gegen 16 Uhr teilte man den Mietern mit, dass die Geschworenen nach Hause gegangen waren. Die Gruppe seufzte auf. Eine der Frauen lief zum Ausgang, weil sie ihren Sohn von der Schule abholen musste. Im Gehen rief sie den anderen zu: «Wenn wir kämpfen?» Und die Übrigen antworteten im Chor: «Dann gewinnen wir!»

Und tatsächlich gewannen sie. Tags darauf gaben die Geschworenen Chloé recht. Als das Urteil verkündet wurde, fielen sich die Mieter im Gang in die Arme.

Zwei Monate später, nach einer jahrelangen Auseinandersetzung, verkaufte der Eigentümer die fünf Mietshäuser für 7 Millionen Dollar an die Land Bank Twin Cities, die sie zinsfrei an die Mieter weiterverkaufte. Die Mieter nannten ihre Genossenschaft «Sky Without Limits».

Heute sind die fünf Gebäude fast vollständig renoviert und bewohnt, und wenn irgendwo eine Scheibe zerbricht, dann wird sie ersetzt. Nicht alles ist perfekt – das Warmwasser fließt sporadisch und um das Dach ist es nicht gut bestellt –, doch die Mietkosten sind gesunken. Die Bewohner zahlen im Monat 100 Dollar weniger, während im Rest des Landes die Mieten explodieren. Auch die Unterstützung von Mietergenossenschaften wie IX und gemeinnützigen Banken bietet also eine Chance, der Ausbeutung auf dem Wohnungsmarkt zu begegnen.[18]

Warum brauchten die Geschworenen zwei Tage für ihr Urteil? TeCara hatte eine Vermutung. «Die haben sich bestimmt gefragt, wozu wollen die Mieter so ein kaputtes Gebäude? Die wissen einfach nicht, wie man träumt.»

Das war der amerikanischste Satz, den ich je gehört habe.

★

Wir haben ein Ziel – wir wollen die Ausbeutung der Armen beenden –, doch zu diesem Ziel gibt es viele Wege. Wir müssen Arbeitnehmer stärken und ihnen bezahlbare Wohnungen geben. Außerdem müssen wir den Zugang zu Kapital gerechter gestalten. Wir müssen die Banken daran hindern, die Armen jedes Jahr um Abermilliarden Dollar zu erleichtern, indem wir die horrenden Überziehungsgebühren abschaffen. Der Staat könnte Gebühren deckeln, wie dies in Großbritannien oder Israel der Fall ist, wo die Überziehung des Kontos einen Bruchteil dessen kostet, was amerikanische Banken verlangen.[19]

Auch Expresskreditgeber müssen einer Aufsicht unterstellt werden. Erstens müssen sie Kreditnehmer aufklären, welche Kosten auf sie zukommen können. So wie Schnellrestaurants mittlerweile verpflichtet sind, auf der Speisekarte den Kaloriengehalt ihrer Hamburger und Pommes anzugeben, müssen Kredithaie die durchschnittlichen Kosten ihrer Kredite offenlegen. Als Texas die Expresskreditgeber zwang, ihren Kunden einen Vergleich zwischen den Kosten der Zahltagskredite und anderen Krediten vorzulegen, ging die Zahl der faulen Kredite deutlich zurück.[20] Wenn das in Texas möglich ist, warum dann nicht in anderen Bundesstaaten?

Sechzehn Bundesstaaten, darunter Arkansas, Arizona und New Jersey, sowie der Hauptstadtbezirk Washington D.C. haben Zahltagskredite gänzlich verboten oder die Zinsen gedeckelt. Das ist zu begrüßen, reicht aber noch nicht aus. Wenn Zahltagskredite verboten werden, gehen Geringverdiener oft zu anderen Kredithaien oder Pfandleihhäusern.[21] Um die Ausbeutung zu unterbinden, müssen wir Geringverdienern mehr Kreditoptionen geben, nicht weniger.

Es gibt Vorschläge, der Staat solle sich beteiligen und zum Beispiel in Postämtern Kleinkredite vergeben. Andere verlangen, die Bankenaufsicht solle Geschäftsbanken dazu zwingen, in das Geschäft einzusteigen. Egal, wie die Lösung aussieht, es muss darum gehen, Geringverdienern mehr Möglichkeiten zu geben, um sie unabhängig zu machen von Kredithaien, deren räuberisches Geschäftsmodell nur deshalb funktioniert, weil es keine Alternative gibt.[22]

★

Wenn wir schon darüber sprechen, armen Menschen mehr Wahlmöglichkeiten zu geben, dann sollten wir auch die Familienplanung nicht vergessen. Die Anti-Baby-Pille hat uns gezeigt, dass die wirtschaftliche Stärkung der Frau auch an ihre Emanzipation in Fragen der Fortpflanzung gebunden ist. Als die Pille in den 1960er Jahren verfügbar wurde, konnten mehr Frauen studieren und arbeiten und sich damit von Männern unabhängig machen. Heute wie damals gehen Frauen, die Zugang zu Verhütungsmitteln haben, länger zur Schule und sind häufiger erwerbstätig als andere. Sie werden später schwanger und bekommen weniger Kinder. Für viele arme Frauen sind wirkungsvolle Verhütungsmittel nach wie vor unerreichbar, und die meisten Schwangerschaften sind ungeplant, das heißt, die Mütter wären vermutlich lieber später oder gar nicht schwanger geworden.[23]

Im Jahr 2010 hatte Delaware die landesweit höchste Rate ungeplanter Schwangerschaften (57 Prozent). Das sollte eine Kooperation zwischen der Regierung des Bundesstaats und einer gemeinnützigen Organisation namens Upstream USA ändern. Im Jahr 2014 riefen sie die Initiative «Delaware CAN» ins Leben, mit dem Ziel, allen Frauen in gebärfähigem Alter Zugang zu den Verhütungsmitteln zu verschaffen, die ihren Bedürfnissen am ehesten entsprachen. Der Ansatz war einfach. Bei jedem Arztbesuch wurden Frauen neben den üblichen Fragen zu ihrer Befindlichkeit gefragt: «Wollen Sie im kommenden Jahr schwanger werden?» Wenn die Frauen verneinten, sollten die Ärzte sicherstellen, dass sie mit dem Verhütungsmittel ihrer Wahl nach Hause gingen. Frauen kamen zur jährlichen Untersuchung und gingen mit Pillen oder einer Spirale – oder mit nichts, wenn ihnen das lieber war.

Die Aktion zeigte Wirkung. Bis 2017 ging die Zahl der ungeplanten Schwangerschaften bei Geringverdienerinnen und nicht krankenversicherten Frauen um 24 Prozent zurück. Wenn Frauen die Möglichkeiten zur Verhütung haben, dann nutzen sie diese auch. Dieser Ansatz sollte ein Modell für den Rest des Landes sein, um Frauen mehr Einfluss darüber zu geben, wann, wie und mit wem sie eine Familie gründen.[24]

Die Soziologin Dorothy Roberts verweist allerdings auf die dunkle Seite der Geburtenkontrolle. In der nicht allzu fernen Vergangenheit zwangen Bundesstaaten vorbestrafte Frauen, lang wirksame Verhütungsmittel zu nehmen, oder unterzogen sie gar einer zwangsweisen Sterilisierung oder Entfernung der Gebärmutter. Diese verabscheuungswürdigen Praktiken nahmen gerade armen und schwarzen Frauen das Recht, Kinder zu bekommen.[25] Heute schränken wir die Möglichkeiten armer Frauen ein, zu einem selbst gewählten Zeitpunkt Kinder zu bekommen, weil gute Verhütungsmittel teuer sind. «Der Zugang zu hochwertigen Verhütungsmitteln sollte eine Priorität sein, kein Luxus», sagte mir Mark Edwards, Vorstand und Mitgründer von Upstream USA. Edwards gründete das Projekt, weil ihm klar war, dass Familienplanung die Voraussetzung für wirtschaftlichen Aufstieg ist.

Wenn Frauen Zugang zu Verhütungsmitteln oder die Möglichkeit eines Schwangerschaftsabbruchs haben, verbessert dies ihre Bildungs- und Erwerbschancen. Wenn sie dies nicht haben, enden Frauen und ihre Kinder oft in der Armut. Den besten Beleg liefert die Turnaway-Studie, die Wissenschaftler der University of California in San Francisco durchführten. Die Untersuchung folgte rund tausend Frauen aus dem ganzen Land, die versucht hatten, eine Abtreibung vornehmen zu lassen. Die Wissenschaftler verglichen Frauen, die abtreiben konnten, weil sie vor Ablauf der Frist (je nach

Bundesstaat entweder zehn Wochen oder das Ende des zweiten Trimesters) in die Klinik kamen, mit Frauen, die nicht abtreiben konnten, weil die Schwangerschaft schon zu weit fortgeschritten war.

Die Studie war bahnbrechend und ihre Ergebnisse eindeutig. Frauen, die gezwungen waren, ihr Kind auszutragen, lebten vier Jahre später mit größerer Wahrscheinlichkeit in Armut als Frauen, die abtreiben konnten. Zu Beginn ihrer Schwangerschaft lebten die Frauen in vergleichbaren Umständen, doch die Möglichkeit der Abtreibung entschied über ihren weiteren Weg. Die Mütter hatten mit geringerer Wahrscheinlichkeit eine feste Anstellung, konnten seltener ihre materiellen Grundbedürfnisse decken und lebten eher in missbräuchlichen Beziehungen. Auch ihre Kinder waren betroffen. Viele der Frauen, die eine Abtreibung erhielten, bekamen später Kinder. Als die Wissenschaftler diese mit den Kindern der Mütter verglichen, die nicht abtreiben konnten, stellten sie fest, dass Letztere mit größerer Wahrscheinlichkeit in Armut aufwuchsen.[26]

Nachdem ich die Turnaway-Studie gelesen hatte, verbrachte ich einen Tag in der Abtreibungsklinik Philadelphia Women's Center, um mir selbst einen Eindruck zu verschaffen. Die Wände waren in Flieder und Türkis gehalten, und an der Rückwand des mit Panzerglas gesicherten Empfangsschalters hing ein Schild mit der Aufschrift «Wenn du hier bist, bring nur Liebe mit». Das Licht im Wartezimmer war gedämpft, es gab keine Fernsehapparate, und es herrschte eine heitere, fast erbauliche Stimmung. Der Unterschied zu den tristen Wartezimmern der Sozialämter und Familiengerichte hätte kaum größer sein können – abgesehen von den Wartenden. Die Frauen, die einen Termin für eine Abtreibung hatten, wirkten bedürftig und niedergeschlagen. Einige hatten Kleinkinder dabei, andere kauerten auf ihrem Stuhl und dösten. Die Hälfte litt unter Eisenmangel, wie mir eine Labormitarbeiterin sagte – eine Folge der Kombination aus Schwangerschaft und Armut.

Eine Abtreibung im ersten Trimester kostet 445 Dollar. Da die staatliche Krankenversicherung die Kosten nur bei Vergewaltigung, Inzest oder einer Gefährdung für das Leben der Mutter übernimmt, hilft Ryan Bieber den Frauen bei der Finanzierung. Als Buchhalter des Women's Center stellte er den Patientinnen immer dieselben Fragen: *Können Sie selbst etwas bezahlen? Wie viel? Haben Sie eine Fahrgelegenheit, die Sie nach Hause bringt?* An diesem Tag half Bieber etwa fünfundvierzig Frauen, das Geld für die Abtreibung aufzutreiben, überwiegend von Stiftungen. Er half obdachlosen und schmerzmittelabhängigen Frauen und erwerbstätigen Müttern, die Geld von der Miete und ihrem Haushaltsgeld abzweigen mussten, um die Abtreibung zu bezahlen. Er fragte die Frauen auch: *Die staatliche Krankenversicherung zahlt für die Abtreibung, wenn Vergewaltigung oder Inzest vorliegt. Trifft das auf Sie zu?* Er schätzt, dass 15 bis 20 Prozent der Frauen Ja sagen.

Die Abtreibungsdebatte in den Vereinigten Staaten ist frustrierend abstrakt. *Wann ist die Gesundheit gefährdet? In welchem Moment beginnt menschliches Leben?* Auf diese Fragen gibt es keine eindeutigen Antworten. Klar ist jedoch, dass die Entscheidung des Obersten Gerichtshofs, das frühere Urteil im Prozess «Roe vs. Wade» zurückzunehmen und das Recht auf Abtreibung einzuschränken, für arme Frauen verheerende Folgen haben wird. Wir könnten natürlich dafür sorgen, dass kein Kind in Armut zur Welt kommt. Wir könnten sicherstellen, dass alle Frauen Zugang zu Verhütungsmitteln und ärztlicher Versorgung haben und dass mehr Schwangerschaften geplant sind. Wir könnten jungen Müttern eine bezahlte Elternzeit ermöglichen oder ihnen kostenlose Kinderbetreuung zur Verfügung stellen. Ein Land, das so reich ist wie unseres, sollte seinen Worten Taten folgen lassen. Aber wir nehmen lieber von den Armen, als ihnen zu geben.

★

Die Mächtigsten und Reichsten tragen die größte Verantwortung für die gewaltige Armut in den Vereinigten Staaten: politische Eliten, die Geringverdiener im vergangenen halben Jahrhundert im Stich gelassen haben; Konzernvorstände, die dafür sorgen, dass Gewinne über Menschen gehen; Lobbyisten, die aus Eigennutz dem Gemeinwillen zuwiderhandeln; Eigentümer, die Arme aus ganzen Städten vertreiben und die Wohnungskrise schüren. So wichtig es ist, dies anzuerkennen, wir dürfen uns damit nicht selbst freisprechen und vergessen, dass wir ein Teil des Problems sind. Genau wie die Klimakrise nicht nur durch die Industrie und die Wälder rodende Forstwirtschaft verursacht wird, sondern auch durch unsere Autos und Heizungen, sind nicht nur Abgeordnete und Konzernvorstände mit ihren Entscheidungen an der Armut schuld, sondern auch wir mit den Abermillionen Entscheidungen in unserem Alltag.

In den Vereinigten Staaten zu leben und zu arbeiten, bedeutet, Teil einer Reihe moralisch belasteter Systeme zu sein. Wenn das Einkommen einer Familie vom Wert ihres Eigenheims abhängt, dann ist es nachvollziehbar, dass sich diese Familie allem widersetzt, was den Wert dieses Eigenheims beeinträchtigen könnte, etwa dem Bau eines Komplexes von

Sozialwohnungen in der Nachbarschaft. Wenn die Pension eines Seniorenehepaars vom Aktienmarkt abhängt, dann wird dieses Paar Gesetze unterstützen, die sich positiv auf die Börse auswirken, auch wenn diese zulasten der Arbeitnehmer gehen. Soziale Probleme – Entmischung oder Ausbeutung – können durch Borniertheit und Egoismus verschuldet sein, aber auch durch beste Absichten, etwa den Schutz der Interessen unserer Kinder. Ganz besonders der Interessen unserer Kinder.

Diese Ordnung der Dinge führt zu etwas, das der Soziologe C. Wright Mills als «strukturelle Unmoral» bezeichnete und die Politologin Jamila Michener als Ausbeutung «auf gesamtgesellschaftlicher Ebene».[27] Als Angehörige einer Nation und eines Wirtschaftssystems sind wir alle miteinander vernetzt, und die Gewinne der Reichen gehen oft auf Kosten der Armen. Diese Ordnung ist allerdings weder gottgegeben noch in Stein gemeißelt. Sie wurde von Menschen gemacht und kann von Menschen geändert werden. Wir können eine neue Gesellschaft aufbauen, beginnend bei uns selbst. Wo wir leben und arbeiten, was wir konsumieren, wo wir als Wähler unser Kreuzchen machen und wo wir uns als Bürger engagieren – das alles hat Konsequenzen für arme Familien. Um Armut zu bekämpfen, müssen wir daher unser eigenes Leben unter die Lupe nehmen und die Armut zu unserem persönlichen Anliegen machen, indem wir uns fragen, inwieweit wir zu ihr beitragen und was wir zu ihrer Beseitigung tun können.

Wir können zum Beispiel mit unserem Geldbeutel abstimmen und entscheiden, wo und was wir kaufen. Soweit dies möglich ist, sollten wir kein Unternehmen unterstützen, das seine Beschäftigten ausbeutet. Das erfordert ein gewisses Maß an Einsatz und Recherche. Sie wollen ein Paket verschicken?

Die Fahrer von UPS sind gewerkschaftlich organisiert, die von FedEx nicht. Ein Bier gefällig? Rolling Rock und Miller werden in Brauereien gebraut, deren Arbeiter gewerkschaftlich organisiert sind. Oder was Süßes? Die Arbeiter von Jolly Ranchers haben eine Gewerkschaft gebildet.[28] Verbraucher interessieren sich immer mehr für den ökologischen Fußabdruck ihrer Einkäufe. Warum nicht auch die Auswirkungen auf die Armut mitbedenken?

Von der Boston Tea Party bis zu den Anti-Sweatshop-Bewegungen an den Universitäten haben die Vereinigten Staaten eine lange Geschichte des Verbraucheraktivismus. Die amerikanischen Revolutionäre trugen stolz in Heimarbeit gefertigte Kleidung, statt sie aus Großbritannien einzuführen. In den 1960er Jahren kauften amerikanische Familien keine Weintrauben mehr, um den Boykottaufruf der Erntehelfer zu unterstützen. Und heute kaufen sie keine Kosmetika, die an Tieren getestet werden, oder Produkte aus Kakao, der von Kindern in Westafrika geerntet wird. Verbraucheraktivismus erkennt, dass jede Kaufentscheidung eine ethische Dimension hat. Für Armutsbekämpfer bedeutet das, die Menschen hinter den Produkten in den Blick zu rücken und von Unternehmen zu kaufen, die ihre Arbeitnehmer unterstützen.[29]

Ein Unternehmen, das Steuern hinterzieht, Gewerkschaften bekämpft und Arbeitnehmer schlecht bezahlt, ist ein Ausbeuter. Nicht jeder von uns kann sich aussuchen, bei wem er kauft, vor allem dann nicht, wenn er Coupons ausschneiden und jeden Cent zweimal umdrehen muss. Doch wer es sich leisten kann, sollte keine Ausbeuter unterstützen. Wir sollten weder ihre Waren noch ihre Aktien kaufen. Wer im Aktienmarkt investiert, sollte sein Portfolio unter dem Gesichtspunkt der Armutsbekämpfung durchsehen – und zwar nicht nur das eigene, sondern auch das der privaten Rentenversicherung. Viele Anleger halten sich inzwischen von unethischen Aktien fern, etwa von Waffenproduzenten oder Ölkonzernen. Aber was ist mit Unternehmen, die Elend und Verzweiflung verschulden oder Steuern vermeiden und damit den Sozialstaat aushöhlen? Die Dividenden dieser Aktien gehen auf Kosten der Menschen, die durch den Betrieb direkt oder indirekt geschädigt werden.

Auch unsere Institutionen sollten wir unter die Lupe nehmen, zum Beispiel unsere Universität beziehungsweise Alma Mater. Unterstützt sie Studenten aus der Unterschicht? Entlohnt sie ihre Honorarkräfte, Gärtner und Reinigungskräfte gut? Legen ihre Stiftungen ihr Geld in ethischen Aktien an? Auch unsere Arbeitgeber und Branchen können wir daraufhin durchleuchten, ob sie mit der Ausbeutung ihrer Beschäftigten verdienen. Verlangen sie zum Beispiel unnötige Qualifikationen in Form von teuren Kursen oder Prüfungen, die den Zugang erschweren? Oder unsere Banken: Kassieren sie überhöhte Gebühren für Kontoüberziehung? Unterstützen sie Kredithaie? Wenn ja, wäre es dann nicht besser, unser Geld anderswo anzulegen? Wo immer wir uns befinden, können wir den Hebel der Veränderung ansetzen – ob in unseren Kirchengemeinden, Militäreinheiten, Unternehmen oder Elternbeiräten.[30]

Wenn Armutsbekämpfer ihr Bekenntnis zu Würde und Wohl der Menschen zur Grundlage ihrer Kauf- und Investitionsentscheidungen machen, dann sollten sie dies auch nach außen tragen, indem sie es aussprechen und ihren Lebensstil danach ausrichten. Normen lassen sich leichter verändern als Überzeugungen. Mit einem «Du hast unrecht» bewirken Sie weniger als mit «Das machen wir jetzt anders».[31] Vielleicht machen Sie sich Sorgen wegen des Klimawandels, würden aber nur dann Solarzellen auf Ihrem Dach installieren, wenn es Ihr Nachbar auch tut. Vielleicht sind Sie gegen Wegwerfmode, verändern Ihr Kaufverhalten aber nur, wenn Ihre Kollegen mitziehen. Wir haben viele Überzeugungen, doch unser Handeln richten wir oft erst dann nach ihnen aus, wenn wir die richtigen sozialen Signale erhalten. Die Psychologin Betsy Levy Paluck erklärte mir einmal: «Normen erlauben uns, Dinge zu tun, von denen wir bereits überzeugt sind.» Umso wichtiger ist es, dass wir unsere privaten Maßnahmen zur Armutsbekämpfung öffentlich und sichtbar machen. Wenn genug Menschen im Privatleben Verantwortung übernehmen und Kollegen, Kommilitonen oder Gemeindemitglieder mobilisieren, dann zieht das Bekenntnis zur Armutsbekämpfung immer weitere Kreise, erzwingt eine landesweite moralische Abrechnung und übt Druck auf die größten Ausbeuter aus.[32]

Ich würde es gern sehen, wenn Unternehmen mit ihrem Bekenntnis zur Armutsbekämpfung (Tarifverträge, menschenwürdiges Einkommen) genauso werben würden wie mit ihrem Bekenntnis zu Klimaschutz und Nachhaltigkeit. Snapple wirbt damit, dass seine Flaschen zu 100 Prozent aus recyceltem Plastik gefertigt sind. Das Unternehmen sollte uns auch sagen, dass sie von gewerkschaftlich organisierten Arbeitnehmern hergestellt werden. Die meisten Amerikaner begrüßen die Arbeit von Gewerkschaften – warum also nicht Werbung damit machen?[33] Geschäfte hängen sich heute Regenbogenfahnen oder Black-Lives-Matter-Plakate ins Schaufenster. Warum nicht auch ihre Einstiegsgehälter? Plattformen wie DoneGood und Buycott informieren Kunden über Unternehmen, die ihre Beschäftigten fair entlohnen. Die gemeinnützige Organisation B Lab zertifiziert umwelt- und sozialverantwortliche Unternehmen, basierend auf Gehältern, Zusatzleistungen, Arbeitsflexibilität, Arbeitnehmerbeteiligung und zahlreichen weiteren Kriterien. Wenn wir die Wahl zwischen einem von B Lab zertifizierten Unternehmen und einem anderen haben, dann sollten wir uns für das entscheiden, das seine Mitarbeiter und unseren Planeten anständig behandelt.[34]

Verbraucheraktivismus hat uns billige Waren und Dienstleistungen beschert, die auf Kosten anderer gehen. Verbraucheraktivismus kann diesen Trend auch wieder umkehren und Unternehmen abstrafen, die für Armut mitverantwortlich sind. Damit vermitteln wir die Botschaft, dass wir uns Ausbeutung nicht mehr bieten lassen. Da sich Ausbeutung lohnt, könnte dies den Aktien in unserem Portfolio schaden. Wenn wir unser Geld auf eine Weise ausgeben oder anlegen, die unsere Solidarität mit den Armen zum Ausdruck bringt, dann kostet uns dies möglicherweise etwas. Aber indem wir diese Kosten anerkennen, erkennen wir auch unsere bisherige Komplizenschaft an. Wenn wir einander betrügen und bestehlen, verlieren wir auch einen Teil von uns selbst. Ethisches Verhalten ist oft unbequem, zeitraubend und kostspielig. Wir strengen uns an, scheitern und nehmen einen neuen Anlauf. Doch das ist der Preis unserer wiedergewonnenen Menschlichkeit.[35]

KAPITEL 9

WIE WIR DIE MAUERN EINREISSEN

Einen letzten Schritt müssen wir noch gehen. Unsere Mauern müssen weg. Wir haben unsere Schulbücher umgeschrieben und unsere Feiertage umbenannt, um den Verwundungen der Kolonialisierung Rechnung zu tragen. Wir haben Statuen entfernt und Straßenschilder ausgetauscht, um die Schrecknisse der Sklaverei zu würdigen. Aber unterstützen wir die Rassentrennung nicht weiter, wenn wir gegen ein soziales Wohnprojekt in unserem Viertel mobilmachen? Kolonisieren wir nicht die Zukunft, wenn wir unseren Kindern einen Platz an der Sonne reservieren und anderen Kindern eine faire Chance verweigern?

Wenn wir die Armut über Schulen und Gemeinden verteilen, verliert sie ihren Stachel. Schon wenn wir es ermöglichen, dass arme Familien in wohlhabende Viertel ziehen, und gar nichts für ihr Einkommen tun, verbessern wir ihr Leben. Selbst wenn sie weiterhin unterhalb der Armutsgrenze leben, sind sie weniger «arm», weil sie in geringerem Maße mit Kriminalität in Berührung kommen, sich ihre psychische Gesundheit verbessert und ihre Kinder bessere Schulen besuchen. Mit jedem Jahr, das arme Kinder in einem chancenreichen Viertel leben, verdienen sie später mehr, wobei jüngere Geschwister noch stärker profitieren als ältere, weil sie mehr Zeit in einer sicheren und wohlhabenden Umgebung verbracht haben.[1]

Leider wird selbst bei ehrgeizigen Vorschlägen zur Armutsbekämpfung, zum Beispiel dem bedingungslosen Grundeinkommen, das Problem der Rassentrennung außer Acht gelassen. Das ist so, als hätten wir bereits resigniert, so als könnten wir im besten Falle ein Land schaffen, das ein bisschen weniger ungleich ist, aber nicht gleich. Wenn Reich und Arm in Parallelwelten leben, ist jede Einrichtung und jedes Programm, das nur die Armen anspricht, potenziell gefährdet. Es ist einfach, die Schließung einer Schule zu befürworten, wenn Ihr Kind sie nicht besucht, oder eine Verschärfung der Polizeipräsenz auf der Straße zu verlangen, wenn Sie wissen, dass Ihr Neffe nicht von einer Streife angehalten wird. Aber wenn Familien aus dem gesamten sozialen Spektrum ihre Kinder auf dieselbe Schule schicken, wenn sie in denselben Parks Picknick machen und durch dieselben Straßen gehen, dann haben alle dasselbe Interesse an diesen Schulen, Parks und Straßen.

Geben wir es doch zu: Die Rassentrennung vergiftet unsere Köpfe und Herzen. Wenn die Begüterten beim Leben, Arbeiten, Spielen und Beten unter sich bleiben, vergessen sie die Armen. Das bringt unsere schlechte Seite zum Vorschein, nährt Vorurteile und fördert moralischen Verfall. Im gemeinsamen Umgang in integrierten Gemeinschaften erkennen wir dagegen unsere blinden Flecken, wir kommen aus unseren Biotopen heraus, und wohlhabende Familien kommen in Berührung mit den typischen Problemen armer Familien. Wie Nietzsche schrieb: «Man muss die großen Probleme mit Leib und Seele erleben wollen.»[2] Die Armut gehört sicher zu den ganz großen Problemen, und ihre Integration bedeutet, dass wir alle mit Leib und Seele beteiligt sind. Die Integration ist nicht nur ein Instrument der Armutsbekämpfung, sondern sie kann im Laufe der Zeit auch Mitgefühl und Solidarität fördern.[3] Deshalb ist es im Kampf gegen die Armut entscheidend, auch der Rassentrennung ein Ende zu setzen.

Wenn wir unsere Mauern niederreißen und armen Familien die Möglichkeit geben würden, in Viertel zu ziehen, in denen sie mehr Chancen erhalten, dann würde ein Teil davon Gebrauch machen und ein anderer nicht. Arme Viertel sind schließlich mehr als nur arm. Sie sind Orte der Familie und Vertrautheit, der Gemeinschaft und Liebe, ganz zu schweigen davon, dass man hier mitunter sehr gut isst. Schwarze Viertel und ethnische Enklaven sind ein Zufluchtsort für nichtweiße Amerikaner, die in überwiegend weißen Institutionen arbeiten und studieren. Trotzdem würde ich mir wünschen, dass ihre Bewohner mehr Wahlmöglichkeiten bekommen, damit die Lebensgeschichte eines Kindes weniger stark von der Postleitzahl abhängt. Außerdem habe ich nie von einem bezahlbaren Wohnprojekt in einer wohlhabenden Gemeinschaft gehört, das sich über Leerstand zu beklagen hätte. Im Gegenteil. Als im Jahr 2021 im wohlhabenden Cherry Hill in New Jersey 29 bezahlbare Wohnungen eingeweiht wurden, meldeten sich 9309 Interessenten.[4]

Integration funktioniert. Das ist das eindeutige Ergebnis eines halben Jahrhunderts der Forschung. Ein Beispiel ist die Integration in Schulen nach 1954, dem Jahr, in dem das Oberste Gericht der Vereinigten Staaten die Rassentrennung an Schulen für verfassungswidrig erklärt hatte. Weil die neuen Gesetze sehr uneinheitlich umgesetzt wurden, konnten Sozialwissenschaftler afroamerikanische Kinder in integrierten und nichtintegrierten Schulbezirken vergleichen.

Der Wirtschaftswissenschaftler Rucker Johnson stellte dabei fest, dass afroamerikanische Kinder in gemischten Schulen besser abschnitten, die Schule häufiger mit einem Abschluss verließen und mit größerer Wahrscheinlichkeit studierten als Kinder aus getrennten Schulen. Dies schlug sich später im Einkommen nieder, die Kinder aus integrierten Schulen lebten als Erwachsene deutlich seltener in Armut. Und die schulischen Leistungen der weißen Kinder wurden durch die Integration in keiner Weise beeinträchtigt.[5]

Die wachsende Ungleichheit hat in vielen Schulbezirken eine Entmischung nach Einkommen bewirkt. Mit Fördermitteln für Schulen in benachteiligten Gemeinden wurde ein gewisser Ausgleich geschaffen. Das hilft zwar, doch eine Lösung ist es nicht. Das belegen die Erfahrungen aus Montgomery County in Maryland. Dort verteilte das Sozialamt vor einigen Jahren Familien auf verschiedene Wohnprojekte, von denen sich einige in wohlhabenden Vierteln mit guten Schulen befanden. Gleichzeitig steckte der Bezirk viel Geld in die ärmsten Schulen, um die Klassen zu verkleinern und die Lehrerausbildung zu verbessern. Damit hatten Bildungsforscher die Möglichkeit zu beobachten, wo Schüler aus armen Familien besser abschnitten – in der Schule eines wohlhabenden Viertels oder in der besonders geförderten Schule eines armen Viertels. Die Ergebnisse sprachen eine eindeutige Sprache. Schüler aus armen Familien, die eine Schule in einem wohlhabenden Viertel besuchten, schnitten deutlich besser ab. Das heißt, selbst wenn wir Schulen in armen Vierteln stärker fördern als die in wohlhabenden, sind diese Schulen auch nicht annähernd gleichwertig.[6]

Es kommt mir ein wenig albern vor, darauf hinzuweisen, dass dem Umfeld eines Kindes eine besondere Rolle zukommt. Das wissen wir alle. Deshalb verwenden viele Menschen ja so viel Energie darauf, ihre Schulen und Stadtteile zu schützen und darauf zu achten, dass sie ihnen und ihren Kindern möglichst viele Möglichkeiten eröffnen. Aber was zeigen wir unseren Kindern, wenn wir anderen Kindern den Zugang zu diesen Möglichkeiten verwehren - und das auch noch in ihrem Namen?

Die Vereinigten Staaten sind hinter den Beginn der Integration zurückgefallen, die Schulen unserer Kinder sind wirtschaftlich homogener als die unserer Großeltern. Auch wenn wir uns in Trippelschritten auf die Integration zubewegen, hat sich die Klassen- und Rassentrennung in den meisten Gemeinden gehalten. Wenn das Leben in den Städten immer unbezahlbarer wird, wächst auch die Kluft zwischen Arm und Reich. Früher lebten die Armen auf der anderen Seite der Bahnschienen. Heute leben sie in einem anderen Bezirk.[7] Wir leben nach wie vor voneinander getrennt und in gewaltiger Ungleichheit. Doch dieser Ungleichverteilung der Möglichkeiten können wir ein Ende setzen.

★

Wie können wir die Klassen- und Rassentrennung endlich beenden? Ein Anfang wäre gemacht, wenn wir exklusive Flächennutzungspläne durch integrative ersetzen. Wir können unsere Mauern niederreißen und aus dem Schutt Brücken bauen. Das passiert in zwei Schritten. Erstens müssen wir all die rechtlichen Gemeinheiten beseitigen, die wir erdacht haben, um Geringverdiener aus wohlhabenderen Vierteln fernzuhalten, und die zum Beispiel den Bau von Mehrfamilienhäusern oder kleinen, bezahlbaren Einfamilienhäusern in diesen Vierteln verbieten. Wir können nicht guten Gewissens behaupten, unsere Gemeinden seien gegen Rassismus und Armut, wenn sie diese subtilen Regeln zum Ausschluss weiter Bevölkerungsteile beibehalten.

Mit der Abschaffung der exklusiven Flächennutzungspläne könnte man auch in wohlhabenderen Vierteln Häuser bauen, wie Geringverdiener sie benötigen. Könnte – aber das muss nicht so kommen. Daher ist ein zweiter Schritt nötig: die Entwicklung von integrativen Flächennutzungsplänen. Darunter versteht man nicht nur die Beseitigung der Exklusivität, sondern die gezielte Herbeiführung des Gegenteils. Aktuelle Flächennutzungspläne *ver*bieten den Bau bezahlbarer Wohnungen; die neuen Verordnungen würde ihn *ge*bieten und in Neubaugebieten einen bestimmten Anteil von Wohneinheiten für Geringverdiener vorschreiben. Eine abgeschwächte Variante würde diese Inklusivität nicht vorschreiben, sondern Entwicklern Anreize bieten, bezahlbaren Wohnraum zu schaffen, zum Beispiel über Steueranreize oder die Lockerung von Vorschriften zur Baudichte.[8]

Länder wie Irland oder Spanien versuchen, auf diese Weise dem Wohnungsmangel beizukommen. In den Vereinigten Staaten hat New Jersey eine Vorreiterrolle übernommen. In fast jedem Bezirk des Bundesstaats gibt es bezahlbare Wohnungen. Voran gingen einige wegweisende Entscheidungen des Obersten Gerichtshofs von New Jersey, der die exklusive Flächennutzung untersagte und Gemeinden aufforderte, einen bestimmten Anteil an bezahlbaren Wohnungen zur Verfügung zu stellen, wobei sich dieser Anteil an der Zusammensetzung der jeweiligen Bevölkerung bemisst. In Gemeinden, die dem nicht nachkommen, kann das Gericht eingreifen und Flächennutzungspläne so verändern, dass bezahlbare

Wohnungsbauprojekte aufgenommen werden. Sowohl republikanisch als auch demokratisch regierte Gemeinden haben sich zur Wehr gesetzt, doch das Gesetz hat mehr als 340 Gemeinden gezwungen, Baugebiete für das untere Segment auszuweisen. Wenn solche Pläne erst einmal bestehen, dauert es nicht lange, bis sich Bauunternehmen ans Werk machen, denn mit einem Mehrfamilienhaus lässt sich mehr verdienen als mit Einfamilienhäusern, selbst wenn es sich um Wohnungen für Geringverdiener handelt. Auf diese Weise entstanden in New Jersey Tausende neue bezahlbare Wohnungen, ohne dass der Staat auch nur einen Cent dafür ausgeben musste.[9]

Lässt der Bau von sozialen Wohnprojekten die Immobilienpreise abstürzen? Wenn sie schlecht gebaut und instand gehalten werden, ja. Wenn sie jedoch gut geführt werden und sich in die Gemeinde einfügen, wenn sie sich also nicht an einem Ort konzentrieren, sondern über die gesamte Gemeinde verteilen, dann beeinträchtigen sie den Wert der übrigen Immobilien nicht, wie Untersuchungen zeigen.[10] (Trotz der neuen Politik gehört New Jersey nach wie vor zu den teuersten Bundesstaaten, und in der Bildung nimmt es den ersten Platz ein.) Der Kongress sollte mehr Gemeinden einen Anreiz bieten, in den sozialen Wohnungsbau zu investieren, etwa durch Senkung von Grundsteuern oder den Ausbau der Infrastruktur. Wie wäre es zum Beispiel, wenn Hausbesitzer ein bisschen mehr Geld in der Tasche hätten, wenn sie für bezahlbare Wohnungen stimmen? Wie wäre es, wenn die Grundschule eine Finanzspritze erhält, um ihre Turnhalle zu renovieren oder mehr Lehrer einzustellen, als Belohnung dafür, dass die Gemeinde mehr Geringverdiener willkommen heißt?

Mit Zuckerbrot könnte man mehr Gemeinden dazu bringen, ihren Wohlstand mit anderen zu teilen. Und wenn das nicht hilft, darf auch die Peitsche zum Einsatz kommen. Weigern sich Gemeinden partout, ihre exklusiven Flächennutzungspläne zu ändern, könnte man ihnen Bundesmittel streichen. Wenn wohlhabende Gemeinden ihre Straßen oder Kanalisation heute mit Bundesmitteln instand halten, dann zahlen Geringverdiener mit ihren Steuern für die Infrastruktur von Ortschaften, die sie ausschließen. Dem könnte der Kongress einen Riegel vorschieben, indem er diesen Gemeinden kein Geld mehr bewilligt. Wer hinter seiner Mauer leben will, der sollte vom Rest der Gesellschaft nicht auch noch dafür belohnt werden.

Diese Idee stammt nicht von mir, sondern von George Romney. Der republikanische Politiker und Vater des späteren Präsidentschaftskandidaten Mitt Romney brachte den Gedanken 1970 ins Spiel, als er Wohnungsbauminister im Kabinett von Präsident Nixon war. Romney fand, der Staat müsse die Subventionierung der Rassentrennung beenden. Das brachte weiße Wähler in den Vororten derart auf die Palme, dass Nixon die Idee im Keim erstickte und Romney schließlich aus seinem Kabinett entließ.[11] Diese weißen Wähler griffen zum Telefon. Sie kamen zu Wahlkampfveranstaltungen und schrieben Briefe.

Wenn Sie in letzter Zeit an einer öffentlichen Sitzung des Bauausschusses Ihrer Gemeinde teilgenommen haben, dann wissen Sie, dass sich seither kaum etwas geändert hat. Die Menschen, die den Ränkespielen der Planungsbehörden folgen, sind tendenziell reicher, älter und weißer als der Rest der Gemeinde, und sie sind in der Regel Hausbesitzer. Diese aktive Lobby widersetzt sich der Ausweisung von Neubaugebieten im Allgemeinen und dem sozialen Wohnungsbau im

Besonderen und trägt damit zum Problem des Wohnungsmangels im Land bei. Schon im 19. Jahrhundert beobachtete Alexis de Tocqueville, dass Amerikaner eher schweigende Beobachter der Politik waren, bis die Verwaltung ankündigte, eine Straße über ihren Grund und Boden bauen zu wollen. Dann kamen sie zu öffentlichen Versammlungen. Auch im 21. Jahrhundert interessieren sich Amerikaner in der Regel nicht für die Protokolle des Bauausschusses. Aber wenn jemand ein soziales Wohnungsbauprojekt in ihrem Stadtteil vorschlägt, dann finden sie sich plötzlich an einem Dienstagabend in einer Halle ein und brüllen die Stadträte an.[12]

«In diesen Veranstaltungen wird es laut», erklärte mir Eric Dobson, stellvertretender Leiter einer Interessengruppe in New Jersey, die für den Ausbau des sozialen Wohnungsbaus eintritt. Er nimmt regelmäßig an Versammlungen teil, bei denen Bewohner alles tun, um die vom Gericht angeordnete Ausweisung von Baugebieten zu verhindern. Manche davon enden erst weit nach Mitternacht. Dobson rät seinen Mitstreitern oft, sich still zu verhalten, um nicht im Anschluss auf dem Parkplatz angefeindet zu werden. Während einer Veranstaltung in Old Bridge, einer Vorstadtgemeinde in New Jersey, brüllte ein Weißer Dobson an: «Warum baut ihr diese Buden nicht in eurem eigenen Viertel?» Dobson, ein schwarzer Prediger, erwiderte: «Das haben wir schon.»

Verfechter des Status quo, wohlhabende Fürsprecher der Rassen- und Klassentrennung, sind bereit, ihre Mauer zu verteidigen. Oft gelingt es ihnen, soziale Projekte zu verzögern oder zu verhindern, denn die Behörden gehen in der Regel auf die Bürger ein, deren Stimmen sie hören.[13] Das bedeutet, dass auf diesen Veranstaltungen auch andere Stimmen zu hören sein müssen. Vor allem die Stimmen von Schülern, die gern mehr junge Leute in ihren Klassen willkommen heißen würden, oder von Familien, die gern in bezahlbaren Wohnungen leben würden.

Mir ist klar, dass das viel verlangt ist. Im Jahr 2022 lernte ich Twinkle Borge kennen, Sprecherin von Pu'uhonua O Wai'anae (POW), einer 250-köpfigen Gemeinde von Obdachlosen auf der hawaiianischen Insel Oahu. Im Jahr 2020 hatte POW auf der Ostseite der Insel mit Spenden acht Hektar Land erworben, nun arbeitete die Gemeinde mit ehrenamtlichen Architekten und Bauunternehmern an der Entwicklung eines Wohnprojekts. Doch zuvor mussten sich die Angehörigen in öffentlichen Anhörungen mit ihren künftigen Nachbarn auseinandersetzen. «Es war heftig», sagte mir Borge. «Sie haben zum Beispiel gesagt: ‹Unsere Kinder können nicht mehr auf der Straße spielen.› Vor uns und unseren Kindern haben sie das gesagt. Das hat schon wehgetan.»

POW blieb hartnäckig, doch über das Gesicht der ansonsten so gut gelaunten Borge huscht ein Schatten, wenn sie sich an die Veranstaltungen erinnert. Niemand sollte den Fürsprechern der Klassentrennung allein gegenübertreten müssen, weder sie und ihre Nachbarn noch Familien im Rest des Landes. Bürger, die sich eine offenere und integrative Gemeinschaft wünschen, sollten bei öffentlichen Bauausschusssitzungen ihr Gesicht zeigen. Wir müssen aufstehen und den Stadtplanern sagen: *Ich mache die Klassentrennung in meiner Gemeinde nicht mehr mit. Andere Kinder sollen dieselben Möglichkeiten bekommen, wie meine sie hier haben. Bauen Sie diese Sozialwohnungen.*

★

In meinem Schreibtisch bewahre ich ein senfgelbes Faltblatt auf. Es wurde 1953 von der Menschenrechtskommission des Bundesstaats Minnesota veröffentlicht und handelt von Rassenintegration. Damals stiegen die Einkommen schwarzer Familien, und einige wollten in wohlhabende Viertel ziehen, auch in weiße Viertel. Die Broschüre richtete sich an weiße Familien und stellte und beantwortete Fragen dazu, was schwarze Familien wollten. Im Grunde wollten sie nichts anderes als weiße Familien auch: Chancengleichheit und ein anständiges Zuhause. Auf die Frage, warum die Rassentrennung fortbestand, antwortete die Broschüre: «Viele Weiße wollen keine schwarzen Nachbarn, weil sie sich ihrer eigenen Stellung in der Gesellschaft unsicher sind.»[14]

Eine große soziologische Erkenntnis, gelassen ausgesprochen. Wenn der Boden unter unseren Füßen schwankt, neigen wir dazu, in Deckung zu gehen und unsere Familie zu beschützen. Wir denken weniger an das, was wir haben, und sehen vor allem, was wir verlieren könnten. Wenn wir das Gefühl haben, dass unsere Ressourcen knapp sind oder es werden könnten oder dass unser Status (oder der unserer Gruppe) in Gefahr ist, dann werfen wir unser Bekenntnis zu Chancengleichheit über Bord; das bestätigen zahlreiche psychologische Untersuchungen.[15] In Umfragen geben die meisten Amerikaner an, dass sie sich weniger Armut und Ungleichheit wünschen, zumindest theoretisch. Aber wenn man uns nach konkreten Maßnahmen fragt, mit denen dieses Ziel erreicht werden soll, dann fangen wir an zu stottern, vor allem wenn wir das Gefühl haben, dass diese Maßnahmen uns und unsere Familien etwas kosten könnten.[16] Die Broschüre aus Minnesota war der Versuch, diese Sorge zu entkräften und weiße Amerikaner dazu aufzufordern, ihren erklärten

Werten treu zu sein. «Wer schwarze Familien aus seinem Viertel verbannen will, handelt gegen seine amerikanischen Werte», stand da, und weiter: «Vielen Weißen mag das Sorgen bereiten. Es ist nicht einfach, unsere Ideale zu leben. Doch schon in der Vergangenheit ist die amerikanische Gesellschaft nur besser geworden, wenn sich die Bürger den schwierigen Aufgaben gestellt haben.»

Armutsbekämpfung ist so eine schwierige Aufgabe. Spenden allein reichen nicht aus. Statt Geld über die Mauer zu werfen, müssen wir diese Mauer einreißen. Die Beweislage ist eindeutig: Wir können Gemeinschaften integrieren, ohne dass unsere Immobilien an Wert verlieren, ohne dass unsere Schulen schlechter werden und ohne dass dies den wohlhabenden Kindern schadet. Warum sind sich dann so viele «ihrer eigenen Stellung unsicher»? Warum fürchten wir uns?

Weil wir gelernt haben, uns zu fürchten. Unsere Institutionen haben uns beigebracht, was Knappheit bedeutet, und den künstlichen Ressourcenmangel zur Normalität gemacht. Weil zum Beispiel die Bewohner wohlhabender Viertel den Bau von neuen Häusern erfolgreich abgeblockt haben, richten Bauunternehmer den Blick auf ärmere Viertel. Dort stoßen sie auf schwächeren Widerstand, vor allem von Mietern, die sich gegen Luxussanierungen wehren. Diese Dynamik ist in den gesamten Vereinigten Staaten zu beobachten, und aus der Debatte um bezahlbaren Wohnraum und Integration wurde eine Debatte um Yuppisierung, die Geringverdiener mit Wohnung gegen Geringverdiener ohne Wohnung ausspielt. In Wahrheit sind das Problem jedoch wohlhabende Hausbesitzer, die ihre Viertel schützen.[17]

Der künstliche Mangel beherrscht auch unsere Politik, legt unsere Vorstellungskraft in Fesseln und knebelt unsere

Moral. Wie oft beginnen Politiker und Experten ihre Sätze nicht mit den Worten: «In einer Welt der knappen Ressourcen …» – als ob das eine Selbstverständlichkeit wäre, ein Naturgesetz, und nicht etwas, das wir so gewollt haben. Im sozialen Bereich hinken die Vereinigten Staaten weit hinter anderen Industrienationen her. Im Jahr 2019 beliefen sich die Steuereinnahmen von Frankreich, Deutschland, den Niederlanden, Italien und anderen westlichen Demokratien auf 38 und mehr Prozent des jeweiligen Bruttoinlandsprodukts, während es in den Vereinigten Staaten nur 25 Prozent waren.[18] Statt zu diesen Ländern aufzuschließen, verteilen wir staatliche Mittel an Reiche und schonen Steuersünder. Und dann jammern wir, dass wir nicht die Mittel haben, wenn jemand davon spricht, etwas für die wirtschaftliche Mobilität und gegen den Hunger zu unternehmen?

Natürlich kostet es Geld, wenn wir mehr in die Armutsbekämpfung investieren, und nicht wenig. Doch die Sorge, dass der Kampf gegen die Obdachlosigkeit zu teuer werden könnte, wäre glaubwürdiger, wenn wir nicht jedes Jahr Hausbesitzer mit Abermilliarden subventionieren würden. Und die Bedenken, dass die Kosten eines menschenwürdigen Lohns explodieren könnten, wären ernster zu nehmen, wenn nicht jedes Jahr Unternehmen Abermilliarden an Steuern hinterziehen würden. Das Mangeldenken verkleinert und verzerrt die Armutsbekämpfung und sorgt für fiktive Haushaltszwänge.

Außerdem verleitet es dazu, wirtschaftliche Gerechtigkeit und Klimagerechtigkeit gegeneinander auszuspielen. Wenn Politiker zum Beispiel versuchen, Luftverschmutzung und Staus mithilfe von Abgasabgaben zu bekämpfen, oder während der Stoßzeiten eine Maut für Viertel mit hohem

Verkehrsaufkommen zu verlangen, dann lehnen Kritiker dies mit dem Argument ab, die Maßnahme treffe Geringverdiener am härtesten. Das mag oft zutreffen, doch es müsste gar nicht so sein. Wir lassen zu, dass Millionen Menschen von der Hand in den Mund leben, und dann führen wir ihre Notlage als Rechtfertigung für unsere Untätigkeit bei anderen Gesellschafts- und Umweltproblemen an. Politiker und Experten setzen uns in Kenntnis, dass wir die Spritschlucker nicht besteuern, die Energiewende nicht vollziehen und den Preis für Rindfleisch nicht erhöhen können, weil das besonders den einkommensschwachen Familien schaden würde. Das mag sogar stimmen, doch das ist nicht unvermeidlich – es handelt sich vielmehr um eine Folge der künstlichen Knappheit.

Die künstliche Knappheit spielt Problem gegen Problem und Nachbar gegen Nachbar aus. Seit der Gründung der Vereinigten Staaten hetzt die Klassenpolitik weiße Arbeiter gegen schwarze auf und Einheimische gegen Einwanderer. Der Rassismus verhinderte eine Gewerkschaftsbewegung für alle, die umfassende Wirtschaftsreformen hätte bewirken können – und zum Beispiel die Gründung einer Arbeiterpartei –, wie dies etwa in Frankreich, Deutschland und Großbritannien der Fall war. Der Rassismus verhinderte die Entstehung integrierter Gemeinschaften und Schulen, er drängte die Armut (vor allem städtische schwarze Armut) in Ghettos und verschärfte dort das Elend. Künstliche Knappheit stärkt und rechtfertigt den Rassismus so sehr, dass der Soziologe und Historiker Oliver Cromwell Cox einmal mutmaßte, ohne Kapitalismus wüsste die Welt womöglich gar nicht, was Rassenhass ist.[19]

Die künstliche Knappheit ist ein riesiges Theater, das nur der Ablenkung dient. Das Drehbuch sieht so aus: Im ersten

Akt gestattet man Eliten, Ressourcen wie Geld und Land zu horten. Im zweiten tut man so, als sei das ganz natürlich und unvermeidlich, oder man ignoriert es am besten ganz. Im dritten versucht man, die gesellschaftlichen Probleme, die durch das Horten der Ressourcen entstanden sind, mit den wenigen Krumen zu beheben, die noch übrig sind. Statt zum Beispiel die Reichen zu zwingen, ihre Steuern zu bezahlen, gestaltet man den Sozialstaat mit dem schmalen Budget, das bleibt, wenn sie dies nicht tun. Im vierten Akt scheitert man dann. Man scheitert an der Armutsbekämpfung, und man scheitert am Bau bezahlbarer Sozialwohnungen. Und im fünften Akt erklärt man, mehr sei leider nicht möglich. Die Erklärung beginnt man mit «In einer Welt der knappen Ressourcen ...». Man zeigt mit dem Finger auf die Regierung. Den Kapitalismus. Den politischen Gegner. Die Einwanderer. Man sucht die Schuld bei allen außer denen, die es verdient haben. Das könnte man auch «Gaslighting» nennen.

Entgegenwirken könnten wir diesem Ablenkungsmanöver, wenn wir den Reichtum des Landes anerkennen. Die Wirtschaftswissenschaftlerin Robin Wall Kimmerer verlangt daher eine «Wirtschaft der Fülle».[20] Wenn wir die Fülle zum politischen Programm und zur gesetzgeberischen Ausgangsbasis machen, erkennen wir an, dass dieses Land ein Füllhorn an Ressourcen hat - genug Land und Kapital für alle - und dass es eine Farce ist, das Gegenteil zu behaupten. «Ich will Teil eines Systems sein, in dem Wohlstand bedeutet, dass es genug für alle gibt, und in dem die Befriedigung der Bedürfnisse meiner Familie nicht auf Kosten der Möglichkeiten einer anderen geht», schreibt Kimmerer.

Klingt das unrealistisch? Mag sein - aber wer entscheidet darüber, was funktioniert und was nicht? Ist es nicht so, dass die Träume der Reichen (Vermögen, Einkommen) oft wahr werden, während die Träume der Armen als unrealistisch abgetan werden? Haben wir vergessen, dass es eine Zeit gab, in der es Menschen als sittenwidrig und unnatürlich empfanden, sich an der Not anderer zu bereichern, selbst in Notzeiten, und eine «moralische Vorratsökonomie» pflegten, wie E. P. Thompson schreibt?[21]

Warum akzeptieren wir die Knappheit als etwas Selbstverständliches und behandeln sie als zentrales Organisationsprinzip unserer Wirtschaft, Politik, Stadtplanung und persönlichen Ethik? Wir handeln wie die Bäuerin, deren Hund auf einem für die Kühe bestimmten Heuhaufen liegt und die Kühe mit lautem Bellen vertreibt, weshalb sie die Kühe hungern lässt und ihnen nur die paar Halme genehmigt, die sie sich vom Rand des Haufens stehlen können. Warum vertreiben wir den Hund nicht einfach?

★

Heben wir den Boden an, indem wir unseren Sozialstaat ausgleichen. Stärken wir die Armen, indem wir der Ausbeutung ein Ende setzen. Investieren wir in Wohlstand für alle, indem wir die Klassentrennung beseitigen. So können wir die Armut in den Vereinigten Staaten abschaffen. Wie würde das Land dann aussehen?

Vieles würde sich verändern, und einige dieser Veränderungen könnten unangenehm und sogar schmerzhaft sein, und zwar für uns alle. Etwas anderes zu behaupten, wäre unaufrichtig. Der Status quo hat seinen Preis, einen sehr hohen Preis sogar, aber genauso hat es seinen Preis, sich von unserer Sucht nach Armut und Klassentrennung zu entwöhnen. Zum einen der politische Preis: Hausbesitzer und Eltern würden aufbegehren, weil sie in der Integration eine Gefahr sehen. Es gäbe neue Aufgaben für Schulen, die sich heute noch keine Gedanken um kostenlose Schulspeisung und die psychologische Betreuung traumatisierter Schüler machen müssen. Stadtteile, die heute nicht mit der Armut in Berührung kommen, müssen Bushaltestellen oder soziale Dienste einrichten und Wege finden, um mit öffentlichen Ärgernissen umzugehen. Im Alltag würden zunächst alle mehr Reibung erleben: mehr Kränkungen, mehr Fehltritte und mehr Fettnäpfchen, wenn nicht alle im Viertel die Universität besucht oder Ballettkurse belegt haben.

Wie James Baldwin schrieb: «Jede echte Veränderung bedeutet die Zerstörung der Welt, wie wir sie kennen, den Verlust von allem, was uns Identität gegeben hat, das Ende der Gewissheit. In einem solchen Moment, in dem wir nicht sehen und uns nicht vorzustellen wagen, was die Zukunft bringen könnte, klammern wir uns an das, was wir kennen oder zu kennen glauben; an das, was wir besaßen oder zu besitzen glaubten.» Ein Ende der Klassentrennung würde von reichen Familien Verzicht verlangen, doch im Gegenzug würden wir etwas viel Wertvolleres erhalten. Wir müssten darauf verzichten, Chancen und Sicherheit zu horten, aber damit könnten wir die Scham überwinden, die wir empfinden, wenn wir uns am miesen Geschäft der Ausgrenzung und Armut beteiligen. Wir müssten auf einige der Annehmlichkeiten und Gewissheiten des Lebens hinter der Mauer verzichten, auch auf die Geschichten, die wir uns über unseren Platz in dieser Welt erzählen. Doch damit könnten wir die Einsamkeit und den leeren Materialismus hinter uns lassen, der das Leben in der Oberschicht auszeichnet, und uns gestatten, «von Höherem zu träumen, nach Größerem zu greifen», wie James Baldwin sagte.[22]

Der beste Ort, an dem ich je gelebt habe, war ein Viertel in Madison, Wisconsin. Es war ein in jeder Hinsicht gemischtes Viertel namens Bram's Addition im Süden der Stadt. Gegenüber wohnte ein Ehepaar, das aus Südamerika eingewandert war. Eine Tür weiter wohnte ein älterer schwarzer Veteran mit kupfernen Armreifen, den man oft mit seiner Trommel auf dem Bauernmarkt antreffen konnte. Das Viertel hatte seine Probleme, unter anderem einige Drogenhändler. In einem Meinungsartikel in der Regionalzeitung hieß es: «Einige Leute nutzen Penn Park [einen der Parks von Bram's Addition], um zu spielen und Sport zu treiben. Leider nutzen ihn andere, um sich einen Schuss zu setzen.» Das ist leider wahr.

Doch diese Probleme machten das Viertel nicht aus. Was es ausmachte, war zum Beispiel der Gemeinschaftsgarten, in dem Anwohner jeder Herkunft und Hautfarbe ihre Bohnen, Chilischoten und Kohlköpfe zogen und Grillabende veranstalteten; oder Jada's, ein Familienrestaurant mit Klappstühlen und Süßkartoffeln, an die ich mich noch heute erinnere; oder die Taquería Guadalajara mit ihrem rosa Schild und der besten *mole de panza*, die ich je gegessen habe. Wenn es schneite, holten einige von uns ihre Schaufeln heraus – eine Schneefräse hatte niemand – und schippten Einfahrten und Gehwege frei, und zwar nicht nur die eigenen, sondern die der ganzen Straße. Andere bereiteten derweil ein Frühstück zu, und wenn die Arbeit getan war, setzten wir uns bei einem der Nachbarn in die Küche, um zu essen und uns aufzuwärmen.

Als meine Familie nach Boston in den Vorort East Arlington zog, lebten wir in einem Viertel mit weniger Problemen, aber auch weniger Freude. Wenn es dort schneite, räumte jeder seinen eigenen Gehsteig und zog einen scharfen Strich an der Grundstücksgrenze. Ich erinnere mich, wie Boston einmal von einem Schneesturm heimgesucht wurde, während ich in Los Angeles festsaß. Meine Frau war sichtbar schwanger, doch an diesem Abend räumte sie den Gehsteig, ohne dass ihr jemand zu Hilfe gekommen wäre. Sie wird heute noch wütend, wenn sie sich daran erinnert, wie unser Nachbar, ein Mittzwanziger mit einem adretten Vorgärtchen, am Fenster stand und ihr zuschaute. Die körperliche Arbeit machte ihr nichts aus (sie ist heute Bäuerin), doch in Bram's Addition hätte man sie nie und nimmer allein schippen lassen. Wenn wir uns in Boston ein Häuschen hätten leisten können, dann wäre sein Wert viel schneller gestiegen als im Süden von Madison. Doch für die Anomie des Wohlstands hätten wir auf die Gemeinschaft und Vertrautheit verzichten müssen.

Ein Amerika ohne Armut wäre weder eine Utopie noch ein Land der grauen Uniformität. Schauen Sie sich doch einmal um: Es gibt eine Menge kapitalistische Länder, die weit weniger Armut kennen als wir. Disney World gäbe es auch in einem Amerika ohne Armut. Es gäbe Märkte und Privateigentum. Auch Handtaschen von Hermès, Autos von Tesla, Jeans von Levi's und Turnschuhe von Nike wären noch erlaubt. Man könnte immer noch reich werden. Die Beseitigung der Armut würde nicht zum Zusammenbruch der Gesellschaft führen, und sie würde auch nicht sämtliche Unterschiede einebnen. In den Vereinigten Staaten von heute gibt es so große soziale Unterschiede, dass wir ruhig ein wenig davon abtragen könnten – genug, um die Armut zu beseitigen –, und der Abstand zwischen Oben und Unten wäre immer noch gewaltig. Konservative betonen gern, dass sie gegen Statusgleichheit, aber für Chancengleichheit sind. Dagegen ist nichts einzuwenden – vorausgesetzt, wir verwirklichen die Chancengleichheit.

Es ist schwer in Worte zu fassen, was das Ende der Armut für Millionen von Arbeitnehmern, Eltern, Mietern oder Kindern unterhalb der Armutsgrenze bedeuten würde. Es wäre ein ganz neues Leben, ein Leben in mehr Geborgenheit und Gesundheit, mehr Fairness und Sicherheit. Es würde bedeuten, endlich frei atmen zu können. Es wäre die Öffnung des Landes, die Eingliederung der Armen in die Nation – zum Nutzen der Nation als Ganzer. Die Beseitigung der Armut wäre nicht die Lösung für alle unsere Probleme. Doch da die Armut ein Katalysator für zahllose gesellschaftliche Missstände ist, würde die Beseitigung dieses Krebsgeschwürs viele Aspekte des Lebens spürbar verbessern.

Das Ende der Armut würde den breiten Wohlstand mehren. In den Vereinigten Staaten von heute können wir unglaubliche Höhen erklimmen und riesige Vermögen anhäufen und doch inmitten von Armut leben. Wir begegnen der Armut, wenn wir die Zeitung aufschlagen, wenn wir zur Arbeit fahren, wenn wir durch einen Park gehen. Sie schlägt sich auf die Seele und vermittelt auch denen von uns, die Geld in der Tasche haben, ein Gefühl des Mangels und der Depression. Von seiner Zelle in Birmingham schrieb Martin Luther King: «Wenn es irgendwo Unrecht gibt, dann ist die Gerechtigkeit überall in Gefahr», denn «wir leben in einem unentrinnbaren Netz der Wechselseitigkeit, zusammengehalten von dem einen Faden des Schicksals».[23] Unrecht ist nicht nur ein «Widerspruch» oder ein «Affront» für die Gerechtigkeit, sondern eine echte Gefahr, eine Existenzbedrohung für die Gerechtigkeit. Kings Aussage ist nicht nur eine Mahnung, sondern die Feststellung einer Tatsache. Wenn wir Unrecht zulassen, frisst es sich weiter und bedroht auch andere, die heute noch nicht von ihm betroffen sind. Das gilt besonders für wirtschaftliches Unrecht. Armut greift auf den Wohlstand über und verwandelt ihn in eine verbarrikadierte, geizige und ängstliche Form des Habens.

Ohne Armut würde sich auch der Wohlstand anders anfühlen. Stellen Sie sich vor, wie Ihr Leben aussähe, wenn es keine Armut gäbe. Sie würden ruhiger schlafen und müssten sich weniger davor fürchten, Opfer eines Verbrechens zu werden, denn ein Land, das seinen Wohlstand teilt, ist ein sichereres Land. Wenn Sie morgens die Zeitung aufschlagen, dann wäre die Schlagzeile nicht die neue Rekordzahl der Zwangsräumungen oder die Schlangen an der Essensausgabe der Tafel oder die neuesten Ausbeutungsexzesse eines Unternehmens. Wenn Sie auf die Straße gehen, würden Sie sich leichter und sicherer fühlen, und auf dem Weg zur Arbeit würden Sie nicht an den Zeltlagern der erwerbstätigen Armen vorüberkommen. Und Sie wären auch nicht einer von ihnen, denn alle würden einen menschenwürdigen Lohn verdienen. Sie könnten in einem Restaurant essen und in einem Hotel übernachten, in dem Wissen, dass die Menschen, die Ihre Mahlzeiten zubereiten und Ihnen das Bett machen, gut bezahlt werden. Bei Wahlen würden mehr Menschen zu den Urnen gehen. Und wie auch immer Ihr Leben aussieht, Sie müssten nicht befürchten, dass ein plötzlicher Schicksalsschlag Ihre Familie in den Abgrund stürzt.

Auf einen einzigen Nenner gebracht, könnte man ganz einfach sagen, dass wir ohne Armut freier wären. Eine Nation, die sich zu einer Beseitigung der Armut bekennt, ist eine Nation, die sich wahrhaft zur Freiheit bekennt. Franklin Roosevelt hatte recht: «Die Freiheit des Einzelnen ist unmöglich ohne wirtschaftliche Sicherheit und Autonomie. Bedürftige Menschen sind keine freien Menschen.» Und ein Land, das von Armut verfolgt wird, ist kein freies Land. Eine Freiheit, die vom Kontostand abhängt – die Freiheit der Reichen –, hat wenig zu tun mit einer Freiheit, die aus einer gemeinsamen Verantwortung, gemeinsamen Zielen und Gewinnen, gemeinsamem Reichtum und Einsatz erwächst, einer ganz anderen, tieferen, wärmeren und volleren menschlichen Befreiung. Das ist die Freiheit, «die beglückt und verantwortlich macht», wie Robin Wall Kimmerer schreibt. «Wir blühen nur gemeinsam.» Denn wenn es irgendwo Armut gibt, dann ist der Wohlstand überall in Gefahr.[24]

Wir können es fühlen, die emotionale Gewalt, die wir uns selbst antun, weil wir wissen, dass unsere Fülle das Elend eines anderen ist. Wir spüren es in der nagenden Scham, die unser isoliertes Leben begleitet. Wir spüren es in der Freudlosigkeit, der Leere, der gelangweilten Sattheit, dem schlechten Gewissen, dem Ekel und unserer ramponierten Menschlichkeit. In einer Umfrage aus dem Jahr 2020 gaben so wenig Menschen wie nie an, glücklich zu sein (14 Prozent), während so viele Menschen wie nie (80 Prozent) angaben, mit der finanziellen Situation ihrer Familien zufrieden zu sein.[25]

Wie viel Talent und Schönheit und Genialität vergeuden wir, wenn wir zig Millionen Amerikaner dazu zwingen, ihre gesamte Energie auf das bloße Überleben zu verwenden? Eine Untersuchung aus dem Jahr 2019 ergab, dass Kinder aus reichen Familien zehnmal so häufig Erfinder werden als Kinder aus der unteren Hälfte der Einkommensverteilung. Die Forscher erkannten den Grund für diesen Unterschied allein im Umfeld der Kinder, nicht in der angeborenen Intelligenz: Kinder aus einkommensschwachen Familien, die in

Mathematik gut abschnitten (ein Indikator für eine mögliche spätere Erfindertätigkeit), wurden weit seltener Erfinder als reichere Kinder mit ähnlichen mathematischen Kenntnissen. Welchen Schluss zogen die Forscher daraus? «Wir verlieren eine Menge Einsteins» - die einen großen Beitrag leisten könnten, wenn man ihnen die Möglichkeit gäbe, ihr Potenzial voll zu entfalten. Armut behindert Menschen, die zu Höherem fähig wären.[26]

Wie viele Künstler und Dichter hat uns die Armut geraubt? Wie viele Diplomaten und Visionäre? Wie viele politische und geistige Führer? Wie viele Pflegekräfte, Ingenieure und Wissenschaftler? Stellen Sie sich vor, wie viel mehr Menschen ein erfolgreiches Leben führen könnten, wenn wir die Mauern niederreißen, und wie viel lebendiger und dynamischer unser Land wäre.[27]

NACHWORT

Der Kampf gegen die Armut ist ein persönliches und ein politisches Projekt. Wir, die wir uns dieser Aufgabe verschrieben haben, wollen die Armut aus unseren Kaufentscheidungen, unseren Anlageportfolios und unserer Arbeit verbannen. Wir unterstützen eine Politik, die aktiv gegen die Knappheit angeht, gesellschaftliche Prioritäten verlagert und die Armen stärkt. Wir lehnen Ausbeutung in jeder Form ab, ob durch Unternehmen, Immobilienkonzerne oder Geldinstitute, selbst wenn – oder ganz besonders wenn – sie uns selbst nutzt. Wir sind gegen Rassen- und Klassentrennung und gegen die Ungleichverteilung von Möglichkeiten in unseren Gemeinden und für gemeinsamen Wohlstand. Wir suchen Lösungen, wir sind Macher, wir stellen Pläne über Kritik, greifbare Erfolge über rhetorische Scheinsiege, Nützlichkeit über ideologische Korrektheit – und wir müssen uns zusammentun.[1]

Hinter jedem Erfolg gegen die Geißel der Armut standen gewöhnliche Bürger, die sich zusammengeschlossen haben, um Außergewöhnliches zuwege zu bringen. Soziale Bewegungen bringen Ideen hervor und stellen Reformpläne auf, so wie die Arbeitslosenbewegung, die schon Ende des 19. Jahrhunderts, lange vor dem New Deal, staatliche Projekte forderte.

Und sie sorgen dafür, dass Rechte in der Praxis umgesetzt werden, so wie die Gewerkschaften, die Anfang des 20. Jahrhunderts die Arbeitgeber zur Einhaltung der neuen Arbeitsgesetzgebung zwangen.[2]

Vor allem erzeugen Bewegungen Druck. Die amerikanische Arbeiterbewegung war die treibende Kraft hinter dem New Deal. Die Mieterbewegung, die während der Weltwirtschaftskrise ihren Aufstieg erlebte, drängte den Kongress zum Bau von Sozialwohnungen. Wie gelang es Präsident Johnson, den Stillstand im Kongress zu überwinden und die Bürgerrechte und Sozialgesetze zu verabschieden? Ihm saß die Bürgerrechtsbewegung im Nacken, die Druck auf ihn und die Abgeordneten ausübte. Das räumte Johnson ein, als er 1965 vor dem Kongress erklärte, die schwarzen Amerikaner, die sich der Bürgerrechtsbewegung anschlossen, «verlangen von uns, das Versprechen Amerikas einzulösen. Und wer von uns kann sagen, dass wir dieselben Fortschritte erzielt hätten ohne ihren ausdauernden Mut und ihren Glauben an die amerikanische Demokratie?» Als Johnson diese Rede hielt, war der Kongress gespalten, die Demokraten waren zerrissen, und das Land, das den schwarzen Bürgern die Beteiligung an Wahlen verwehrte, war in Wirklichkeit keine Demokratie. Das Washington, das die bahnbrechenden Gesetze zur Beendigung der Rassendiskriminierung und zum Ausbau von Krankenversicherung, Sozialstaat und Bildung verabschiedete und damit die Armutsquote deutlich senkte, war also genauso dysfunktional wie das Washington von heute. Trotzdem fanden gewöhnliche Bürger Möglichkeiten, ihre Vorstellungen durchzusetzen, und das muss uns auch heute gelingen.[3]

Wir werden die Armut nur besiegen, wenn eine Massenbewegung dies will. Und eine solche Bewegung formiert sich heute. Die Gewerkschaften gewinnen wieder an Zulauf, sie werden täglich mutiger und organisieren sich in Unternehmen, die einst als uneinnehmbare Festungen galten. Eine Mieterbewegung sammelt sich, Mieter blockieren Zwangsräumungen, ketten sich an die Türen von Gerichtsgebäuden und widersetzen sich der Gewalt der Räumungen mit neuer Kraft. Die Poor People's Campaign macht die Stimmen der Bedürftigen im ganzen Land hörbar, hinterfragt «die Lüge der Knappheit inmitten des Überflusses» und macht für Bildungschancen und Investitionen in den sozialen Wohnungsbau mobil.[4] Ihre Mitglieder marschieren unter mehreren Bannern – Arbeiterrechte, Mieterschutz, Antidiskriminierung und wirtschaftliche Gerechtigkeit –, doch sie werden geeint durch die Entschlossenheit, der Armut in den Vereinigten Staaten ein Ende zu bereiten.

Wir alle können Bewegungen unterstützen, deren Angehörige die Armut mit ihren zahlreichen Kränkungen und Demütigungen kennen, wir können an Veranstaltungen teilnehmen, Petitionen unterzeichnen, Zeit und Geld geben, Botschaften in den sozialen Medien weitertragen, an Protesten teilnehmen und Streikende versorgen.

«Stellt eine Beziehung her!» Das rät Deepak Bhargava, früherer Leiter des Center for Community Change, all denjenigen, die sich mit der Bewegung zur Abschaffung der Armut solidarisieren wollen. «Finden Sie Möglichkeiten, Beziehungen zu armen Menschen herzustellen.» Damit meint Deepak keine Spenden für Bedürftige, sondern zwischenmenschliche Beziehungen, die auf gegenseitigem Respekt und Verständnis basieren und uns erlauben, uns über Klassengrenzen hinweg dem Kampf von Geringverdienern für Würde und Einfluss anzuschließen.

Vielleicht sind Sie nicht der Typ, der auf die Straße geht. Das bin ich auch nicht. Aber Massenbewegungen bestehen aus den verschiedensten Menschen, die alle eine Möglichkeit finden, ihren Beitrag zu leisten. Während des Kampfes gegen die Sklaverei beteiligten sich einige Aktivisten an Aufständen und versteckten Flüchtige, andere hielten leidenschaftliche Reden oder boykottierten von Sklavenhänden hergestellte Waren. Bewegungen benötigen Demonstranten, aber sie brauchen auch Grafiker, Köche, PR-Profis, Lehrer, Geistliche oder Anwälte. Jeder von uns kann sein Talent beim Kampf gegen die Armut einbringen. Wie könnten wir Nein sagen? Wer heute gegen die Ausbeutung kämpft, tritt in die Fußstapfen der Arbeiterbewegung und von Martin Luther Kings Kreuzzug gegen die Armut. Und in unserem Aufstand gegen wirtschaftliches Unrecht und ungerechte Steuern sind wir die Erben der Unabhängigkeitsbewegung.[5]

Wenn unsere Macht von Menschen ausgeht, dann müssen wir viele sein. Die Bewegung muss wachsen, und wir dürfen niemanden ausgrenzen. Daher sagte Alicia Garza von Black Lives Matter: «Um eine Bewegung auf die Beine zu stellen, die das erreicht, was wir verdient haben, dürfen wir keine Angst davor haben, eine Basis aufzubauen, die über die Menschen hinausgeht, mit denen wir uns wohlfühlen.»

Genau das tun Bewegungen zur Armutsbekämpfung. People's Action (mit dem Motto «Macht mit bei unserer fröhlichen Rebellion») vereint Arme aus Stadt und Land sowie Familien der Arbeiterschicht in einer Kampagne für Mietgerechtigkeit und Krankenversicherung für alle. Der Prediger William Barber, stellvertretender Vorsitzender der Poor People's Campaign, der sein Publikum sowohl unter armen Schwarzen in demokratischen Städten als auch unter armen

Weißen in ländlichen republikanischen Gemeinden findet, setzt sich für Bündnisse von Menschen unterschiedlicher Glaubensrichtungen, Ethnien und politischen Überzeugungen ein, die für einen «Wandel aus moralischer Sicht» eintreten. Der Kampf gegen die Armut überwindet Parteigrenzen, denn Arme und Arbeiter haben mehr verdient als das, was die politischen Parteien in den vergangenen fünfzig Jahren für sie getan haben. Weitsichtige Organisatoren sehen «die anderen» – Liberale oder Konservative, Junge oder Alte, illegale Einwanderer oder Bürger – nicht als Gegner, sondern als potenzielle Verbündete. Sie halten sich an die alte politische Weisheit, dass es keine dauerhaften Freunde und Feinde gibt, sondern nur dauerhafte Probleme. Die Arbeit kann anstrengend und zäh sein, aber auch begeisternd und mitreißend, so wie die Demokratie selbst. Vielleicht rufen Demonstranten deshalb so oft «So sieht Demokratie aus!», weil man das so leicht vergisst.[6]

Im Mai 2022 stellte sich Saru Jayaraman, Vorsitzende von One Fair Wage, zusammen mit drei Arbeiterinnen in ein Einkaufszentrum im tiefrepublikanischen Westen Michigans, um Unterschriften für eine Anhebung des Mindestlohns zu sammeln. «Ich hatte ein bisschen Angst, dass wir verprügelt werden», gestand sie mir. Jayaraman und ihre Mitstreiterinnen fielen auf. Sie waren Muslimas, und zwei von ihnen trugen Kopftuch, während die Besucher des Einkaufszentrums fast durchweg weiß waren. «Aber wir sind auf sie zugegangen und haben gefragt: ‹Würden Sie eine Petition für die Anhebung des Mindestlohns auf 15 Dollar unterschreiben?› Und 99 Prozent der Leute haben gesagt: ‹Ich habe schon unterschrieben›, oder: ‹Wo kann ich unterschreiben?›» Jayaraman fühlte sich an ein zwei Jahre zurückliegendes Ereignis erinnert. Im November 2020 versammelten sich Angehörige von One Fair Wage vor dem Regierungsgebäude von Albany, der Hauptstadt des Bundesstaats New York, um einen Mindestlohn von 15 Dollar für Beschäftigte in der Gastronomie einzufordern. Die Demonstrierenden, überwiegend Schwarze und Latinos, hatten die fünf Meter hohe Statue einer schwarzen Frau mitgebracht, der sie den Spitznamen «Systemrelevante Elena» gegeben hatten. Während sie ihren Rednern zujubelten, tauchte auf einmal eine Gruppe von Weißen mit «Make America Great Again»-Kappen auf. Die Veranstalter hatten nicht gewusst, dass die Abgeordneten des Bundesstaats an diesem Tag die Ergebnisse der Präsidentschaftswahl unterzeichnen sollten, und die Trump-Anhänger hatten sich versammelt, um dagegen zu protestieren. Als Letztere erfuhren, dass die Arbeiter für höhere Löhne demonstrierten, schüttelten sie ihnen die Hände und schlossen sich dem Protest an.

Man fragt sich: Ist das Gerede von der politischen Polarisierung nur eine weitere Spielart des Knappheit-Manövers und ein Versuch, uns Scheuklappen aufzusetzen, um uns daran zu hindern, eine gerechtere Zukunft in den Blick zu nehmen? «Es heißt immer: ‹Das Thema polarisiert so, wir sind so tief gespalten, wir denken so anders›», sagt Jayaraman. «Aber das ist Quatsch. Wir sind nicht gespalten. Wenn uns jemand spalten will, dann ist das die Politik.» Die Mehrheit der Amerikaner glaubt, dass die Wirtschaft den Reichen nutzt und den Armen schadet. Die Mehrheit glaubt, dass die Reichen nicht genug Steuern zahlen. Die Mehrheit unterstützt einen Mindestlohn von 15 Dollar.[7] Warum treten unsere Volksvertreter nicht für den Willen der Bürger ein? Genau das müssen wir von ihnen verlangen.

Wessen Kampf ist das? Wenn Sie obdach- oder arbeitslos sind, wenn Sie Behindertenrente beziehen, wenn Sie ausgebeutet und ausgegrenzt, eingesperrt oder aus Ihrer Wohnung vertrieben werden, dann ist das Ihr Kampf. Wenn Sie als illegaler Einwanderer für dieses Land schuften und keine Rechte dafür bekommen, wenn Sie als Arbeitnehmer von Ihrem Unternehmen über den Tisch gezogen und ausgenutzt werden, dann ist das Ihr Kampf. Wenn Sie zu den zig Millionen Menschen in diesem Land gehören, die von der Hand in den Mund leben, dann ist das Ihr Kampf.[8] Wenn Sie als junger Mensch die unbezahlbaren Mieten und Studiengebühren genauso satthaben wie die höflichen Ausflüchte und dummen Rechtfertigungen dafür, dann ist das Ihr Kampf. Und wenn Sie Sicherheit und Wohlstand gefunden haben und Ihren Nachbarn dasselbe wünschen, wenn Sie allen Bürgern in diesem Land ein Leben in Würde wünschen, wenn Ihnen Fairness und Gerechtigkeit am Herzen liegen, wenn Sie sich nicht an der Ausbeutung beteiligen wollen und wenn das Elend in Ihrem Land Ihr Anstandsgefühl verletzt, dann ist das auch Ihr Kampf.

Dieses große Land hat viele Aufgaben vor sich, doch ganz weit oben auf der Liste sollten die Grundbedürfnisse stehen. Wir müssen uns selbst fragen und dann unsere Vereine, Arbeitgeber, Kirchen, Schulen, Parteien, Gerichte, Gemeinden und Familien: Was tun wir gegen die Armut? Jede Person, jede Firma, jede Institution, die zum Fortbestand der Armut beiträgt, kann auch etwas zu ihrer Beseitigung tun. Das Ende der Armut ist etwas, wofür wir eintreten, demonstrieren und Opfer bringen müssen. Denn Armut macht Träume zunichte, zersetzt Fähigkeiten und vergeudet menschliches Potenzial. Sie ist ein Elend und eine nationale Schande, und sie straft unsere Ansprüche Lügen. Die Bürger des reichsten Landes der Erde können und müssen sie endlich abschaffen.[9]

Es reicht nicht aus, wenn wir dieses Problem nur verstehen. Wir müssen es beseitigen.

DANK

TeCara Ayler, Chloé Jackson und allen von Inquilinxs Unidxs por Justicia; Deepak Bhargava, Susanna Blankley, Twinkle Borge, Eric Dobson, Adam Gordon, Peter O'Connor und das ganze Team des Fair Share Housing Center; Mark Edwards, George Goehl, Lakia Higbee, Saru Jayaraman, Julio Payes, Crystal Mayberry, Arleen, Vanetta, Woo und allen meinen Freunden in Milwaukee; Lyndsey Peck; Roxanne Sutocky und die Mitarbeiterinnen des Philadelphia Women's Center; sowie Vanessa Solivan – danke für eure Großzügigkeit, eure Kameradschaft, euer Vertrauen und für alles, was ihr mir gezeigt habt.

Dieses Buch nahm Gestalt an in Gesprächen mit Jill Kneerim, meiner einzigartigen und genialen Agentin. Als ich das Manuskript abgeschlossen hatte, lag Jill im Sterben. Ich erinnere mich an ihr sonnendurchflutetes Zimmer im Hospiz und an die Worte, die sie mir mitgab, als ich das Manuskript auf ihr Bett legte. Unter uns weilte ein schöner Mensch – eine, die über diese Welt staunte und an sie glaubte –, und dieser Mensch ist von uns gegangen. Ich vermisse dich, Jill.

Ich danke Amanda Cook, weil sie mich gefordert hat, weil sie das Herz dieses Buchs gefunden hat und weil sie Armut persönlich nimmt. Dem Weltklasseteam von Crown, vor allem Craig Adams, Katie Berry, Gillian Blake, Chris Brand, Julie Cepler, David Drake, Mason Eng, Annsley Rosner, Penny Simon und Stacey Stein – danke, dass ihr euch diese Sache zu eigen gemacht habt.

Ich danke Phoebe Anderson-Dana, Miriam Feuerle, Hannah Scott und dem Team bei Lyceum, die an die Kraft der Ideen glauben und mir geholfen haben, meine Ideen zu verbreiten, sowie Katherine Flynn, Sarah Khalil und der Agentur Kneerim & Williams, die dieses Buch begleitet haben.

Xavier Briggs, Dalton Conley, Tressie McMillan Cottom, Jason DeParle, Tessa Lowinske Desmond, Mitch Duneier, Kathy Edin, Filiz Garip, Katharine Huffman, Harvey Molotch, Tim Nelson, Betsy Levy Paluck, John Robinson, Luke Shaefer, Eldar Shafir, Patrick Sharkey, Paul Starr, Sarah Stillman, Keeanga-Yamahtta Taylor, Bruce Western und Frederick Wherry haben erste Fassungen dieses Buchs gelesen und an einer Reihe von Workshops teilgenommen, die zu den geistig anregendsten und politisch motivierendsten Erfahrungen meines Lebens zählen. Danke für das kritische Feedback und die Denkanstöße. Die Schwächen und Mängel dieses Buchs gehen natürlich ausschließlich auf meine Kappe.

Jacob Haas vom Eviction Lab an der Princeton University leitete die Recherchen zu diesem Buch. Ich danke dir, Jacob, für deine Detailbesessenheit, Unermüdlichkeit und Unerschütterlichkeit. Beim Eviction Lab danke ich außerdem Adam Chapnik, Bria Dixon, Kathryn Doyle, Joe Fish, Danny Grubbs-Donovan, Amber Jackson, Olivia Jin, Jasmine Rangel und Tasneem Yusufali für die Ausrichtung von Buch-Workshops, die Zusammenführung der Forschungsergebnisse und die wochenlangen Faktenchecks. Der akribische Riley Blanton war leitender Faktenchecker für dieses Buch.

In den vergangenen Jahren hatte ich das Privileg, mit zahlreichen Studenten, Doktoranden, Postdoktoranden und Kollegen Projekte durchzuführen, die in dieses Buch eingeflossen sind. Ich danke Anne Kat Alexander, Monica Bell, Emily Benfer, Alieza Durana, Lavar Edmonds, Ian Fellows, Juan Pablo Garnham, Carl Gershenson, Madeleine Gilson, Henry Gomory, Nick Graetz, Ashley Gromis, James Hendrickson, Peter Hepburn, Gracie Himmelstein, Katie Krywokulski, Emily Lemmerman, Lillian Leung, Renee Louis, James Minton und dem Team von Hyperøbjekt, Matt Mleczko, Helena Najm, Zachary Parolin, Adam Porton, Devin Rutan, Gillian Slee, Tim Thomas, Adam Travis, Nathan Wilmers und Chris Wimer für ihre genialen Erkenntnisse und ihr Engagement.

Ein großer Dank an meine Studenten und Kollegen der Princeton University, die mich immer aufs Neue inspirieren und anspornen. Und dem Team beim *New York Times Magazine*, vor allem Claire Gutierrez, Jake Silverstein und Bill Wasik, dass sie breit erzählte Geschichten über die Armut in den Vereinigten Staaten unterstützen.

Ein herzliches Dankeschön an die folgenden Personen, die meine Fragen beantwortet, Daten weitergegeben, Untersuchungen empfohlen und mich auf vielfältige Weise bei der Arbeit an diesem Buch unterstützt haben: Robert Allen, Lonnie Berger, Claire Brown, Philip Cohen, Robert Doar, Peter Edelman, Kevin Fagan, Phil Garboden, Lily Geismer, Larry Glickman, Meghan Greene, Bilal Habib, Alex Horowitz, Hilary Hoynes, Jennifer Jennings, Shamus Khan, James Koshiba, Kevin Kruse, Angela Li, Elizabeth Linos, Evie Lopoo, Kimberley Lufkin, Ian Lundberg, Darren Lutz, Kate Manne, Doug Massey, Suzanne Mettler, Robert Moffitt, Sanyu Mojola, Kelly Musick, Laura Nolan, Amanda Nothaft, Alice O'Connor,

Ann Owens, Joshua Page, Gwyn Pauley, Sheila Reynertson, Ryan Rippel, Eva Rosen, Jake Rosenfeld, Ali Safawi, Matt Salganik, Rob Sampson, Isabel Sawhill, Diane Whitmore Schanzenbach, Juliet Schor, Liz Schott, Zachariah Sippy, Maura Smyth, Carol Stack, Kirk Stark, Tom Sugrue, Laura Tach, Sehrish Taqweem, Ruth López Turley, Lawrence Vale, Wendy Wang, Brad Wilcox, Robb Willer, Yu Xie, Diane Yentel und die Mitarbeiter des U.S. Department of Agriculture und des Congressional Budget Office, die nicht namentlich genannt werden möchten.

Das Sabbatical für die Fertigstellung dieses Buchs wurde durch Unterstützung der Princeton University, der Bill & Melinda Gates Foundation und des William T. Grant Scholars Program ermöglicht. Außerdem danke ich der Ford Foundation, der JPB Foundation, der John D. and Catherine T. MacArthur Foundation, der Russell Sage Foundation, der Chan Zuckerberg Initiative und Funders for Housing and Opportunity, die das Eviction Lab und die in diesem Buch angeführte Forschung unterstützen. Ich danke Robin Pispecky und dem Team des Office of Population Research an der Princeton University für die Unterstützung bei den Stipendien.

Danke den Bassoonists, den Diggers und allen meinen Freunden. Danke, Mom and Dad, Michelle, Dave, Cedar und Maegan, für eure unbedingte Liebe und Unterstützung. Danke, Sterling und Walter, die ihr mein Leben mit Freude und Hoffnung füllt.

Tessa, ich danke dir für deine Vision und deinen Mut, deine Standhaftigkeit und deine Liebe und dafür, dass du mir in alledem beistehst.

Devah Pager, du warst die Beste. Dieses Buch ist für dich.

ANMERKUNGEN

VORWORT

1 Matthew Desmond, «Severe Deprivation in America: An Introduction», *RSF: The Russell Sage Foundation Journal of the Social Sciences* 1 (2015), S. 1–11; Liana Fox, *The Supplemental Poverty Measure: 2019* (Washington, D.C.: U.S. Bureau of the Census, 2020), Figure 2, Appendix Table 1; Organisation for Economic Co-operation and Development (OECD) Data, «Poverty Rate (Indicator)», Organisation for Economic Cooperation and Development, 2022; U.S. Census Bureau, Current Population Survey, 2021 Annual Social and Economic Supplement, HINC-01; U.S. Census Bureau, Table B-1. People in Poverty by Selected Characteristics: 2019 und 2020. Siehe auch PolicyLink, 100 Million and Counting: A Portrait of Economic Insecurity in the United States (Oakland, Calif.: PolicyLink, 2018).

2 DigDeep and the U.S. Water Alliance, Closing the Water Access Gap in the United States: A National Action Plan (Los Angeles: DigDeep, 2019), S. 8, 12; Megan McKenna u.a., «Human Intestinal Parasite Burden and Poor Sanitation in Rural Alabama», *The American Journal of Tropical Medicine and Hygiene* 97 (2017), S. 1623–1628; National Center for Homeless Education, Student Homelessness in America: School Years 2017–18 to 2019–20 (Greensboro, N.C.: National Center for Homeless Education,

2021), S. 1; Monica Parise u. a., «Neglected Parasitic Infections in the United States: Needs and Opportunities», *The American Journal of Tropical Medicine and Hygiene* 90 (2014), S. 783–785. Natürlich wird die Gesundheit auch durch andere Aspekte der Haft beeinträchtigt, zum Beispiel durch Isolation und Gewalt. Siehe Bruce Western, «Inside the Box: Safety, Health, and Isolation in Prison», *Journal of Economic Perspectives* 35 (2021), S. 97–122, 109; David Rosen, David Wohl und Victor Schoenbach, «All-Cause and Cause-Specific Mortality Among Black and White North Carolina State Prisoners, 1995–2005», *Annals of Epidemiology* 21 (2011), S. 719–726; Christopher Wildeman und Christopher Muller, «Mass Imprisonment and Inequality in Health and Family Life», *Annual Review of Law and Social Science* 8 (2012), S. 11–30.

3 U.S. Bureau of Economic Analysis, GDP Summary, Annual by State (Washington, D.C.: U.S. Department of Commerce, 2022); The World Bank, GDP (Current US$) (Washington, D.C.: World Bank Group, 2022).

4 Jane Addams, «Jane Addams's Own Story of Her Work: The First Fifteen Years at Hull-House», *Ladies' Home Journal*, April 1906, S. 11f.; Jane Addams, *Twenty Years at Hull-House with Autobiographical Notes* (New York: Macmillan, 1912), S. 175f.; James Agee und Walker Evans, *Let Us Now Praise Famous Men: Three Tenant Families* (New York: Mariner Books, 1941); Michael Harrington, *The Other America: Poverty in the United States* (New York: Penguin Books, 1962), S. 170; Jacob Riis, *How the Other Half Lives: Studies Among the Tenements of New York* (New York: Penguin, 1997 [1890]).

KAPITEL 1

WIE ARMUT AUSSIEHT

1 Carmen DeNavas-Walt und Bernadette Proctor, «Income and Poverty in the United States» (Washington, D.C.: U.S. Bureau of the Census, 2015), S. 44, Table B-1; Bruce Meyer und James Sullivan, «Identifying the Disadvantaged: Official Poverty, Consumption Poverty, and the New Supplemental Poverty Measure», *Journal of Economic Perspectives* 26 (2012), S. 111–136; National Academies of Sciences, Engineering, and Medicine, *A Roadmap to Reducing Child Poverty* (Washington, D.C.: National Academies Press, 2019), S. 291f.; National Research Council, *Measuring Poverty: A New Approach* (Washington, D.C.: National Academies Press, 1995); Alice O'Connor, «Poverty Knowledge and the History of Poverty Research», in *The Oxford History of the Social Science of Poverty*, hrg. v. David Brady und Linda Burton (New York: Oxford University Press, 2016), S. 169–192; Alice O'Connor, «When Measurements Matter: Poverty, Wealth, and the Politics of Inequality in the United States», *History of Political Economy* 52 (2020), S. 589–607; Mollie Orshansky, «Counting the Poor: Another Look at the Poverty Profile», *Social Security Administration Bulletin*, Januar 1965, S. 4; James Scott, *Seeing Like a State: How Certain Schemes to Improve the Human Condition Have Failed* (New Haven, Conn.: Yale University Press, 1998); Office of the Assistant Secretary for Planning and Evaluation, *2020 Poverty Guidelines* (Washington, D.C.: U.S. Department of Health and Human Services, 2020).

2 Layli Long Soldier, *Whereas* (Minneapolis: Graywolf Press, 2017), S. 44; Office of the Assistant Secretary for Planning and Evaluation, *2022 Poverty Guidelines* (Washington, D.C.: U.S. Department of Health and Human Services, 2022).

3 Crystal Mayberry ist ein Pseudonym. Desmond, «Severe Deprivation»; Matthew Desmond, *Evicted: Poverty and Profit in the Ame-*

rican City (New York: Crown, 2016). Deutsche Ausgabe: *Zwangsgeräumt: Armut und Profit in der Stadt* (Berlin: Ullstein, 2018).

4 Robert Bullard, *Dumping in Dixie: Race, Class, and Environmental Equality* (New York: Westview Press, 2009); National Center for Health Statistics, Health, United States, 2019, Centers for Disease Control and Prevention, «Table 28: Untreated Dental Caries, by Selected Characteristics: United States, Selected Years 1988–1994 Through 2015–2018»; Robin Cohen u.a., «Health Insurance Coverage: Early Release of Estimates from the National Health Interview Survey, 2021», National Center for Health Statistics, Centers for Disease Control and Prevention, 2022; Bhargavi Ganesh u.a., «The Relationship Between Housing and Asthma Among School-Age Children», Urban Institute, Oktober 2017; Emily Guendelsberger, *On the Clock: What Low-Wage Work Did to Me and How It Drives America Insane* (New York: Little, Brown, 2019); Helen Hughes u.a., «Pediatric Asthma Health Disparities: Race, Hardship, Housing, and Asthma in a National Survey», *Academic Pediatrics* 17 (2017), S. 127–134; Gerald Markowitz und David Rosner, *Deceit and Denial: The Deadly Politics of Industrial Pollution* (Berkeley: University of California Press, 2013); Christopher Muller, Robert Sampson und Alix Winter, «Environmental Inequality: The Social Causes and Consequences of Lead Exposure», *Annual Review of Sociology* 44 (2018), S. 263–282; Kamyar Nasseh, Marko Vujicic und Cassandra Yarbrough, *A Ten-Year, State-by-State Analysis of Medicare Fee-for-Service Reimbursement Rates for Dental Care Services* (Chicago: Health Policy Institute, American Dental Association, 2014); Leah Rosenbaum, «Tooth Decay: An Epidemic in America's Poorest Children», *Science in the News*, Harvard University, 22. Juni 2017; Andrew Wasley, Christopher Cook und Natalie Jones, «Two Amputations a Week: The Cost of Working in a US Meat Plant», *The Guardian*, 5. Juli 2018.

5 Anthony Braga und Philip Cook, «The Association of Firearm Caliber with Likelihood of Death from Gunshot Injury in Criminal Assaults», *JAMA Network Open* 1 (2018), S. 1–10; Jooyoung Lee, «Wounded: Life After the Shooting», *Annals of the American Academy of Political and Social Science* 642 (2012), S. 244–257; Laurence Ralph, *Renegade Dreams: Living Through Injury in Gangland Chicago* (Chicago: University of Chicago Press, 2014); Rosenbaum, «Tooth Decay»; Gillian Slee und Matthew Desmond, «Resignation without Relief: Democratic Governance and the Relinquishing of Parental Rights», Working Paper, Princeton University, 2022; Bruce Western, «Lifetimes of Violence in a Sample of Released Prisoners», *RSF: The Russell Sage Foundation Journal of the Social Sciences* 1 (2015), S. 14–30. Statistiken zur Waffengewalt in Chicago von Patrick Sharkey, persönliche Mitteilung, 2. März 2021.

6 Scott (Name geändert) lernte ich während der Recherchen zu meinem Buch *Evicted* in Milwaukee kennen.

7 CoreLogic, «United States Residential Foreclosure Crisis: Ten Years Later», 2017; Desmond, *Evicted*; Matthew Desmond, «Unaffordable America: Poverty, Housing, and Eviction», Institute for Research on Poverty, *Fast Focus* 22 (2015), S. 1–6; Will Fischer, «President's Budget Would Provide More Vouchers to Help Families with Rising Housing Costs», Center on Budget and Policy Priorities, 20. April 2022; Ashley Gromis u. a., «Estimating Eviction Prevalence Across the United States», *Proceedings of the National Academy of Sciences* 119 (2022), S. e211616911; Dowell Myers und JungHo Park, «A Constant Quartile Mismatch Indicator of Changing Rental Affordability in U.S. Metropolitan Areas, 2000 to 2016», *Cityscape* 21 (2019), S. 163–200; RealtyTrac, «Record 2.9 Million U.S. Properties Receive Foreclosure Filing in 2010 Despite 30-Month Low in Dezember», 2011; U.S. Census Bureau, American Community Survey, 1985–2022; U.S. Census Bureau, Current Population Survey / Housing Vacancy Survey, 27. April 2022, Table 11A; U.S. Department of Housing and Urban Development, «40th Percentile Fair Market Rent, 1985–2022»; U.S. Census Bureau, American Housing Survey, 2019, Table 10. Ausgenommen von den Schätzungen sind Mieter, die keine Mieten angeben, und andere, die angeben, mehr als 100 Prozent ihres Haushaltseinkommens auf Miete zu verwenden.

8 U.S. Bureau of Labor Statistics, «Table 16. Annual Total Separations Rates by Industry and Region, Not Seasonally Adjusted», 10. März 2022; Business Wire, «Temporary Employment in the U.S. to Grow Faster Than All Jobs Through 2025, According to New Job Forecast from TrueBlue and Emsi», 1. November 2019; Matthew Desmond, «Americans Want to Believe Jobs Are the Solution to Poverty. They're Not», *The New York Times Magazine*, 11. September 2018; Henry Farber, «Job Loss and the Decline in Job Security in the United States», in *Labor in the New Economy*, hrg. v. Katharine Abraham, James Spletzer und Michael Harper (Chicago: University of Chicago Press, 2010), S. 223–262; Jacob Hacker und Elisabeth Jacobs, «The Rising Instability of American Family Incomes, 1969–2004: Evidence from the Panel Study of Income Dynamics», *Economic Policy Institute*, 29. Mai 2008; Erin Hatton, *The Temp Economy: From Kelly Girls to Permatemps in Postwar America* (Philadelphia: Temple University Press, 2011); Wojciech Kopczuk, Emmanuel Saez und Jae Song, «Earnings Inequality and Mobility in the United States: Evidence from Social Security Data Since 1937», *The Quarterly Journal of Economics* 125 (2010), S. 91–128; Jake Rosenfeld, *You're Paid What You're Worth: And Other Myths of the Modern Economy* (Cambridge, Mass.: Harvard University Press, 2021), S. 158, 173; U.S. Bureau of Labor Statistics, Temporary Help Services, 1991–2021, Source Code CES605613200.

9 PolicyLink, 100 Million and Counting; Ann Huff Stevens, «The Dynamics of Poverty Spells: Updating Bane and Ellwood», *American Economic Review* 84 (1994), S. 34–37; U.S. Census Bureau, Current Population Survey, 2021 Annual Social and Economic Supplement, HINC-01.

10 Der Begriff «Lumpenproletariat» wurde geprägt von Karl Marx, siehe *Der achtzehnte Brumaire des Louis Bonaparte* (1852). Marx-Engels-Gesamtausgabe, Abt. I, Bd. 11 (Berlin: Dietz Verlag, 1983), S. 96–189 und S. 679–761.

11 National Academies of Sciences, Engineering, and Medicine, *Roadmap to Reducing Child Poverty*, S. 62; Office of the Assistant Secretary for Planning and Evaluation, *2020 Poverty Guidelines* (Washington, D.C.: U.S. Department of Health and Human Services, 2020); U.S. Census Bureau, Current Population Survey, 2021 Annual Social and Economic Supplement (CPS ASEC), POV-01: Age and Sex of All People, Family Members and Unrelated Individuals: 2020, Below 50 % of Poverty.

12 Robert Allen, «Absolute Poverty: When Necessity Displaces Desire», *American Economic Review* 107 (2017), S. 3690–3721; Robert Allen, «Poverty and the Labor Market: Today and Yesterday», *Annual Review of Economics* 12 (2020), S. 107–134, 113–115; Angus Deaton, «Price Indexes, Inequality, and the Measurement of World Poverty», *American Economic Review* 100 (2010), S. 5–34; Angus Deaton, «The U.S. Can No Longer Hide from Its Deep Poverty Problem», *The New York Times*, 24. Januar 2018. Aktuellere Schätzungen werden erschwert, weil das International Comparison Program (ICP) der Weltbank die Preise für billige Hirse und Sorghum nicht mehr erhebt, obwohl diese zur Ermittlung der Preise für Grundnahrungsmittel unerlässlich sind.

13 Jason DeParle und Robert Gebeloff, «Living on Nothing but Food Stamps», *The New York Times*, 2. Januar 2010; Poverty Solutions, *Markers of Extreme Poverty* (Ann Arbor: University of Michigan, 2021); National Center for Homeless Education, Federal Data Summary, School Years 2016–17 through 2018–19 (Browns Summit, N.C.: National Center for Homeless Education, 2021); National Center for Homeless Education, Analysis of Data, from the 2007–08 Federally Required State Data Collection for the McKinney-Vento Education Assistance Improvements Act of 2001 (Browns Summit, N.C.: National Center for Homeless Education,

2009); H. Luke Shaefer und Kathryn Edin, «Extreme Poverty Among Households with Children Since the 1996 Welfare Law», in *Social Stratification*, 5. Aufl., hrg. v. David Grusky, Nima Dahir und Claire Daviss (New York: Routledge, 2022); H. Luke Shaefer und Kathryn Edin, *Extreme Poverty in the United States, 1996 to 2011* (Ann Arbor, Mich.: National Poverty Center, 2012), Table 1; H. Luke Shaefer u. a., «The Decline of Cash Assistance and the Well-Being of Poor Households with Children», *Social Forces* 98 (2020), S. 1000–1025. Zur Debatte um die Messung von extremer Armut siehe Bruce Meyer u. a., «The Use and Misuse of Income Data and Extreme Poverty in the United States», National Bureau of Economic Research, Working Paper 25907, Mai 2019; sowie H. Luke Shaefer, «Critique of $2.00 a Day, or New Evidence of Need Among America's Poor?», twodollarsaday.com.

14 Deborah Johnson, «Connections Among Poverty, Incarceration and Inequality», Institute for Research on Poverty, *Fast Focus* 48 (Mai 2020); Melissa Kearney u. a., «Ten Economic Facts About Crime and Incarceration in the United States», Policy Memo, Brookings Institution, Mai 2014; Becky Pettit, *Invisible Men: Mass Incarceration and the Myth of Black Progress* (New York: Russell Sage Foundation, 2012); Pew Charitable Trusts, «Probation and Parole Systems Marked by High Stakes, Missed Opportunities», 25. September 2018; Wendy Sawyer, «How Much Do Incarcerated People Earn in Each State?», Prison Policy Initiative, 10. April 2017; Wendy Sawyer und Peter Wagner, «Mass Incarceration: The Whole Pie 2022», Prison Policy Initiative, 14. März 2022; U.S. Census Bureau, «Fact Sheet: Differences Between the American Community Survey (ACS) and the Annual Social and Economic Supplement to the Current Population Survey (CPS ASEC)» (Washington, D.C.: U.S. Bureau of the Census, 2021); Bruce Western, *Punishment and Inequality in America* (New York: Russell Sage Foundation, 2006), S. 98.

15 Katherine Beckett und Steve Herbert, *Banished: The New Social*

Control in Urban America (New York: Oxford University Press, 2010); Gun Violence Archive 2021, abgerufen am 28. August 2022; Sheila Harris, «More Than Three-Quarters of Black Mothers Worry Their Children Will Be Victims of Police Brutality, Essence Survey Finds», *Essence*, 15. Juni 2020; Christopher Ingraham, «1 in 13 People Killed by Guns Are Killed by Police», *The Washington Post*, 1. Juni 2015; Susan Schweik, *The Ugly Laws* (New York: New York University Press, 2009). Selbstmorde sind in diesen Zahlen nicht eingerechnet.

16 Alexes Harris, Heather Evans und Katherine Beckett, «Drawing Blood from Stones: Legal Debt and Social Inequality in the Contemporary U.S.», *American Journal of Sociology* 115 (2010), S. 1755–1799; Alexes Harris, Mary Pattillo und Bryan Sykes, «Studying the System of Monetary Sanctions», *RSF: The Russell Sage Foundation Journal of the Social Sciences* 8 (2022), S. 1–34; Issa Kohler-Hausmann, *Misdemeanorland: Criminal Courts and Social Control in an Age of Broken Windows Policing* (Princeton, N.J.: Princeton University Press, 2018); Joshua Page und Joe Soss, «Preying on the Poor: Criminal Justice as Revenue Racket», in *Money and Punishment, Circa 2020*, hrg. v. Anna VanCleave u.a. (New Haven, Conn.: Yale Law School, 2020), S. 15; Devah Pager u.a., «Criminalizing Poverty: The Consequences of Court Fees in a Randomized Experiment», *American Sociological Review* 87 (2022), S. 529–553; Vesla Weaver, «The Only Government I Know», *Boston Review*, 10. Juni 2014; Vesla Weaver und Amy Lerman, «Political Consequences of the Carceral State», *American Political Science Review* 104 (2010), S. 817–833.

17 Dean Herd, Andrew Mitchell und Ernie Lightman, «Rituals of Degradation: Administration as Policy in the Ontario Works Programme», *Social Policy and Administration* 39 (2005), S. 65–79; Linda Nochlin, *Misère: The Visual Representation of Misery in the 19th Century* (London: Thames and Hudson, 2018), S. 8; Celeste Watkins-Hayes, The New Welfare Bureaucrats: Entanglements of

Race, Class, and Policy Reform (Chicago: University of Chicago Press, 2009).

18 Patrick Sharkey, «The Acute Effect of Local Homicides on Children's Cognitive Performance», *Proceedings of the National Academy of Sciences* 107 (2010), S. 11733–11738.

19 Sendhil Mullainathan und Eldar Shafir, *Scarcity: Why Having Too Little Means So Much* (New York: Times Books, 2013), S. 13, 54, 161; Baba Shiv und Alexander Fedorikhin, «Heart and Mind in Conflict: The Interplay of Affect and Cognition in Consumer Decision Making», *Journal of Consumer Research* 26 (1999), S. 278–292.

20 John Creamer, «Poverty Rates for Blacks and Hispanics Reached Historic Lows in 2019», U.S. Bureau of the Census, 15. September 2020; Lincoln Quillian u. a., «Meta-Analysis of Field Experiments Shows No Change in Racial Discrimination in Hiring over Time», *Proceedings of the National Academy of Sciences* 114 (2017), S. 10870–10875; H. Luke Shaefer, Pinghui Wu und Kathryn Edin, «Can Poverty in America Be Compared to Conditions in the World's Poorest Countries?», *American Journal of Medical Research* 4 (2017), S. 84–92; U.S. Bureau of Labor Statistics, «Labor Force Statistics from the Current Population Survey» (Washington, D.C.: Bureau of Labor Statistics, 2021).

21 Douglas Massey, «Still the Linchpin: Segregation and Stratification in the USA», *Race and Social Problems* 12 (2020), S. 1–12; Douglas Massey und Nancy Denton, *American Apartheid: Segregation and the Making of the Underclass* (Cambridge, Mass.: Harvard University Press, 1993); Robert Sampson, *Great American City: Chicago and the Enduring Neighborhood Effect* (Chicago: University of Chicago Press, 2012); William Julius Wilson, *The Truly Disadvantaged: The Inner City, the Underclass, and Public Policy* (Chicago: University of Chicago Press, 1987).

22 Der Graben zwischen Eigentümern und Mietern ist tief und das Produkt staatlicher Maßnahmen, die auf Ungleichheit zwischen Menschen unterschiedlicher Hautfarbe zielen. Die Vereinigten

Staaten waren schon immer eine Nation von Hausbesitzern, auch dank des New Deal und der GI Bill. Die GI Bill erreichte gewaltige Ausmaße, 1948 verschlang sie 15 Prozent des Haushalts, und sie bleibt bis heute in ihren Dimensionen unerreicht. Mit der GI Bill konnten Veteranen zinsgünstige Immobilienkredite zu besten Konditionen aufnehmen. Heimkehrende Soldaten standen Schlange und kauften Millionen von Eigenheimen. In den Jahren nach dem Zweiten Weltkrieg machten die Hypotheken der Veteranen mehr als 40 Prozent aller Immobilienkredite aus. Doch in Anlage und Umsetzung schloss die GI Bill eine Vielzahl von Bürgern aus. Um im Kongress eine Mehrheit für den New Deal zu finden, musste Präsident Roosevelt die Demokraten der Südstaaten ruhigstellen. Daher ließ er zu, dass der Kongress Nicht-Weiße, vor allem Afroamerikaner, daran hinderte, diese neu geschaffene Möglichkeit der sozialen Mobilität zu nutzen. Arbeiten in der Landwirtschaft, im Haushalt und andere überwiegend von Afroamerikanern ausgeübte Tätigkeiten wurden von Programmen wie der Social Security und der Arbeitslosenversicherung ausgenommen. Die Büros der Veterans Administration (VA) und andere Einrichtungen trugen das Ihre zur Diskriminierung bei, unter anderem indem sie Nicht-Weißen die Nutzung der GI Bill systematisch verwehrten. Wenn diese Veteranen wider Erwarten doch grünes Licht von der VA bekamen, mussten sie sich mit den Banken auseinandersetzen, die keine Kredite für Immobilien in nichtweißen Vierteln vergaben, weil die Federal Housing Administration dort keine Hypotheken versicherte. «Mit weitreichenden Konsequenzen», wie der Historiker Ira Katznelson schreibt. «Bis 1984 waren die meisten Hypotheken der GI Bill weitgehend abbezahlt und der mittlere weiße Haushalt hatte ein Nettovermögen von 39135 Dollar; schwarze Haushalte verfügten dagegen nur über 3397 Dollar, also nur 9 Prozent davon. Der Unterschied ist vor allem auf Wohneigentum zurückzuführen.» Ira Katznelson, *When Affirmative Action Was White: An Untold History of Racial Inequality in*

Twentieth-Century America (New York: Norton, 2005), S. 16–23, 55, 116, 122–128, 170. Siehe auch Matthew Desmond, «House Rules», *The New York Times Magazine*, 9. Mai 2017.

23 Mehrsa Baradaran, *The Color of Money: Black Banks and the Racial Wealth Gap* (Cambridge, Mass.: Harvard University Press, 2017); Neil Bhutta u. a., «Disparities in Wealth by Race and Ethnicity in the 2019 Survey of Consumer Finances», Board of Governors of the Federal Reserve System, 28. September 2020; Desmond, «House Rules»; Heather Long und Andrew Van Dam, «The Black-White Economic Divide Is as Wide as It Was in 1968», *The Washington Post*, 4. Juni 2020.

24 Die Entwicklungsökonomie erforscht die Armut mit einem mehrdimensionalen Ansatz; zu quantitativen Untersuchungen im US-Kontext siehe Udaya Waglé, «Multidimensional Poverty: An Alternative Measurement Approach for the United States?», *Social Science Research* 37 (2008), S. 559–580; Roger White, *Multidimensional Poverty in America* (New York: Springer Books, 2020). Besprechungen siehe Sudhir Anand und Amartya Sen, «Concepts of Human Development and Poverty: A Multidimensional Perspective», in *United Nations Development Programme, Poverty and Human Development: Human Development Papers* (1997), S. 1–20; Matthew Desmond und Bruce Western, «Poverty in America: New Directions and Debates», *Annual Review of Sociology* 44 (2018), S. 305–318.

KAPITEL 2

WARUM WIR NICHT VORANKOMMEN

1 Centers for Disease Control and Prevention, «History of Smallpox», 20. Februar 2021; GSM Arena, «Apple iPhone 12», 10. Mai 2021; Lauren Medina, Shannon Sabo und Jonathan Vespa, «Living Longer: Historical and Projected Life Expectancy in the United

States, 1960 to 2060» (Washington, D.C.: U.S. Bureau of the Census, 2020), Figure 1; National Center for Health Statistics, *Health, United States, 2019* (Hyattsville, Md.: Centers for Disease Control and Prevention, 2021), Table 5; Emily Shrider u.a., «Income and Poverty in the United States: 2020» (Washington, D.C.: U.S. Bureau of the Census, 2021), S. 56, Table B-4; The World Bank, «Mortality Rate, Infant (Per 1,000 Live Births) - United States», 10. Mai 2021; «Infant Mortality Rate for the United States», FRED, Federal Reserve Bank of St. Louis, 16. Februar 2022; The World Bank, «Individuals Using the Internet (% of Population) - United States», 10. Mai 2021.

2 Kritiker (darunter auch Mollie Orshansky selbst) weisen seit Langem auf die Schwächen der Armutsberechnung hin. Zum einen werden bestimmte Formen der staatlichen Hilfe nicht mitgezählt, darunter Wohngeld, Krankenkasse oder Lohnsubventionen. Stellen Sie sich zwei vierköpfige Familien vor. Familie A hat ein Jahreseinkommen von 26000 Dollar, erhält Wohngeld in Höhe von 5000 Dollar sowie Lohnzuschüsse von 2000 Dollar, hat also ein effektives Jahreseinkommen von 33000 Dollar. Familie B hat ein Jahreseinkommen von 28000 Dollar und damit keinen Anspruch auf diese Programme. Familie A gilt offiziell als arm, steht aber durch ihren Anspruch auf bestimmte Formen der Sozialhilfe wirtschaftlich besser da als Familie B, die mit ihrem Einkommen knapp oberhalb der Armutsgrenze liegt. Außerdem bleiben bei der Armutsgrenze die zum Teil erheblichen regionalen Unterschiede bei den Lebenshaltungskosten unberücksichtigt. Und sie legt eine enge Definition von «Familie» zugrunde; wenn die Eltern in Familie A nicht verheiratet sind, dann wird nur das Einkommen eines Elternteils gezählt (in der Regel das der Mutter), wohingegen bei Ehepaaren beide Einkommen eingerechnet werden.

Angesichts dieser Mängel haben Armutsforscher eine zusätzliche Maßzahl entwickelt, die Supplemental Poverty Measure (SPM), die regionale Lebenshaltungskosten, Sozialhilfe, Steuern und größere Ausgaben wie Arztkosten und Kinderbetreuung sowie Haushaltskosten und Beiträge von Kindern und Erwachsenen einbeziehen soll. Mit der SPM als Berechnungsgrundlage steigt die Zahl der Armen in den Vereinigten Staaten um drei Millionen. Eine mögliche Reduzierung der Armut durch Sozialleistungen wie Lebensmittelmarken, Wohngeld und Steuervergünstigungen wurde durch die steigenden Kosten für Mieten und Gesundheit mehr als aufgewogen. Bei der Rekonstruktion früherer Armut mithilfe der SPM stellten die Forscher fest, dass diese in den Jahren bis 1967 durchgängig über der offiziellen Armutsgrenze lag. Seit Anfang der 1970er Jahre lebten demzufolge zwischen 14 und 17 Prozent der Bevölkerung in Armut, und nur zwischen 1997 und 2006 blieb der Anteil unter 14 Prozent. Auch hier ergibt die Grafik eine Hügellandschaft.

Allerdings ist auch die SPM kein perfektes Maß zur Ermittlung der Armut. Aufgrund der starken Gewichtung regionaler Abweichungen wird Kalifornien zum ärmsten Bundesstaat, noch hinter Mississippi oder West Virginia, was natürlich absurd ist.

Daher haben Forscher daneben eine «verankerte SPM» entwickelt. Dieser Zahl zufolge wäre die Armutsquote in den vergangenen fünfzig Jahren um 40 Prozent zurückgegangen. Im Jahr 2022 kam die Organisation Child Trends unter Verwendung dieses Maßes zu dem Schluss, dass die Kinderarmut zwischen 1993 und 2019 um 59 Prozent zurückgegangen war. Wie kann das sein? Alles eine Frage der Methode.

Der Anker ist eine beliebte statistische Methode zur Ermittlung des Wohlergehens über einen bestimmten Zeitraum hinweg. Diese Methode geht allerdings davon aus, dass der Lebensstandard konstant bleibt. Das führt zu zweifelhaften Ergebnissen, denn dieser Standard ändert sich natürlich sehr wohl. Wenn man den heutigen Lebensstandard zugrunde legen und bis ins Jahr 1800 zurückgehen würde, dann würden feudale Plantagenbesitzer mit gewaltigen Landgütern zu armen Bauern, und umgekehrt würden wir heute alle besser leben als die Fürsten von einst, denn die meisten von uns haben Strom und Autos und damit einen Luxus, von dem der Adel früherer Jahrhunderte nicht einmal träumen konnte. Wenn wir als Anker den Lebensstandard des Jahres 1800 zugrunde legen würden, dann gäbe es heute in den Vereinigten Staaten so gut wie keine Armut.

Wenn Wissenschaftler feststellen, dass die Armut in den letzten Jahrzehnten deutlich gesunken ist, dann meinen sie damit nicht, dass der Anteil der Menschen, die 1980 unter der Armutsgrenze von 1980 lebte, größer war als der Anteil der Menschen, die heute unter der Armutsgrenze von heute leben. Sie meinen, dass der Anteil der Menschen, die 1980 unter der Armutsgrenze von heute lebte, größer war als der Anteil der Menschen, die heute unter der Armutsgrenze von heute leben. Wenn Forscher einen Rückgang der Armut beobachten, dann weil sie die Armut in vergangenen Jahrzehnten nach oben gedrückt haben, um ein Gefälle zu erzeugen. (Child Trends kommt auch deshalb auf einen derart starken Rückgang der Kinderarmut, weil es mit seiner Methode für das Jahr 1993 auf drei Millionen mehr Kinder in Armut kommt als die konventionelle SPM-Methode.) Dafür gibt es sicher Gründe – so kann man zum Beispiel zeigen, dass staatliche Maßnahmen Früchte tragen –, doch das ist so, als würde man einen Patienten kranker reden, als er ist, um nachher seine Genesung zu feiern.

Auch mit der Ankermethode fallen Rückgänge der Armut vor allem in zwei Phasen: 1970 bis 1980 und 1995 bis 2000. Das heißt, unabhängig von der Methode tritt die Armutsbekämpfung seit 2000 auf der Stelle. Die Armut in den Städten hat sogar zugenommen, und die Zahl der obdachlosen Kinder und der Familien in extremer Armut ist gestiegen. Das verschleiern diese Untersuchungen, die die Wirksamkeit von staatlichen Hilfen belegen wollen. Es mag sein, dass diese Programme helfen, aber eben bei Weitem nicht genug.

Zur offiziellen Armutsgrenze siehe DeNavas-Walt und Proctor, «Income and Poverty in the United States», S. 44, Table B-1; Bruce Meyer und James Sullivan, «Identifying the Disadvantaged: Official Poverty, Consumption Poverty, and the New Supplemental Poverty Measure», *Journal of Economic Perspectives* 26 (2012), S. 111–136; National Academies of Sciences, Engineering, and Medicine, *Roadmap to Reducing Child Poverty*, S. 291f.; National Research Council, *Measuring Poverty: A New Approach* (Washington, D.C.: National Academies Press, 1995); O'Connor, «Poverty Knowledge and the History of Poverty Research», S. 169–192; O'Connor, «When Measurements Matter»; Lawrence Vale, *From the Puritans to the Projects: Public Housing and Public Neighbors* (Cambridge, Mass.: Harvard University Press, 2009), S. 68; Office of the Assistant Secretary for Planning and Evaluation, *2020 Poverty Guidelines* (Washington, D.C.: U.S. Department of Health and Human Services, 2020). Zur Supplemental Poverty Measure siehe Fox, *Supplemental Poverty Measure: 2019*, S. 16–21, Figure 3; National Academies of Sciences, Engineering, and Medicine, *Roadmap to Reducing Child Poverty*; National Research Council, *Measuring Poverty*; Kathleen Short, «The Research Supplemental Poverty Measure: 2011» (Washington, D.C.: U.S. Bureau of the Census, 2012), Table 1; Shrider u.a., «Income and Poverty in the United States»; und Christopher Wimer u.a., «Progress on Poverty? New Estimates of Historical Trends Using an Anchored Supplemental Poverty Measure», *Demography* 53 (2016), S. 1207–1218.

Zur geankerten Armutsmessung siehe Center on Poverty and Social Policy, *Historical Supplemental Poverty Measure Data* (New York: Columbia University, 2021); Jason DeParle, «Expanded Safety Net Drives Sharp Drop in Child Poverty», *The New York Times*, 11. September 2022; Fox, «Supplemental Poverty Measure: 2019», Figure 4; Laura Nolan, Jane Waldfogel und Christopher Wimer, «Long-Term Trends in Rural and Urban Poverty: New Insights Using a Historical Supplemental Poverty Measure», *The Annals of the American Academy of Political and Social Science* 672

(2017), S. 123–142; Jessica Semega u. a., «Income and Poverty in the United States: 2019» (Washington, D. C.: U. S. Bureau of the Census, 2020), S. 12, 61; H. Luke Shaefer und Pat Cooney, «How Much Did Child Poverty Fall Between 1993 and 2019?», Working Paper, University of Michigan, Poverty Solutions, September 2022; Shaefer und Edin, «Extreme Poverty Among Households with Children Since the 1996 Welfare Law»; Dana Thomson u. a., Lessons from a Historic Decline in Child Poverty (Bethesda, Md.: Child Trends, 2022); und Wimer u. a., «Progress on Poverty», S. 1207–1218.

3 Daniel Bell, *The End of Ideology: On the Exhaustion of Political Ideas in the Fifties* (New York: Free Press, 1965), S. 283; George Orwell, *The Road to Wigan Pier* (New York: Harvest Books, 1958 [1937]), S. 88–90.

4 Ron Haskins und Isabel Sawhill, *Creating an Opportunity Society* (Washington, D. C.: Brookings Institution Press, 2009), S. 39.

5 U. S. Bureau of Labor Statistics, Consumer Price Index Databases for All Urban Consumers, 2022. Dem Consumer Price zufolge stiegen die Lebenshaltungskosten von 2000 bis 2022 um 69,3 Prozent. Zwar wurden Luxusgüter wie Mikrowellenherde und Fernsehapparate in den letzten Jahren immer billiger, doch die Kosten für Miete, Nebenkosten und Gesundheit sind deutlich gestiegen. Monica Prasad, *The Trade-Off Between Social Insurance and Financialization: Is There a Better Way?* (Washington, D. C.: Niskanen Center, 2019), Figure 2.

6 Harrington, *Other America*, S. 12.

7 Paul Pierson, *Dismantling the Welfare State? Reagan, Thatcher and the Politics of Retrenchment* (New York: Cambridge University Press, 1994).

8 In Dollar des Jahres 2009. Die Daten stammen von Robert Moffitt von der Johns Hopkins University und Gwyn Pauley von der University of Wisconsin in Madison; persönliche Mitteilung vom 12. August 2021. Bei den von ihnen zugrunde gelegten bedürftigkeitsorientierten Hilfen handelt es sich um Medicaid; Children's

Health Insurance Program; Supplemental Security Income; Direkthilfen (AFDC/TANF); Earned Income Tax Credit; Child Tax Credit; Additional Child Tax Credit; Lebensmittelmarken; Wohngeld; Schulspeisung; Special Supplemental Nutrition for Women, Infants, and Children; sowie Head Start. Unter Einbeziehung der größten Sozialversicherungsprogramme – Social Security, Medicare, Arbeitslosenversicherung und Behindertenrente – steigen die staatlichen Zuwendungen pro Kopf von 3780 Dollar im Jahr 1980 auf 9457 Dollar im Jahr 2018 (in Dollar des Jahres 2009), ein Anstieg von 150 Prozent.

9 Office of Management and Budget, «Historical Tables», Table 11.3; H. Luke Shaefer, Kate Naranjo und David Harris, «Spending on Government Anti-Poverty Efforts: Healthcare Expenditures Vastly Outstrip Income Transfers», Poverty Solutions, University of Michigan, September 2019. Siehe auch Office of Management and Budget, Appendix, *Budget of the U. S. Government, Fiscal Year 2023* (Washington, D.C.: Government Printing Office, 2022), S. 164, 450, 1021.

10 In Dollar des Jahres 2009. Robert Moffitt und Gwyn Pauley, persönliche Mitteilung, 12. August 2021; Shaefer u. a., «Spending on Government Anti-Poverty Efforts». In anderen Arbeiten konnte Moffitt zeigen, dass der Anstieg der Sozialausgaben nicht durch die Ausweitung einer kleinen Zahl von Programmen wie Medicaid oder Social Security zu erklären ist. Zwar stieg die Zahl der Rentner der Social Security zu Beginn des 21. Jahrhunderts, doch der Anstieg der Pro-Kopf-Ausgaben fällt in frühere Jahre. Robert Moffitt, «The Deserving Poor, the Family, and the U.S. Welfare System», *Demography* 52 (2015), S. 729–749; Social Security, *Fast Facts and Figures: About Social Security, 2020* (Washington, D.C.: Social Security Administration, Juli 2020), S. 14.

11 Wie Suzanne Mettler in *The Submerged State: How Invisible Government Policies Undermine American Democracy* (Chicago: University of Chicago Press, 2011), S. 6, 16, anmerkt, haben sichtbare Sozialprogramme (zum Beispiel sozialer Wohnungsbau) an Bedeutung verloren und unsichtbare (wie Steuervergünstigungen) gewonnen. Der Sozialabbau betrifft also nur die sichtbaren Sozialleistungen; in Wirklichkeit ist der Sozialstaat gewachsen durch Leistungen, die nicht aussehen sollen wie staatliche Hilfen. Siehe auch Aaron Rosenthal, «Submerged for Some? Government Visibility, Race, and American Political Trust», *Perspectives on Politics* 19 (2020), S. 1098–1114.

12 Jana Parsons, «To Target Aid to the Neediest Families, We Need to Strengthen TANF», Brookings Institution, 10. Juni 2020.

13 Center on Budget and Policy Priorities, on «State Fact Sheets: How States Spend Funds Under the TANF Block Grant», 12. Januar 2022; Diana Azevedo-McCaffrey und Ali Safawi, «To Promote Equity, States Should Invest More TANF Dollars in Basic Assistance», Center on Budget and Policy Priorities, 12. Januar 2022; U.S. Department of Health and Human Services, *TANF Financial Data – FY 2020* (Washington, D.C.: Office of Family Assistance, 2021). Bundesstaaten mit hohem afroamerikanischem Bevölkerungsanteil zahlten TANF-Gelder seltener als Direkthilfe aus und finanzierten damit eher familienpolitische Programme. Nach Schätzung von Zachary Parolin würde die Beseitigung der ethnischen Ungleichheit bei der Vergabe der TANF-Mittel die Direkthilfen für arme Familien anheben und das Armutsgefälle zwischen schwarzen und weißen Kindern um 15 Prozent verringern. Zachary Parolin, «Temporary Assistance for Needy Families and the Black-White Child Poverty Gap», *Socio-Economic Review* 19 (2019), S. 1–31.

14 Trevor Brown, «State Ends Marriage Initiative as Part of Budget Cuts», *Oklahoma Watch*, 3. August 2016; Krissy Clark, «Oh My God – We're on Welfare?!», *Slate*, 2. Juni 2016; Jenifer McKenna und Tara Murtha, *Designed to Deceive: A Study of the Crisis Pregnancy Center Industry in Nine States* (Allentown, Pa.: The Alliance, State Advocates for Women's Rights and Gender Equality, 2021),

S. 58; Zach Parolin, «Welfare Money Is Paying for a Lot of Things Besides Welfare», *The Atlantic*, 13. Juni 2019; Mississippi Department of Human Services, Mississippi State Plan for Temporary Assistance for Needy Families, reauthorized by the Deficit Reduction Act of 2005; State of Arizona, State Plan for Temporary Assistance for Needy Families (TANF), 1. Oktober 2020; Texas Health and Human Services, Texas State Plan for Temporary Assistance for Needy Families, 1. Oktober 2019; State of Washington, State Plan for Temporary Assistance for Needy Families (TANF), 28. Januar 2020, Attachment B11.

15 Die Bundesregierung darf nicht ermitteln, wofür die Bundesstaaten die TANF-Mittel ausgeben. Cindy Boren und Des Bieler, «Brett Favre to Repay Welfare Money for Appearances He Didn't Make, Mississippi Auditor Says», *The Washington Post*, 7. Mai 2020; Steve Rabey, «How Mississippi Turned Your Tax Dollars into Welfare for the Rich», *Ministry Watch*, 7. Mai 2020; Luke Ramseth, «MS Welfare Scandal Audit», *The Clarion Ledger*, 6. Mai 2020; Shad White u. a., *Single Audit Report* (Jackson: State of Mississippi, Office of the State Auditor, 2020).

16 Azevedo-McCaffrey und Safawi, «To Promote Equity», S. 14; Organisation for Economic Co-operation and Development (OECD), «CO2.2: Child Poverty», OECD Family Database, August, 2021, S. 1; Talk Poverty, «Child Poverty – 2020»; U. S. Census Bureau, American Community Survey 2019, 1-Year Estimates, Table S1701.

17 Center on Budget and Policy Priorities, «Chart Book: Social Security Disability Insurance», 12. Februar 2021; Social Security Administration, Annual Statistical Supplement to the Social Security Bulletin, 2019, SSA Publication No. 13-11700 (Washington, D. C.: Social Security Office of Retirement and Disability Policy, 2020), Table 6.C7. Die Zahl der Anträge auf Supplemental Security Income stiegen ebenfalls, von 1,92 Millionen im Jahr 1996 auf rund 3,15 Millionen im Jahr 2010. Danach ging die Zahl der Anträge wieder zurück und war bis 2018 wieder auf dem Stand der 1990er

Jahre. Social Security Administration, SSI Annual Statistical Report, 2019, SSA Publication No. 13-11827 (Washington, D.C.: Social Security Office of Retirement and Disability Policy, 2020).

18 Social Security Administration, «How You Earn Credits»; Social Security Administration, SSI Annual Statistical Report, 2019.

19 Das bezieht sich auf Programme unter «Title II Social Security», die neben SSDI zur Alters- und Behindertenfürsorge zählen. Im Jahr 2016 zahlte die Social Security Administration weitere 214 Millionen Dollar an Vertreter von SSI-Antragstellern, das Geld stammt aus einer anderen Quelle. Siehe Michael J. Astrue, Commissioner of Social Security, «Maximum Dollar Limit in the Fee Agreement Process», *Federal Register* 74 (2009), S. 6080; Social Security Administration, Representation of Claimants, Sec. 206 [42 U.S.C. 406]; Office of the Inspector General, *The Cost of Administering Claimant Representative Fees* (Woodlawn, Md.: Social Security Administration, 2018), B2; Social Security Administration, *Statistics on Title II Direct Payments to Claimant Representatives* (Washington, D.C.: Social Security Office of Retirement and Disability Policy, 2020). Siehe auch Hilary Hoynes, Nicole Maestas und Alexander Strand, «The Effect of Attorney and Non-Attorney Representation on the Initial Disability Determination Process», National Bureau of Economic Research, Working Paper DRC NB16-15, September 2016.

20 Auch aus anderen Programmen zur Armutsbekämpfung schöpft die Privatwirtschaft Mittel ab. In einigen Städten ist zum Beispiel die Subvention für Geringverdiener im Rahmen des Low-Income Housing Tax Credit (LIHTC) – das größte Förderprogramm des sozialen Wohnungsbaus – aufgrund der Baukosten doppelt so teuer wie die Zahlung von Wohngeld. Community Development Block Grants (CDBGs) werden oft missbraucht, um die Infrastruktur und Wirtschaftsentwicklung von reichen Gemeinden zu finanzieren. Siehe Lan Deng, «The Cost-effectiveness of the Low-Income Housing Tax Credit Relative to Vouchers: Evidence from Six

Metropolitan Areas», *Housing Policy Debate* 16 (2005), S. 469–511; Michael Eriksen, «The Market Price of Low-Income Housing Tax Credits», *Journal of Urban Economics* 66 (2009), S. 141–149; Edward Glaeser und Joseph Gyourko, *Rethinking Federal Housing Policy: How to Make Housing Plentiful and Affordable* (Washington, D. C.: AEI Press, 2008). Zu CDBGs siehe Leah Brooks und Maxim Sinitsyn, «Where Does the Bucket Leak? Sending Money to the Poor via the Community Development Block Grant Program», *Housing Policy Debate* 24 (2014), S. 119–171; Robert Collinson, «Assessing the Allocation of CDBG to Community Development Need», *Housing Policy Debate* 24 (2014), S. 91–118; Michael Rich, *Federal Policymaking and the Poor* (Princeton, N. J.: Princeton University Press, 1993).

21 Arthur Okun, *Equality and Efficiency: The Big Tradeoff* (Washington, D. C.: Brookings Institution Press, 2005 [1975]).

22 Centers for Medicare and Medicaid Services, *Financial Management Report for FY 2019* (Woodlawn, Md.: Centers for Medicare and Medicaid Services, 2020); Robert Greenstein und CBPP Staff, «Romney's Charge That Most Federal Low-Income Spending Goes for ‹Overhead› and ‹Bureaucrats› Is False», Center on Budget and Policy Priorities, 23. Januar 2012; Social Security Administration, *FY 2021 Congressional Justification* (Woodlawn, Md.: Social Security Administration, 2021), S. 40, 44, 138; Social Security Administration Office of Retirement and Disability Policy, *Annual Statistical Supplement to the Social Security Bulletin, 2020* (Washington, D. C.: Social Security Administration, 2021), Table 4, A3; U. S. Department of Agriculture, *2021 USDA Explanatory Notes – Food and Nutrition Service* (Washington, D. C.: USDA, 2021), S. 34–65.

23 Josh Boak, «AP Fact Check: Trump Plays on Immigration Myths», PBS News Hour, 8. Februar 2019; Matthew Desmond und Mustafa Emirbayer, *Race in America* (New York: Norton, 2015), S. 76; Alan Gauthreaux, «An Inhospitable Land: Anti-Italian Sentiment and

Violence in Louisiana, 1891–1924», *Louisiana History: The Journal of the Louisiana Historical Association* 51 (2010), S. 41–68; Jessica Barbata Jackson, *Dixie's Italians: Sicilians, Race, and Citizenship in the Jim Crow Gulf South* (Baton Rouge: Louisiana State University Press, 2020).

24 Abby Budiman, «Key Findings About U.S. Immigrants», Pew Research Center, 20. August 2020; U.S. Census Bureau, America's Foreign Born in the Last 50 Years, 2021.

25 U.S. Census Bureau, 1970 Census: Count 4Pa – Sample-Based Population Data, Tables NT23, NT126; U.S. Census Bureau, American Community Survey 2019 1-Year Estimates, Table B05012; U.S. Census Bureau, 1970 Census: Count 4Pa – Sample-Based Population Data, Tables NT18, NT83, NT89; U.S. Census Bureau, American Community Survey 2019 1-Year Estimates, Table S1701. Siehe auch Jeff Chapman und Jared Bernstein, «Immigration and Poverty: How Are They Linked?», *Monthly Labor Review*, April 2003.

26 Ran Abramitzky und Leah Boustan, *Streets of Gold: America's Untold Story of Immigrant Success* (New York: PublicAffairs, 2022).

27 Francine Blau und Christopher Mackie (Hrg.), *The Economic and Fiscal Consequences of Immigration* (Washington, D.C.: National Academies Press, 2017), S. 5, Kap. 5.

28 Als die Vereinigten Staaten in den 1920er Jahren die Zuwanderung aus Europa mit strengen Quoten für bestimmte Länder einschränkten, nahm der Anteil der im Ausland geborenen Bevölkerung stark ab. In Reaktion darauf kauften Landeigentümer Traktoren. Nicht die Erfindung des Traktors selbst stieß die Industrialisierung der Landwirtschaft an; sie begann erst, als der Rückgang der zugewanderten Arbeitnehmer die Einführung der neuen Technik wirtschaftlich sinnvoll machte. Das Muster wiederholt sich heute in Großbetrieben des gesamten Landes: Bauern begegnen dem Rückgang der illegalen Arbeitnehmer, indem sie Maschinen zur Ernte von Kopfsalat bis Nüssen anschaffen. Vor einem Jahrhundert fanden viele Europäer Arbeit in Bergwerken. Als die Quoten die Zuwanderung weitgehend unterbanden, fanden die Bergwerke keine einheimischen Arbeitnehmer, weil diese «keine Lust haben, eine Schaufel in die Hand zu nehmen», wie ein Unternehmer sagte; da die Arbeit nicht von Maschinen übernommen werden konnte, musste ein Bergwerk nach dem anderen schließen. So ergeht es heute vielen landwirtschaftlichen Betrieben. Im Jahr 2000 wurden in Kalifornien auf 15000 Hektar Spargel angebaut, der sich nicht maschinell ernten lässt; im Jahr 2020 waren es nur noch 1600 Hektar. Siehe Ran Abramitzky u.a., «The Effect of Immigration Restrictions on Local Labor Markets: Lessons from the 1920s Border Closure», *American Economic Journal* (2022); Eduardo Porter, «Farming Transformation in the Fields of California», *The New York Times*, 28. Mai 2022.

29 Blau und Mackie (Hrg.), *Economic and Fiscal Consequences of Immigration*, S. 11.

30 U.S. Census Bureau, Current Population Survey, Historical Poverty Tables: People and Families - 1959 to 2020, Table 4 und 10; Vee Burke, Thomas Gabe und Gene Falk, *Children in Poverty: Profile, Trends, and Issues* (Washington, D.C.: Congressional Research Service, 2008), S. 17.

31 David Brady und Rebekah Burroway, «Targeting, Universalism, and Single-Mother Poverty: A Multilevel Analysis Across 18 Affluent Democracies», *Demography* 49 (2012), S. 719-746; David Cooper, *Raising the Federal Minimum Wage to $15 by 2024 Would Lift Pay for Nearly 40 Million Workers* (Washington, D.C.: Economic Policy Institute, 2019); Organisation for Economic Co-operation and Development (OECD), *Hours of Work Needed to Escape Poverty for Workless Families* (Paris: OECD. Stat, 2021). Siehe auch Laurie Maldonado und Rense Nieuwenhuis, «Family Policies and Single Parent Poverty in 18 OECD Countries, 1978-2008», *Community, Work and Family* 18 (2015), S. 395-415; Joya Misra, Stephanie Moller und Michelle Budig, «Work-Family Policies and

Poverty for Partnered and Single Women in Europe and North America», *Gender and Society* 21 (2007), S. 804–827.

32 Andrew Cherlin, *Labor's Love Lost: The Rise and Fall of the Working-Class Family in America* (New York: Russell Sage Foundation, 2014), S. 2; Kathryn Edin und Maria Kefalas, *Promises I Can Keep: Why Poor Women Put Motherhood Before Marriage* (Berkeley: University of California Press, 2011); Christina Gibson-Davis, Anna Gassman-Pines und Rebecca Lehrman, «‹His› and ‹Hers›: Meeting the Economic Bar to Marriage», *Demography* 55 (2018), S. 2321–2343.

33 Wenn geringverdienende Paare die Ehe aufschieben, bis die Zeit reif ist, warum lassen sie sich dann mit dem Kinderkriegen keine Zeit? Ein Grund ist der mangelhafte Zugang zu Verhütungsmitteln, ein weiterer die Tatsache, dass wir heutzutage Paare nicht mehr zur Heirat zwingen, wenn die Frau schwanger ist, wie dies früher der Fall war. Doch wir müssen uns auch klarmachen, dass ein Kind Freude, Ehre, Identität und Sinn bringt, vor allem für Menschen, die dies sonst nicht haben, wie Kathryn Edin und andere zeigen. In Armut geborene Kinder leben in Schwierigkeiten, doch sie leben auch mit Freude, Familienrezepten und Gesang. Siehe George Akerlof und Janet Yellen, «An Analysis of Out-of-Wedlock Births in the United States», Brookings Institution, 1. August 1996; Suzanne Bianchi, John Robinson und Melissa Milke, *Changing Rhythms of American Family Life* (New York: Russell Sage Foundation, 2006); Stephanie Coontz, *The Way We Never Were: American Families and the Nostalgia Trap* (New York: Basic Books, 2016 [1992]), S. xxvii, 25, 33, 43f., 392, 402; Edin und Kefalas, *Promises I Can Keep*; Dorothy Roberts, *Killing the Black Body: Race, Reproduction, and the Meaning of Liberty* (New York: Vintage, 2014). In *The Cultural Contradictions of Capitalism* (New York: Basic Books, 1996 [1976], S. 18), merkte Daniel Bell an, die Bürgerschicht habe wirtschaftlich eine radikale Politik übernommen «und eine Bereitschaft, traditionelle Beziehungen niederzureißen», doch in Fragen von

Kultur und Sex sei sie konservativ. Die Exzesse der Reichen in den Vereinigten Staaten sind materieller, nicht spiritueller oder fleischlicher Natur. Das mag erklären, warum wir uns mehr über Frauen aufregen, die ein außereheliches Kind bekommen, als über Unternehmen, die aus Gier einen Wald roden oder einen Konkurrenten in den Konkurs treiben.

34 Anna Gassman-Pines und Hirokazu Yoshikawa, «Five-Year Effects of an Anti-Poverty Program on Marriage Among Never-Married Mothers», *Journal of Policy Analysis and Management* 25 (2006), S. 11–30; Lisa Gennetian, *The Long-Term Effects of the Minnesota Family Investment Program on Marriage and Divorce Among Two-Parent Families* (New York: MDRC, 2003); Daniel Schneider, «Lessons Learned from Non-Marriage Experiments», *The Future of Children* 25 (2015), S. 155–178.

35 Laura Maruschak und Todd Minton, «Correctional Populations in the United States, 2017–2018», U.S. Department of Justice, Bureau of Justice Statistics, 2020; Pew Charitable Trusts, «One in 100: Behind Bars in America 2008», 28. Februar 2008; Becky Pettit und Bruce Western, «Mass Imprisonment and the Life Course: Race and Class Inequality in US Incarceration», *American Sociological Review* 69 (2004), S. 151–169; Jeremy Travis, Bruce Western und F. Stevens Redburn, *The Growth of Incarceration in the United States: Exploring Causes and Consequences* (Washington, D.C.: National Academies Press, 2014); Bruce Western und Becky Pettit, «Incarceration and Social Inequality», *Daedalus* 139 (2010), S. 8–19; Western, *Punishment and Inequality in America.*

36 Maurice Chammah, «Can German Prisons Teach America How to Handle Its Most Violent Criminals?», *The Marshall Project*, 2015; Travis u.a., Growth of Incarceration in the United States, S. 260–267. Siehe auch Daniel Schneider, Kristen Harknett und Matthew Stimpson, «What Explains the Decline in First Marriage in the United States? Evidence from the Panel Study of Income Dynamics, 1969 to 2013», *Journal of Marriage and Family* 80

(2018), S. 791–811; Western, *Punishment and Inequality in America*, S. 155.

37 Center on Budget and Policy Priorities, *A Quick Guide to SNAP Eligibility and Benefits* (Washington, D. C.: CBPP, 2020); Rahim Kurwa, «The New ‹Man in the House› Rules: How the Regulation of Housing Vouchers Turns Personal Bonds into Eviction Liabilities», *Housing Policy Debate* 30 (2020), S. 926–949; SSI Spotlights, *Understanding Supplemental Security Income – Spotlight on Living Arrangements* (Washington, D. C.: Social Security Administration, 2021); Robert Stalker, «Protecting Subsidized Housing for Families of Released Prisoners», *Clearinghouse Review* 41 (2007), S. 198–201. Zur Kluft zwischen der Familienpolitik und der Wirklichkeit der modernen Familien siehe Lawrence Berger und Marcia Carlson, «Family Policy and Complex Contemporary Families: A Decade in Review and Implications for the Next Decade of Research and Policy Practice», *Journal of Marriage and Family* 82 (2020), S. 478–507.

38 Congressional Research Service, *The Earned Income Tax Credit (EITC): How It Works and Who Receives It* (Washington, D. C.: U. S. Government Printing Office, 2021).

39 Marianne Bitler u. a., «The Impact of Welfare Reform on Marriage and Divorce», *Demography* 41 (2004), S. 213–236; Sarah Halpern-Meekin u. a., *It's Not Like I'm Poor: How Working Families Make Ends Meet in a Post-Welfare World* (Berkeley: University of California Press, 2015); Robert Moffitt, *The Effect of Welfare on Marriage and Fertility* (Washington, D. C.: National Academies Press, 1998).

40 Wendy Wang und W. Bradford Wilcox, «The Millennial Success Sequence: Marriage, Kids, and the ‹Success Sequence› Among Young Adults», AEI Institute for Family Studies, 2017; George Will, «Listen Up, Millennials. There's a Sequence to Success», *The Washington Post*, 5. Juli 2017. Auf meine Bitte hin führten Wang und Wilcox, die Autoren des American Enterprise Institute Report, freundlicherweise eine zusätzliche Auswertung durch; diese ergab, dass die Vollzeitbeschäftigung der mit Abstand wichtigste Schritt dieser Erfolgssequenz ist.

41 Siehe Matt Bruenig, «The Success Sequence Is About Cultural Beefs, Not Poverty», *People's Policy Project*, 5. August 2017; Philip Cohen, «The Failure of the Success Sequence», Cato Institute, 16. Mai 2018; Ashley Fetters, «The Working-to-Afford-Child-Care Conundrum», *The Atlantic*, 18. Januar 2020; Haskins und Sawhill, *Creating an Opportunity Society*, S. 69–74; Dylan Matthews, «Conservatives Love This Deeply Misleading Factoid About Poverty in America», Vox, 24. Juli 2015; Richard Reeves, Edward Rodrigue und Alex Gold, «Following the Success Sequence? Success Is More Likely If You're White», Brookings Institution, 6. August 2015.

42 Ein großer Teil der Kinder von geringverdienenden alleinerziehenden Müttern lebt später ebenfalls in Armut, doch die Soziologin Regina Baker hat gezeigt, dass seit Mitte der 1970er Jahre Ehe weniger vor Kinderarmut schützt als Arbeit. Mitte der 1990er Jahre verlor die Ehe stark an Einfluss auf die Kinderarmut. Dahinter steht eine massive Reform – das Ende der Direkthilfen und die zunehmende Bedeutung der Verknüpfung von Sozialleistungen mit Beschäftigung. Regina Baker, «The Changing Association Among Marriage, Work, and Child Poverty in the United States, 1974–2010», *Journal of Marriage and Family* 77 (2015), S. 1166–1178.

KAPITEL 3
WIE WIR DIE ARBEITNEHMER SABOTIEREN

1 Mit der Veröffentlichung von *The Truly Disadvantaged* (1987) gab William Julius Wilson der Armutsdebatte eine Wende. Ein Literaturüberblick aus dem Jahr 2001 nannte das Buch «zum Thema der städtischen Armut die wichtigste Publikation in den vergangenen fünfundzwanzig Jahren». Wilson beschäftigte sich mit schwarzen und arbeitsmarktfernen Männern in extremer Armut und erklärte, die innerstädtische Armut sei Folge der zunehmenden Arbeitslosigkeit unter schwarzen Männern infolge der Deindustrialisierung. Als in Städten wie Chicago und Buffalo die Fabriken schlossen, verloren schwarze Gemeinden ihre wirtschaftliche Grundlage und Männer im besten erwerbsfähigen Alter wurden arbeitslos. Wilson benannte die zentralen Faktoren der Armut, doch er verneinte die These, dass die Reichen die Armen zu ihrem eigenen Nutzen in Armut halten. Nach Ansicht von Wilson war die innerstädtische Armut eine Folge des Absturzes der amerikanischen Industrie und des systematischen Ausschlusses Schwarzer von der Erwerbstätigkeit. Nicht die unfairen Beschäftigungsbedingungen waren an der städtischen Armut schuld, sondern das Fehlen jeglicher Form von Beschäftigung. Siehe Mario Luis Small und Katherine Newman, «Urban Poverty After *The Truly Disadvantaged*: The Rediscovery of the Family, the Neighborhood, and Culture», *Annual Review of Sociology* 27 (2001), S. 23–45, 23; Arthur Stinchcombe, «The Social Determinants of Success», *Science* 178 (1972), S. 603 f.; Donald Tomaskovic-Devey und Dustin Avent-Holt, «Observing Organizational Inequality Regimes», *Research in the Sociology of Work* 28 (2016), S. 187–212; Wilson, *Truly Disadvantaged*; Erik Olin Wright, *Interrogating Inequality* (London: Verso, 1994), S. 36.

2 Matthew Desmond, «Capitalism», in *The 1619 Project: A New Origin Story*, hrg. v. Nikole Hannah-Jones (New York: One World, 2021), S. 165–185; Sven Beckert und Seth Rockman (Hrg.), *Slavery's Capitalism: A New History of American Economic Development* (Philadelphia: University of Pennsylvania Press, 2016); «A Little Priest», *Sweeney Todd, the Demon Barber of Fleet Street*, von Stephen Sondheim, Buch von Wheeler, Uraufführung Uris Theatre, 1. März 1979. Deutsche Übersetzung v. Wilfried Steiner und Roman Hinze.

3 In zahlreichen Untersuchungen zeigt Richeson, dass die Emanzipation in der Wahrnehmung der Mehrheitsbevölkerung viel weiter fortgeschritten ist als in der Wirklichkeit. Eine Befragung aus dem Jahr 2019 ergab, dass Amerikaner das Wohlstandsgefälle zwischen Schwarzen und Weißen im Jahr 1963 um rund 40 Prozentpunkte unterschätzten, das im Jahr 2016 jedoch um rund 80 Prozentpunkte. In Wahrheit war das Gefälle 2016 noch genauso groß wie in den 1960er Jahren, doch die Durchschnittsbürger waren überzeugt, dass es sich dramatisch abgeflacht hatte. Zusammenfassend schrieb Richeson: «Die Befragten waren bereit zuzugestehen, dass die Lage vor fünfzig Jahre wenig erfreulich war, doch sie gingen davon aus, dass sie sich seither deutlich verbessert hatte.» Michael Kraus u. a., «The Misperception of Racial Economic Inequality», *Perspectives on Psychological Science* 14 (2019), S. 899–921; Jennifer Richeson, «Americans Are Determined to Believe in Black Progress», *The Atlantic*, September 2020.

4 Zu soziologischen Erklärungen der Ausbeutung siehe zum Beispiel David Brady, Monica Biradavolu und Kim Blankenship, «Brokers and the Earnings of Female Sex Workers in India», *American Sociological Review* 80 (2015), S. 1123–1149; Arthur Sakamoto und Chang Hwan Kim, «Is Rising Earnings Inequality Associated with Increased Exploitation? Evidence for U. S. Manufacturing Industries, 1971–1996», *Sociological Perspectives* 53 (2012), S. 19–44; Aage Sørensen, «Toward a Sounder Basis for Class Analysis», *American Journal of Sociology* 105 (2000), S. 1523–1558; Erik Olin Wright, *Class Counts: Comparative Studies in Class Analysis* (New York: Cambridge University Press, 1997).

5 Annette Bernhardt u. a., *Broken Laws, Unprotected Workers: Violations of Employment and Labor Laws in America's Cities* (Chicago: Center for Economic Development, 2009), S. 42, 44; Reuben Miller, *Halfway Home: Race, Punishment, and the Afterlife of Mass Incarceration* (New York: Little, Brown, 2021); Peter Wagner und Alexi Jones, «State of Phone Justice: Local Jails, State Prisons and Private Phone Providers», Prison Policy Initiative, 2019.

6 Brady, Biradavolu und Blankenship, «Brokers and the Earnings of

Female Sex Workers in India», S. 1127; John Steinbeck, *The Grapes of Wrath* (New York: Penguin Classics, 2006 [1939]), S. 38. Deutsche Ausgabe: *Früchte des Zorns*. Übers. v. Klaus Lambrecht, S. 72.

7 Matthew Desmond, «Dollars on the Margins», *The New York Times Magazine*, 23. Februar 2019.

8 George Stigler, «The Economics of Minimum Wage Legislation», *American Economic Review* 36 (1946), S. 358–365.

9 Charles Brown, Curtis Gilroy und Andrew Kohen, «The Effect of the Minimum Wage on Employment and Unemployment», *Journal of Economic Literature* 20 (1982), S. 487–528; Richard Posner, *Economic Analysis of Law*, 9. Aufl. (New York: Wolters Kluwer, 2014).

10 David Card und Alan Krueger, «Minimum Wages and Employment: A Case Study of the Fast-Food Industry in New Jersey and Pennsylvania», *American Economic Review* 84 (1994), S. 772–793.

11 Ein guter Überblick über die Literatur findet sich in Hristos Doucouliagos und Tom Stanley, «Publication Selection Bias in Minimum-Wage Research? A Meta-Regression Analysis», *British Journal of Industrial Relations* 47 (2009), S. 406–442; David Neumark und Peter Shirley, «Myth or Measurement: What Does the New Minimum Wage Research Say About Minimum Wages and Job Loss in the United States?», National Bureau of Economic Research, Working Paper 28388, Mai 2021; David Neumark und William Wascher, «Minimum Wages and Employment», *Foundations and Trends in Microeconomics* 3 (2007), S. 1–182; John Schmitt, *Why Does the Minimum Wage Have No Discernible Effect on Employment?* (Washington, D. C.: Center for Economic and Policy Research, 2013).

12 Es gibt kaum Belege, dass Arbeitgeber Beschäftigte entlassen, wenn sie gezwungen werden, ihre Niedriglöhne anzuheben. Unternehmen gleichen die Verluste durch Preiserhöhungen aus. Als zum Beispiel San Jose die Mindestlöhne um 10 Prozent anhob, erhöhten Restaurants ihre Preise um 0,58 Prozent. Eine umfassende

Untersuchung ergab, dass eine Anhebung des Mindestlohns um 10 Prozent eine Erhöhung der Lebensmittelpreise um weniger als 4 Prozent und der Preise insgesamt um weniger als 0,4 Prozent zur Folge hat. Sylvia Allegretto und Michael Reich, «Are Local Minimum Wages Absorbed by Price Increases? Estimates from Internet-based Restaurant Menus», Institute for Research on Labor and Employment, Working Paper 124-15, 21. November 2016; Sara Lemos, «A Survey of the Effects of the Minimum Wage on Prices», *Journal of Economic Surveys* 22 (2008), S. 187–212.

13 Rosenfeld, *You're Paid What You're Worth*, S. 5. Diese Unterschiede gibt es in zahlreichen Branchen. Kaufkraftbereinigt verdienten Angestellte in Deutschland 2018 rund 23 Prozent mehr als ihre amerikanischen Kollegen; Dienstleister und Verkäufer 13 Prozent mehr und Landarbeiter 17 Prozent mehr. International Labour Organization, «Average Monthly Earnings of Employees by Sex and Occupation – Annual», ILOSTAT, 2020.

14 Jefferson Cowie, *Stayin' Alive: The 1970s and the Last Days of the Working Class* (New York: New Press, 2010), S. 2; Philip Dray, *There Is Power in a Union: The Epic Story of Labor in America* (New York: Anchor Books, 2010); Melvyn Dubofsky und Foster Rhea Dulles, Labor in America: A History, 8. Aufl. (Malden, Mass.: Wiley, 2010), S. 337 f.; Henry Farber u. a., «Unions and Inequality over the Twentieth Century: New Evidence from Survey Data», National Bureau of Economic Research, Working Paper 24587, Mai 2018 (aktualisiert April 2021); Barry Hirsch, David Macpherson und Wayne Vroman, «Estimates of Union Density by State», *Monthly Labor Review* 124 (2001), S. 51–55; Lawrence Mishel u. a., *The State of Working America*, 12. Aufl. (Ithaca, N.Y.: Cornell University Press, 2012), S. 26 f., 184 f., 289–291.

15 «Discrimination by Labor Union Bargaining Representatives Against Racial Minorities», *The Yale Law Journal* 56 (1947), S. 731–737; Dray, *There Is Power in a Union*, S. 482 f.; Desmond, «Capitalism», S. 183; Robin Kelley, «Building Bridges: The Challenge of Organized Labor in Communities of Color», *New Labor Forum* 5 (1999), S. 42–58, 46–48; H. Luke Shaefer und Elizabeth Sammons, «The Development of an Unequal Social Safety Net: A Case Study of the Employer-Based Health Insurance (Non)System», *Journal of Sociology and Social Welfare* 36 (2009), S. 177–197, 190 f.

16 Cowie, *Stayin' Alive*, S. 222, 229–233, 246; Dubofsky und Dulles, *Labor in America*, S. 385 f.

17 Dray, *There Is Power in a Union*, S. 627, 636, 644–649; Andrew Glass, «Reagan Fires 11,000 Striking Air Traffic Controllers, Aug. 5, 1981», *Politico*, 5. August 2017; Joseph McCartin, *Collision Course: Ronald Reagan, the Air Traffic Controllers, and the Strike That Changed America* (New York: Oxford University Press, 2011), S. 295, 301.

18 Die Tarifgesetzgebung gestattet den Arbeitgebern, eine Schließung vorherzusagen, für den Fall, dass sich Arbeitnehmer organisieren («Wenn ihr eine Gewerkschaft gründet, dann könnte das Werk geschlossen werden»), doch sie verbietet, damit zu drohen («Wenn ihr eine Gewerkschaft gründet, dann machen wir das Werk dicht»). Das hält Unternehmen nicht davon ab, dies trotzdem zu tun. Während der Abstimmung zur Gewerkschaftsbildung im Jahr 1995 stellten die Manager des Werks von ITT Automotive in Michigan dreizehn Tieflader mit eingepackten Maschinen auf dem Gelände ab, um zu signalisieren, dass das Werk schließen werde, wenn eine Gewerkschaft gegründet würde. Bosse des Werks von Fruit of the Loom in Texas hängten ein Plakat mit der Aufschrift «Tragt das Gewerkschafts-Etikett: arbeitslos» an die Fassade. Siehe Kate Bronfenbrenner, «We'll Close! Plant Closings, Plant-Closing Threats, Union Organizing and NAFTA», *Multinational Monitor* 18 (1997), S. 8–14, Kate Boo, «The Churn», *The New Yorker*, 21. März 2004; Thomas Kochan u. a., «Worker Voice in America: Is There a Gap Between What Workers Expect and What They Experience?», *ILR Review* 72 (2019), S. 3–38; Gordon Lafer und Lola Loustaunau, *Fear at Work* (Washington, D.C.: Economic Policy Institute, 2020), S. 3–7; Celine McNicholas u.a., *Unlawful: U.S. Employers Are Charged with Violating Federal Law in 41.5 % of All Union Election Campaigns* (Washington, D.C.: Economic Policy Institute, 2019); David Streitfeld, «How Amazon Crushes Unions», *The New York Times Magazine*, 16. März 2021; U.S. Bureau of Labor Statistics, «Union Members Summary» (Economic News Release), 20. Januar 2022.

19 Ein Forschungsüberblick ergab, dass amerikanische Gewerkschaften im Bau- und Bildungssektor einen geringfügig positiven Einfluss auf die Produktivität haben und in der Fabrikation keinen nachweisbaren Einfluss. Hristos Doucouliagos, Richard Freeman und Patrice Laroche, *The Economics of Trade Unions: A Study of a Research Field and Its Findings* (London: Routledge, 2017), S. 56–59, 67–69, 89, 104f. Siehe auch John Addisons Besprechung von *The Economics of Trade Unions* in *ILR Review* 71 (2018), S. 273–276. Ein Überblick aus dem Jahr 2004 hielt fest, dass Gewerkschaften in stark von Konkurrenz geprägten und kostenbewussten Branchen größere positive Auswirkungen auf die Produktivität haben, da die Unternehmensführung infolge der Aktivitäten der Gewerkschaft um Effizienzsteigerungen bemüht ist. Einige Untersuchungen zeigten Produktivitätssteigerungen im Baugewerbe, in privaten Krankenhäusern sowie in Pflegeheimen; in Sägewerken oder der Fabrikation wurden keine oder negative Auswirkungen beobachtet, die damit erklärt wurden, dass in nicht gewerkschaftlich organisierten Betrieben Verfahren zur Produktivitätssteigerung zum Einsatz kamen. Das heißt, der negative Zusammenhang zwischen Gewerkschaft und Produktivität könnte Ursachen haben, die nichts mit der Gewerkschaft zu tun haben. Barry Hirsch, «What Do Unions Do for Economic Performance?», *Journal of Labor Research* 25 (2004), S. 415–455. Siehe auch Richard Freeman und James Medoff, *What Do Unions Do?* (New York: Basic Books, 1984), und John DiNardo und David Lee, «Economic Impacts of New

Unionization on Private Sector Employers: 1984-2001», *Quarterly Journal of Economics* 119 (2004), S. 1383-1441; sowie Brigham Frandsen, «The Surprising Impacts of Unionization: Evidence from Matched Employer-Employee Data», *Journal of Labor Economics* 39 (2021), S. 861-894.

20 Eric Posner und E. Glen Weyl, *Radical Markets: Uprooting Capitalism and Democracy for a Just Society* (Princeton, N.J.: Princeton University Press, 2018), S. 11. Siehe auch Chad Syverson, «Challenges to Mismeasurement Explanations for the US Productivity Slowdown», *Journal of Economic Perspectives* 31 (2017), S. 165-186.

21 Unter «normale Arbeitnehmer» verstehe ich «Arbeitnehmer ohne Führungsverantwortung», wie vom U. S. Bureau of Labor Statistics klassifiziert, die 80 Prozent der Belegschaft ausmachen und in der Regel keine hohen Lohngruppen beinhalten. Drew Desilver, «For Most U. S. Workers, Real Wages Have Barely Budged in Decades», Pew Research Center, 7. August 2018; John Schmitt, Elise Gould und Josh Bivens, «America's Slow-Motion Wage Crisis: Four Decades of Slow and Unequal Growth», Economic Policy Institute, S. 2 f. Siehe auch U. S. Bureau of Labor Statistics, «Union Members Summary» (Economic News Release), 20. Januar 2022; Congressional Research Service, *Real Wage Trends, 1979 to 2019* (Washington, D. C.: Congressional Research Service, 2020).

22 Raj Chetty u. a., «The Fading American Dream: Trends in Absolute Income Mobility Since 1940», *Science* 356 (2017), S. 398-406; Thomas DiPrete, «The Impact of Inequality on Intergenerational Mobility», *Annual Review of Sociology* 46 (2020), S. 379-398; Michael Hout, «Americans' Occupational Status Reflects the Status of Both of Their Parents», *Proceedings of the National Academy of Sciences* 115 (2018), S. 9527-9532; Xi Song u. a., «Long-Term Decline in Intergenerational Mobility in the United States Since the 1850s», *Proceedings of the National Academy of Sciences* 117 (2020), S. 251-258.

23 Das U. S. Bureau of Labor Statistics definiert erwerbstätige Arme als Arbeitnehmer unterhalb der Armutsgrenze, die mindestens die Hälfte des Jahres einer Erwerbstätigkeit nachgehen oder eine Erwerbstätigkeit suchen. Im Jahr 2018 fielen rund 7 Millionen Amerikaner in diese Gruppe. U.S. Bureau of Labor Statistics, «A Profile of the Working Poor, 2019», Mai 2021; Matthew Desmond, «Why Work Doesn't Work Anymore», *The New York Times Magazine*, 11. September 2018; Schmitt u.a., «America's Slow-Motion Wage Crisis», Figure D.

24 Der Pell Grant für Studierende aus Familien von Geringverdienern vergab im Studienjahr 1980/81 Stipendien in Höhe von rund 7,5 Milliarden Dollar; im Jahr 2020/21 belief sich das Budget auf 26 Milliarden. Margaret Cahalan u.a., *Indicators of Higher Education Equity in the United States: 2020 Historical Trend Report* (Washington, D.C.: The Pell Institute for the Study of Opportunity in Higher Education, Council for Opportunity in Education, and Alliance for Higher Education and Democracy of the University of Pennsylvania, 2020), S. 40, 43, 216; Richard Fry und Anthony Cilluffo, «A Rising Share of Undergraduates Are from Poor Families, Especially at Less Selective Colleges», *Pew Research Center*, 22. Mai 2019, S. 3f.; U.S. Census Bureau, Current Population Survey, 2021 Annual Social and Economic Supplement, Table PINC-03 und HINC-01; U.S. Department of Education, National Center for Education Statistics, Integrated Postsecondary Education Data System, Fall 2021, Table E12. Siehe auch Stijn Broecke, Glenda Quintini und Marieke Vandeweyer, «Wage Inequality and Cognitive Skills: Reopening the Debate», in *Education, Skills, and Technical Change: Implications for Future US GDP Growth*, hrg. v. Charles Hulten und Valerie Ramey (Chicago: University of Chicago Press, 2018), S. 251–286. Zu internationaler Bildung und Armut siehe National Center for Education Statistics, «International Educational Attainment», Mai 2022; OECD Data, «Poverty Rate».

25 Thomas Frank, *Listen, Liberal; or, Whatever Happened to the Party of the People?* (New York: Metropolitan Books, 2016), S. 85–89;

David Howell, «Low Pay in Rich Countries: Institutions, Bargaining Power, and Earnings Inequality in the U.S., U.K., Canada, Australia and France», Washington Center for Equitable Growth, Dezember 2021; David Howell und Arne Kalleberg, «Declining Job Quality in the United States: Explanations and Evidence», *RSF: The Russell Sage Foundation Journal of the Social Sciences* 5 (2019), S. 1–53.

26 Geoffrey Gilbert, «Adam Smith on the Nature and Causes of Poverty», *Review of Social Economy* 55 (1997), S. 273–291; John Stuart Mill, *Principles of Political Economy*, Bd. 1 (New York: Appleton, 1877), Buch 2, Kap. 1.

27 Gerald Davis, *The Vanishing American Corporation: Navigating the Hazards of a New Economy* (Oakland, Calif.: Berrett-Koehler, 2016), S. 144. Siehe auch Howell und Kalleberg, «Declining Job Quality in the United States», S. 10, 22; Steven Vallas, «Platform Capitalism: What's at Stake for Workers?», *New Labor Forum* 28 (2019), S. 48–59.

28 Desmond, «Why Work Doesn't Work Anymore»; Howell und Kalleberg, «Declining Job Quality in the United States», S. 14; Rosenfeld, *You're Paid What You're Worth*, S. 234–237; Daisuke Wakabayashi, «Google's Shadow Work Force: Temps Who Outnumber Full-Time Employees», *The New York Times*, 28. Mai 2019; David Weil, The Fissured Workplace (Cambridge, Mass.: Harvard University Press, 2014); David Weil, «Mending the Fissured Workplace», in *What Works for Workers? Public Policies and Innovative Strategies for Low-Wage Workers*, hrg. v. Stephanie Luce u. a. (New York: Russell Sage Foundation, 2014), S. 108–133, 109, 111.

29 Peter Coy, «Why Are Fast Food Workers Signing Noncompete Agreements?», *The New York Times*, 29. September 2021; Rosenfeld, *You're Paid What You're Worth*, S. 57–67, 74–82; Alan Krueger und Orley Ashenfelter, «Theory and Evidence on Employer Collusion in the Franchise Sector», *Journal of Human Resources* (2021), S. 1–33; Evan Starr, J.J. Prescott und Norman Bishara, «Noncompete Agreements in the US Labor Force», *The Journal of Law and Economics* 64 (2021), S. 53–84.

30 Natasha Bernal, «Uber Has Lost in the Supreme Court. Here's What Happens Next», *Wired*, 19. Februar 2021; The Center for European Policy Analysis (CEPA), «Gig Workers or Full Timers – Europe's Balancing Act», 24. Juni 2022; Pieter Haeck, «Uber Drivers Are Employees, Dutch Judge Rules», *Politico*, 13. September 2021; Len Sherman, «Why Can't Uber Make Money?», *Forbes*, 14. Dezember 2017; Vallas, «Platform Capitalism», S. 48; Steven Vallas und Juliet Schor, «What Do Platforms Do? Understanding the Gig Economy», *Annual Review of Sociology* 46 (2020), S. 273–294. Zum Wachstum der Gig-Ökonomie siehe Lawrence Katz und Alan Krueger, «The Rise and Nature of Alternative Work Arrangements in the United States, 1995–2015», *ILR Review* 72 (2019), S. 382–416.

31 Zahlen von Open Secrets. Siehe Neil Bradley, «U.S. Chamber Letter on H.R. 582, the ‹Raise the Wage Act›», U.S. Chamber of Commerce, 11. Juli 2019; Lee Drutman, *The Business of America Is Lobbying: How Corporations Became Politicized and Politics Became More Corporate* (New York: Oxford University Press, 2015); Lee Drutman, «How Corporate Lobbyists Conquered American Democracy», *The Atlantic*, 20. April 2015; Sean Redmond, «Union Membership Drops to Previous Low in 2021», U.S. Chamber of Commerce, 26. Januar 2022; Vallas, «Platform Capitalism», S. 54.

32 Desmond, «Capitalism»; Jodi Kantor und Arya Sundaram, «The Rise of the Worker Productivity Score», *The New York Times*, 14. August 2022; Lamar Pierce, Daniel Snow und Andrew McAfee, «Cleaning House: The Impact of Information Technology Monitoring on Employee Theft and Productivity», *Management Science* 61 (2015), S. 2299–2319; Steven Vallas, Hannah Johnston und Yana Mommadova, «Prime Suspect: Mechanisms of Labor Control at Amazon's Warehouses», *Work and Occupations* 49 (2022), S. 421–456; Alex Wood, *Despotism on Demand: How Power Operates* *in the Flexible Workplace* (Ithaca, N.Y.: Cornell University Press, 2020).

33 Suresh Naidu, Eric Posner und Glen Weyl, «Antitrust Remedies for Labor Market Power», *Harvard Law Review* 132 (2018), S. 536–601; Suresh Naidu, Eric Posner und Glen Weyl, «More and More Companies Have Monopoly Power over Workers' Wages. That's Killing the Economy», Vox, 6. April 2018.

34 U. S. Government Accountability Office, *Federal Social Safety Net Programs: Millions of Full-Time Workers Rely on Federal Health Care and Food Assistance Programs, GAO-21-45* (Washington, D. C.: Government Accountability Office, 2020), S. 9f.

35 SNAP-Daten (Stand 2020) beziehen sich auf Erwachsene im erwerbsfähigen Alter (19 bis 64 Jahre). Zahlen der Medicaid-Versicherten inklusive nichtbehinderte Erwachsene im erwerbsfähigen Alter. U. S. Government Accountability Office, Federal Social Safety Net Programs, S. 38, 41, 59, 65; Jane Little, «Largest N. C. Employers», *Triad Business Journal*, 30. Juli 2020; Sean McFadden und Hilary Burns, «The Largest Employers in Massachusetts», *Boston Business Journal*, 30. Juli 2020; Oklahoma Department of Commerce Policy, Research and Economic Analysis Division, Oklahoma's Largest Employers (Oklahoma City, Okla.: Oklahoma Department of Commerce, 2020), S. 1.

36 EITC ist beispielhaft für den Umbau des amerikanischen Sozialstaats in den vergangenen Jahrzehnten. Leistungen wurden auf Erwerbstätige an oder unterhalb der Armutsgrenze ausgedehnt und von Armen und Erwerbslosen abgezogen. Familien knapp unter- oder oberhalb der Armutsgrenze erhalten heute deutlich mehr Unterstützung als vor zwanzig Jahren und die weit unterhalb der Armutsgrenze deutlich weniger (Moffitt, «Deserving Poor», S. 741). Siehe Center on Budget and Policy Priorities, «Policy Basics: The Earned Income Tax Credit», 10. Dezember 2019; Congressional Research Service, Earned Income Tax Credit (EITC); Zachary Parolin, Matthew Desmond und Christopher Wimer, «Inequality Below the Poverty Line Since 1967: The Role of U.S. Welfare Policy», Princeton University, Working Paper, März 2022.

37 «Brown Introduces Bill to Boost Free Tax Preparation and Filing Services to Help Ohioans Get Full Return», Office of U.S. Senator Sherrod Brown, 27. Januar 2017; The Institute for a Competitive Workforce, *Community Building Through the Earned Income Tax Credit (EITC)* (Washington, D.C.: U.S. Chamber of Commerce, 2007); Steven Greenhouse, «How Walmart Persuades Its Workers Not to Unionize», *The Atlantic*, 8. Juni 2015; Robert Greenstein, «Greenstein: Assessing the Tax Provisions of the Bipartisan Budget and Tax Deals», Center on Budget and Policy Priorities, 16. Dezember 2015; Pamela Herd und Donald Moynihan, Administrative Burden: Policymaking by Other Means (New York: Russell Sage Foundation, 2019), S. 205; National Restaurant Association, «Statement on the Introduction of the Raise the Wage Act of 2021», 26. Januar 2021; National Restaurant Association, «How to Help the Working Poor; and Problems of the Working Poor», Hearings Before the Subcommittee on Human Resources, 101st Congress (1989); National Restaurant Association, «National Restaurant Association Statement on Today's Labor Activities», *Restaurant News Resource*, 4. September 2014; Rosenfeld, *You're Paid What You're Worth*, S. 249; Walmart, «Walmart Foundation Teams Up with United Way and One Economy to Provide Free Tax Preparation and Filing Services», 10. Februar 2009.

38 Rosenfeld, *You're Paid What You're Worth*, S. 117, 143; Hiroko Tabuchi, «Walmart Stock Sinks After a Warning on Sales», *The New York Times*, 14. Oktober 2015; Phil Wahba, «Walmart Takes $20 Billion Hit as Weak Forecast Scares Investors», *Fortune*, 14. Oktober 2015. Zum Zusammenhang zwischen Arbeitskosten und Unternehmensgewinnen siehe John Abowd, «The Effect of Wage Bargains on the Stock Market Value of the Firm», *American*

Economic Review 79 (1989), S. 774–800; Mirko Draca, Stephen Machin und John Van Reenen, «Minimum Wages and Firm Profitability», *American Economic Journal: Applied Economics* 3 (2011), S. 129–151.

39 Neil Bhutta u. a., *Changes in U. S. Family Finances from 2016 to 2019: Evidence from the Survey of Consumer Finances* (Washington, D. C.: Board of Governors of the Federal Reserve System, 2020), S. 18, 40; Thorstein Veblen, *Absentee Ownership: Business Enterprise in Recent Times: The Case of America* (New Brunswick, N. J.: Transaction Publishers, 2009 [1923]); Edward Wolff, «Household Wealth Trends in the United States, 1962 to 2016: Has Middle Class Wealth Recovered?», National Bureau of Economic Research, Working Paper 24085, November 2017.

40 Juliet Schor und William Attwood-Charles, «The ‹Sharing› Economy: Labor, Inequality, and Social Connections on For-Profit Platforms», *Sociology Compass* 11 (2017), S. 1–16; Kaitlyn Tiffany, «In Amazon We Trust – But Why?», Vox, 25. Oktober 2018.

41 Accountable.US, «Corporate Donations Tracker»; Valerie Wilson und William Darity Jr., «Understanding Black-White Disparities in Labor Market Outcomes Requires Models That Account for Persistent Discrimination and Unequal Bargaining Power», Economic Policy Institute, 25. März 2022, S. 10.

42 Lindsey Rose Bullinger, «The Effect of Minimum Wages on Adolescent Fertility: A Nationwide Analysis», *American Journal of Public Health* 107 (2017), S. 447–452; Ellora Derenoncourt und Claire Montialoux, «Minimum Wages and Racial Inequality», *The Quarterly Journal of Economics* 136 (2021), S. 169–228; Kelli Komro u. a., «The Effect of an Increased Minimum Wage on Infant Mortality and Birth Weight», *American Journal of Public Health* 106 (2016), S. 1514–1516; Paul Leigh, Wesley Leigh und Juan Du, «Minimum Wages and Public Health: A Literature Review», *Preventive Medicine* 118 (2019), S. 122–134; Kerri Raissian und Lindsey Rose Bullinger, «Money Matters: Does the Minimum Wage Affect

Child Maltreatment Rates?», *Children and Youth Services Review* 72 (2017), S. 60–70; Joseph Sabia, M. Melinda Pitts und Laura Argys, «Are Minimum Wages a Silent Killer? New Evidence on Drunk Driving Fatalities», *Review of Economics and Statistics* 101 (2019), S. 192–199; Tsu-Yu Tsao u. a., «Estimating Potential Reductions in Premature Mortality in New York City from Raising the Minimum Wage to $15», *American Journal of Public Health* 106 (2016), S. 1036–1041.

43 «Tobacco Industry Marketing», American Lung Association, 10. Dezember 2020; Leigh u. a., «Minimum Wages and Public Health»; Kelly McCarrier u. a., «Associations Between Minimum Wage Policy and Access to Health Care: Evidence from the Behavioral Risk Factor Surveillance System, 1996–2007», *American Journal of Public Health* 101 (2011), S. 359–367; Tsao u. a., «Estimating Potential Reductions in Premature Mortality in New York City from Raising the Minimum Wage to $15».

KAPITEL 4

WIE WIR DIE ARMEN SCHRÖPFEN

1 Charles Tilly, *Durable Inequality* (Berkeley: University of California Press, 1998); Wright, *Class Counts*, Kap. 1. Dass wir Wahlmöglichkeiten haben müssen und dass wir ohne Wahlmöglichkeiten ein schlechtes Geschäft machen, ist keine radikale Erkenntnis. Als der Sozialist George Orwell einen armen Menschen als jemanden beschrieb, der nicht handelt, sondern erleidet, und Friedrich Hayek, alles andere als ein Sozialist, schrieb: «Nichts macht eine Situation unerträglicher als das Wissen, dass sie sich durch keine Anstrengung verändern lässt», sagten sie im Grunde dasselbe. Friedrich Hayek, *The Road to Serfdom* (New York: Routledge, 2005 [1944]), S. 98; Orwell, *Road to Wigan Pier*, S. 49.

2 Elizabeth Blackmar, *Manhattan for Rent, 1785–1850* (Ithaca, N.Y.:

Cornell University Press, 1989), S. 199; Matthew Desmond und Nathan Wilmers, «Do the Poor Pay More for Housing? Exploitation, Profit, and Risk in Rental Markets», *American Journal of Sociology* 124 (2019), S. 1090–1124; Lewis Mumford, *The Culture of Cities* (New York: Harcourt, Brace, 1938), S. 82–86; Lewis Mumford, *The City in History: Its Origins, Its Transformations, and Its Prospects* (New York: MJF Books, 1961), S. 417; Riis, *How the Other Half Lives*, S. 11.

3 Arnold Hirsch, *Making the Second Ghetto: Race and Housing in Chicago, 1940–1960* (New York: Cambridge University Press, 1983), S. 29; Beryl Satter, *Family Properties: How the Struggle over Race and Real Estate Transformed Chicago and Urban America* (New York: Metropolitan Books, 2009), S. 5; Allan Spear, *Black Chicago: The Making of a Negro Ghetto, 1890–1920* (Chicago: University of Chicago Press, 1967), S. 148; Thomas Sugrue, *The Origins of the Urban Crisis: Race and Inequality in Postwar Detroit* (Princeton, N.J.: Princeton University Press, 2005 [1996]), S. 54; Isabel Wilkerson, *The Warmth of Other Suns: The Epic Story of America's Great Migration* (New York: Vintage, 2010), S. 270f.

4 Karl Marx, *Der achtzehnte Brumaire des Louis Bonaparte* (1852). Marx-Engels-Gesamtausgabe, Abt. I, Bd. 11. (Berlin: Dietz Verlag, 1983), S. 96–189 und S. 679–761; Wright, *Interrogating Inequality*, S. 49.

5 U.S. Census Bureau, American Community Survey, 1985–2022; U.S. Department of Housing and Urban Development, «40th Percentile Fair Market Rent, 1985–2022».

6 Abha Bhattarai, Chris Alcantara und Andrew Van Dam, «Rents Are Rising Everywhere. See How Much Prices Are Up in Your Area», *The Washington Post*, 21. April 2022; U.S. Census Bureau, «Housing Vacancies and Homeownership (CPS/HVS)», Table 4.

7 Zwischen 2011 und 2017 stiegen Mieteinnahmen für Wohnungen in Mehrfamilienhäusern (mit fünf oder mehr Einheiten) um 24 Prozent, die Ausgaben dagegen nur um 18 Prozent. In den untersten 4 Prozent, Wohnungen in armen Vierteln, stiegen die Mieteinnahmen zwischen 2012 und 2018 um 47 Prozent, die Kosten um 14 Prozent. Eigene Berechnungen, nach U.S. Census Bureau, Rental Housing Finance Survey, 2012 und 2018.

8 Desmond und Wilmers, «Do the Poor Pay More for Housing?». In unserer Version des Rental Housing Finance Survey (RHFS) fehlten vermietete Einfamilienhäuser. Die Version des RHFS aus dem Jahr 2018 rechnet diese Einheiten mit ein; die Erträge der Mieter in armen Vierteln sind nach wie vor höher.

9 Als arm gilt ein Viertel mit einer Armutsquote von über 27 Prozent. Ein reiches Viertel hat eine Armutsquote von unter 8 Prozent, ein Viertel der Mittelschicht liegt dazwischen.

10 Vermieter in sozialen Brennpunkten haben höhere Reparaturkosten und mehr Mietausfälle. In Vorwegnahme des Risikos können Vermieter die Miete höher ansetzen, und Vermieter, die Verluste hinnehmen müssen, können versuchen, den Verlust in späteren Vermietungen wieder hereinzuholen. Auf diese Weise wird das Risiko vergesellschaftet. Wahrgenommene Marktrisiken und Ausbeutung der Verbraucher gehen seit Langem Hand in Hand. Als die Federal Housing Administration entschied, keine Kredite für den Kauf von Immobilien in schwarzen Vierteln zu versichern, rechtfertigte sie dies damit, dass diese Kredite zu riskant seien. Dasselbe Muster ist in Pfandleihhäusern, bei Expresskreditgebern und Leasingagenturen zu beobachten, die sich an Geringverdiener richten und auf das Risiko verweisen. Die Ausbeutung der Verbraucher wird möglich, wenn eine benachteiligte Gruppe als zu riskant eingestuft wird. Siehe David Caplovitz, *The Poor Pay More: Consumer Practices of Low-Income Families* (New York: Free Press, 1967 [1963]); Satter, *Family Properties*; Sugrue, *Origins of the Urban Crisis*. Das wahrgenommene Risiko, das die Vermietungsgewinne in armen Vierteln steigen lässt, hält die Mieten hoch, weil es viele Investoren aus diesem Segment fernhält. Wenn in einem Markt mit niedrigen Zugangsschranken Gewinne zu erzielen sind, dann finden Unternehmer früher oder später den Weg dorthin, womit sich im Laufe der Zeit die Gewinnspannen verringern. Es könnte jedoch sein, dass Anleger aus wohlhabenderen Vierteln der Stadt nicht um die Gewinne wissen, die sich in benachteiligten Vierteln erzielen lassen. Anleger könnten die Risiken in den Vordergrund stellen, und wer von dieser Situation profitiert, hat kein Interesse daran, diese Fehlwahrnehmung zu korrigieren. Arme Viertel bieten auch deshalb große Gewinnspannen, weil der Wohnwert fehlt. Selbst wenn Anleger die Chance erkennen, haben viele kein Interesse daran, sich an diesem schwierigen und moralisch zweifelhaften Geschäft zu beteiligen. Wie ein Investor sagte: «Ja, man kann in einem Problemviertel Geld verdienen, aber man kann auch mit Problemen konfrontiert werden, mit denen kein zivilisierter Mensch zu tun haben will. Man ist besser beraten, das schlechteste Haus im besten Viertel zu suchen.» Carleton Sheets, *Real Estate: The World's Greatest Wealth Builder* (Chicago: Bonus Books, 1998), S. 232.

11 U.S. Census Bureau, American Community Survey 2019 5-Year Estimates, Table B25031 und B17020. Siehe auch Geoff Boeing und Paul Waddell, «New Insights into Rental Housing Markets Across the United States: Web Scraping and Analyzing Craigslist Rental Listings», *Journal of Planning Education and Research* 37 (2017), S. 457–476.

12 Philip Garboden, «Amateur Real Estate Investing», *Journal of Urban Affairs* (2021), S. 1–20; Devin Rutan und Matthew Desmond, «The Concentrated Geography of Eviction», *The Annals of the American Academy of Political and Social Science* 693 (2021), S. 64–81.

13 Desmond, *Evicted*, Teil 3. Hope Harvey u. a., «Forever Homes and Temporary Stops: Housing Search Logics and Residential Selection», *Social Forces* 98 (2020), S. 1498–1523.

14 Lincoln Quillian, John Lee und Brandon Honoré, «Racial Discrimination in the US Housing and Mortgage Lending Markets:

A Quantitative Review of Trends, 1976–2016», *Race and Social Problems* 12 (2020), S. 13–28. Siehe auch Maria Krysan und Kyle Crowder, *Cycle of Segregation: Social Processes and Residential Stratification* (New York: Russell Sage Foundation, 2017); Douglas Massey, «Racial Discrimination in Housing: A Moving Target», *Social Problems* 52 (2005), S. 148–151.

15 Im Herbst 2021 hatte das Haus, in dem Lakia Higbee wohnte, laut realtor.com einen Schätzwert von 93900 Dollar. Bei einer Laufzeit von dreißig Jahren, einem Zinssatz von 3,5 Prozent und 7 Prozent Anzahlung beliefe sich die monatliche Rate auf 622 Dollar inklusive Steuern und Gebühren, was deutlich weniger wäre als ihre Miete. Matthew Desmond, «‹The Moratorium Saved Us. It Really Did›». *The New York Times*, 30. September 2021.

16 Jacob Faber, «Segregation and the Geography of Creditworthiness: Racial Inequality in a Recovered Mortgage Market», *Housing Policy Debate* 28 (2018), S. 215–247; Desmond, «House Rules»; Baradaran, *Color of Money*, S. 106–109; Matthew Goldstein, «Where a Little Mortgage Goes a Long Way», *The New York Times*, 2. August 2020; Linna Zhu und Rita Ballesteros, «Making FHA Small-Dollar Mortgages More Accessible Could Make Homeownership More Equitable», *Urban Wire*, Urban Institute, 22. April 2021.

17 Mehrsa Baradaran, *How the Other Half Banks* (Cambridge, Mass.: Harvard University Press, 2015), S. 103–107; Caplovitz, *The Poor Pay More*, S. xv; John Caskey, *Fringe Banking: Check-Cashing Outlets, Pawnshops, and the Poor* (New York: Russell Sage Foundation, 1994), S. 13; Rudolf Goldscheid, «A Sociological Approach to Problems of Public Finance», in *Classics in the Theory of Public Finance*, hrg. v. Richard Musgrave und Alan Peacock (London: Macmillan, 1958), S. 202–213; Melanie Tebbutt, *Making Ends Meet: Pawnbroking and Working-Class Credit* (New York: St. Martin's Press, 1983), S. 2.

18 Caskey, Fringe Banking, S. 87–89; Peter Smith, Shezal Babar und Rebecca Borné, *Banks Must Stop Gouging Consumers During the*

COVID-19 Crisis (Washington, D.C.: Center for Responsible Lending, 2020).

19 Baradaran, *How the Other Half Banks*, S. 141–143; Matthew Goldberg, «Survey: Free Checking Accounts on the Rise as Total ATM Fees Fall», Bankrate, 20. Oktober 2021.

20 Emily Flitter, «‹Banking While Black›: How Cashing a Check Can Be a Minefield», *The New York Times*, 18. Juni 2020; Laurie Goodman und Bing Bai, «Traditional Mortgage Denial Metrics May Misrepresent Racial and Ethnic Discrimination», *Urban Wire: Housing and Housing Finance*, Urban Institute, 23. August 2018; Raheem Hanifa, «High-Income Black Homeowners Receive Higher Interest Rates Than Low-Income White Homeowners», Harvard Joint Center for Housing Studies, 16. Februar 2021; Jacob Rugh und Douglas Massey, «Racial Segregation and the American Foreclosure Crisis», *American Sociological Review* 75 (2010), S. 629–651.

21 Federal Deposit Insurance Corporation, How America Banks: Household Use of Banking and Financial Services, 2019 FDIC Survey, Oktober 2020, S. 12 f. Siehe auch Lisa Servon, *The Unbanking of America: How the New Middle Class Survives* (New York: Houghton Mifflin Harcourt, 2017).

22 Mario Small u. a., «Banks, Alternative Institutions and the Spatial-Temporal Ecology of Racial Inequality in US Cities», *Nature Human Behaviour* (2021), S. 1–7; Frederick Wherry und Parijat Chakrabarti, «Accounting for Credit», *Annual Review of Sociology* 48 (2022), S. 131–147.

23 Tony Armstrong, «The Cost of Being Unbanked: Hundreds of Dollars a Year, Always One Step Behind», NerdWallet, 13. September 2016; Baradaran, *How the Other Half Banks*, S. 1, 138 f.; Caskey, *Fringe Banking*; Meghan Greene u. a., *The FinHealth Spend Report 2021: What Financially Coping and Vulnerable Americans Pay for Everyday Financial Services* (Chicago: Financial Health Network, 2021), Table 6; Lisa Servon, «RiteCheck 12», Public Books, 10. Juli

2013; Walmart, «Check Cashing», Walmart.com. Das Pandemiejahr 2020 fiel zwar in vieler Hinsicht aus der Reihe, doch die Einnahmen aus Scheckgebühren entsprachen etwa denen der beiden vorangegangenen Jahre (1,73 Milliarden und 1,66 Milliarden Dollar). Persönliche Mitteilung, Meghan Greene, Forschungsleiterin Financial Health Network, 11. November 2021.

24 Tara Siegel Bernard, «Apps Will Get You Paid Early, for a Price», *The New York Times*, 2. Oktober 2020; Laurence Darmiento, «The Hidden Costs Behind the Cash Advance App Dave», *Los Angeles Times*, 19. Mai 2022; Emily Stewart, «Buy Now, Pay Later Sounds Too Good to Be True Because It Is», Vox, 11. August 2022; Evan Weinberger, «Earned-Wage Access Products Face Fresh Scrutiny from CFPB, States», Bloomberg Law, 3. Februar 2022.

25 Die Zahl von 45 Millionen stammt aus Kenneth Brevoort, Philipp Grimm und Michelle Kambara, *Data Point: Credit Invisibles* (Washington, D.C.: Consumer Financial Protection Bureau, Mai 2015). Das Finanzberatungsunternehmen Experian schätzte die Zahl unlängst auf 49 Millionen. Siehe Experian, *2022 State of Alternative Credit Data* (Costa Mesa, Calif.: Experian, 2022). Wie kommt es, dass so viele Amerikaner keine Bonitätswertung haben? Weil viele Rechnungen der Armen von den Ratingagenturen gar nicht registriert werden. Wer seine Kreditraten rechtzeitig bezahlt, verbessert seine Bonität, aber wer die Miete rechtzeitig zahlt, tut nichts für seine Bonität. Die Abzahlung von Autokrediten und Kreditkartenschulden wird gemeldet, die Stromrechnung nicht. Es sei denn, man versäumt eine Zahlung. Wenn der Vermieter, Stromanbieter oder Handybetreiber ein Inkassounternehmen beauftragt, dann schadet das der Bonität. Ratingagenturen nehmen Arme nur dann zur Kenntnis, wenn sie nicht zahlen. Siehe Consumer Financial Protection Bureau, «Your Tenant and Debt Collection Rights», 23. September 2021; Consumer Financial Protection Bureau, «CFPB Study Shows Financial Product Could Help Consumers Build Credit», 13. Juli 2020; Caroline Ratcliffe u. a., «Delinquent

Debt in America», Urban Institute, 30. Juli 2014, S. 1–8; Michele Scarbrough, «Who Are the Credit Invisible?», Consumer Financial Protection Bureau, 12. Dezember 2016; Lisa Stifler und Leslie Parrish, «Debt Collection and Debt Buying» in *The State of Lending in America and Its Impact on Households* (Durham, N.C.: Center for Responsible Lending, 2014), S. 2–6; Frederick Wherry, Kristin Seefeldt und Anthony Alvarez, *Credit Where It's Due: Rethinking Financial Citizenship* (New York: Russell Sage Foundation, 2019), S. 2, 25.

26 Barbara Kiviat, «The Art of Deciding with Data: Evidence from How Employers Translate Credit Reports into Hiring Decisions», *Socio-Economic Review* 17 (2019), S. 283–309; Barbara Kiviat, «The Moral Limits of Predictive Practices: The Case of Credit-Based Insurance Scores», *American Sociological Review* 84 (2019), S. 1134–1158; Marion Fourcade, «Ordinal Citizenship», *The British Journal of Sociology* 72 (2021), S. 154–173.

27 Baradaran, *How the Other Half Banks*, S. 109; Center for Responsible Lending, «Map of U.S. Payday Interest Rates», 23. März 2021. Mit der Verlagerung der Zahltagskredite ins Internet – rund die Hälfte der Geschäfte werden inzwischen virtuell getätigt – und der Verschärfung der Regeln in einigen Bundesstaaten ging die Zahl der Kreditgeber von 24000 Mitte der 2000er auf rund 13700 zurück. Daneben gibt es rund 4000 Pfandleiher, die Fahrzeugscheine als Garantie akzeptieren. Bureau of Consumer Financial Protection, «Payday Vehicle Title, and Certain High-Cost Installment Loans», 12 CFR Part 1041, Docket No. CFPB-2019-0006, Juli 2020, S. 8; Pew Charitable Trusts, «Auto Title Loans: Market Practices and Borrowers' Experiences», März 2015; Statista, «Leading Banks in the United States in 2021, by Number of Branches», Mai 2022.

28 Consumer Financial Protection Bureau, «What Are the Costs and Fees for a Payday Loan?», abgerufen am 17. Januar 2022; Consumer Financial Protection Bureau, «What Is a Payday Loan?»,

2. Juni 2017; Pew Charitable Trusts, «Payday Loan Facts and the CFPB's Impact», Mai 2016.

29 Kathleen Burke u. a., «Data Point: Payday Lending», CFPB Office of Research, 2014; Pew Charitable Trusts, «Payday Loan Facts». Siehe auch Baradaran, *How the Other Half Banks*, S. 101–112; Jeannette Bennett, «Fast Cash and Payday Loans», Economic Research, FRED, Federal Reserve Bank of St. Louis, April 2019; Consumer Financial Protection Bureau, «Consumer Use of Payday, Auto Title, and Pawn Loans», 5. Mai 2021; Pew Charitable Trusts, «Payday Lending in America: Who Borrows, Where They Borrow, and Why», 2021; Susan Urahn u. a., «Fraud and Abuse Online: Harmful Practices in Internet Payday Lending», Pew Charitable Trusts, 2014.

30 Nick Bourke, «Momentum Is Building for Small-Dollar Loans», Pew Charitable Trusts, 12. September 2018; Pew Charitable Trusts, «Standards Needed for Safe Small Installment Loans from Banks, Credit Unions», 15. Februar 2018.

31 Persönliche Mitteilung, Alex Horowitz, Consumer Finance Project, Pew Charitable Trusts, 9. November 2021; Pew Charitable Trusts, «Payday Lending in America: Policy Solutions», 30. Oktober 2013, S. 18, 28; Pew Charitable Trusts, «Trial, Error, and Success in Colorado's Payday Lending Reforms», Dezember 2014, Table 1 und 3.

32 «Bis zu 9,8 Milliarden», weil in dieser Summe die geschätzten Einnahmen aus Zahltagskrediten (4,5 Milliarden Dollar) und die Einnahmen aus Ratenkrediten von «finanzschwachen» Haushalten (5,3 Milliarden) zusammenkommen. Die wahre Zahl liegt irgendwo zwischen 4,5 und 9,8 Milliarden, vermutlich eher am oberen Ende. Das Financial Health Network, von dem diese Zahlen stammen, hat seine eigene Methodik zur Identifizierung von «finanzschwachen» Haushalten eingesetzt, basierend auf acht Indikatoren, darunter Bonität, pünktliche Zahlung von Rechnungen und nachhaltige Verschuldung. Diese Indikatoren summieren sich zu 100 Punkten, Werte unter 40 gelten als «finanzschwach». Siehe Greene u.a., *The FinHealth Spend Report 2021*, Table A1. Siehe auch Bennett, «Fast Cash and Payday Loans»; Pew Charitable Trusts, «Payday Loan Facts and the CFPB's Impact: Fact Sheet», 14. Januar 2016; Peter Smith, Shezal Babar und Rebecca Borné, Banks Must Stop Gouging Consumers During the COVID-19 Crisis; James Baldwin, *Nobody Knows My Name* (New York: Dial Press, 1961), S. 59.

33 Keeanga-Yamahtta Taylor, *Race for Profit: How Banks and the Real Estate Industry Undermined Black Homeownership* (Chapel Hill: University of North Carolina Press, 2019). Siehe auch Baradaran, *How the Other Half Banks*, S. 3; Tressie McMillan Cottom, «Where Platform Capitalism and Racial Capitalism Meet: The Sociology of Race and Racism in the Digital Society», *Sociology of Race and Ethnicity* 6 (2020), S. 441–449; Nathaniel Popper, «Big Banks Play Key Role in Financing Payday Lenders», *Los Angeles Times*, 15. September 2010; Wherry u.a., *Credit Where It's Due*, S. 102.

34 Als Doktorandin an der Princeton University verwendete Gillian Slee den Ausdruck «die beste schlechte Option» in einem Artikel, den wir gemeinsam verfasst haben. Ich verwende ihn hier mit ihrer freundlichen Genehmigung.

35 Sumit Agarwal, Brent Ambrose und Moussa Diop, «Do Minimum Wage Increases Benefit Intended Households? Evidence from the Performance of Residential Leases», Federal Reserve Bank of Philadelphia, Working Paper, S. 19–28, Juli 2019. Siehe auch Atsushi Yamagishi, «Minimum Wages and Housing Rents: Theory and Evidence», *Regional Science and Urban Economics* 87 (2021), S. 1–13. Zu Mieterhöhung nach Lohnerhöhung, siehe Blackmar, *Manhattan for Rent*; Mumford, *City in History*.

36 Tommy Orange, *There There* (New York: Alfred A. Knopf, 2018), S. 104; dt. *Dort dort* (Berlin: Hanser Berlin, 2019).

37 Die Sozialwissenschaften sind hier nicht ganz unschuldig. Zu lange konzentrierte sich die Armutsforschung (und die darauf basierende Politik) auf die Erhebung individueller Daten, vor allem durch umfangreiche, mehrere Jahre dauernde Befragungen. Mit diesen einseitigen Daten haben wir zwar eine Datenbank zur Ungleichheit aufgebaut, aber es lässt sich daraus keine Aussage über Macht und Ausbeutung ableiten. Wenn ich beispielsweise etwas darüber aussagen soll, inwieweit eine Person von Zwangsräumung bedroht ist, könnte ich die besten sozialwissenschaftlichen Daten befragen, die uns zig Millionen Dollar gekostet haben, und die Frage mit Verweis auf die Hautfarbe, das Geschlecht und den Familienstatus der Person beantworten – so als ob sie sich selbst zwangsräumen würde. Der Jurist Harold Koh sagte einmal: «Wer das Wichtige nicht messen kann, macht das wichtig, was er misst.» Die Sozialwissenschaften haben individuelle Variablen der finanziell Schwachen gesammelt und daher diese Informationen zu den wichtigsten erklärt. Ich hoffe, dass die nächste Generation der Armutsforscher Daten zu Macht, Eigentum und Ausbeutung in den Vordergrund rückt. Siehe Harold Koh, «The Just, Speedy, and Inexpensive Determination of Every Action?», *University of Pennsylvania Law Review* 162 (2014), S. 1525–1542.

KAPITEL 5
WIE WIR VON SOZIALHILFE ABHÄNGIG WURDEN

1 Matthew Desmond, «Can America's Middle Class Be Saved from a New Depression?», *The New York Times Magazine*, 26. Mai 2020; Dylan Matthews, «The Coronavirus Unemployment Insurance Plan, Explained», Vox, 29. März 2020.

2 Peter Ganong, Pascal Noel und Joseph Vavra, «US Unemployment Insurance Replacement Rates During the Pandemic», *Journal of Public Economics* 191 (2020), S. 1–12; U.S. Chamber of Commerce, «U.S. Chamber Calls for Ending $300 Weekly Supplemental Unemployment Benefits to Address Labor Shortages», 7. Mai 2021;

Matthews, «Coronavirus Unemployment Insurance Plan, Explained».

3 Patrick Cooney und H. Luke Shaefer, «Material Hardship and Mental Health Following the COVID-19 Relief Bill and American Rescue Plan Act», Poverty Solutions, University of Michigan, Mai 2021; John Creamer u. a., «Poverty in the United States: 2021» (Washington: U. S. Bureau of the Census, 2022), Table B-2; Jason DeParle, «Pandemic Aid Programs Spur a Record Drop in Poverty», *The New York Times*, 28. Juli 2021; Dylan Matthews, «How the US Won the Economic Recovery», Vox, 30. April 2021; Laura Wheaton, Linda Giannarelli und Ilham Dehry, «2021 Poverty Projections: Assessing the Impact of Benefits and Stimulus Measures», Urban Institute, 28. Juli 2021.

4 Adam Chandler, «No, Unemployment Benefits Don't Stop People from Returning to Work», *The Washington Post*, 13. Mai 2021; «Stories from the Great American Labor Shortage», *The New York Times*, The Daily, 3. August 2021; Jillian Kay Melchior, «Covid Unemployment Relief Makes Help Impossible to Find», *The Wall Street Journal*, 23. April 2021.

5 Diese Zahlen beziehen sich auf Beschäftigungen ohne Landwirtschaft. Alaska stellte die Zahlung von 300 Dollar Arbeitslosenhilfe pro Woche im Juni 2021 ein, behielt aber alle anderen Hilfen bei. Sarah Chaney Cambon und Danny Dougherty, «States That Cut Unemployment Benefits Saw Limited Impact on Job Growth», *The Wall Street Journal*, 1. September 2021; Ben Casselman, «Cutoff of Jobless Benefits Is Found to Get Few Back to Work», *The New York Times*, 20. August 2021; Kyle Coombs u. a., «Early Withdrawal of Pandemic Unemployment Insurance: Effects on Earnings, Employment and Consumption», Columbia University, Working Paper, August 2021; U. S. Bureau of Labor Statistics, «State Employment and Unemployment Summary», 20. August 2021.

6 Eine einzige Studie stellte fest, dass in Bundesstaaten, die im Sommer 2021 die Hilfen einstellten, die Beschäftigtenzahlen schneller stiegen, doch der Effekt war zu vernachlässigen. Joseph Altonji u. a., «Employment Effects of Unemployment Insurance Generosity During the Pandemic», Yale University, 14. Juli 2020; David Autor, «Good News: There's a Labor Shortage», *The New York Times*, 4. September 2021; Alexander Bartik u. a., «Measuring the Labor Market at the Onset of the COVID-19 Crisis», National Bureau of Economic Research, Working Paper 27613, Juli 2020; Arindrajit Dube, «The Impact of the Federal Pandemic Unemployment Compensation on Employment: Evidence from the Household Pulse Survey», University of Massachusetts, Amherst, Working Paper, 31. Juli 2020; Michele Evermore und Marokey Sawo, «Unemployed Workers and Benefit ‹Replacement Rate›: An Expanded Analysis», National Employment Law Project and Groundwork Collaborative, August 2020.

7 Joseph Townsend, *A Dissertation on the Poor Laws, By a Well-Wisher of Mankind* (Berkeley: University of California Press, 1971 [1786]), S. 13 f.

8 Karl Polanyi, *The Great Transformation: The Political and Economic Origins of Our Time* (Boston: Beacon Press, 2001 [1944]), S. 81, 114, 147. Siehe auch Desmond, «Capitalism»; Robin Einhorn, «Slavery and the Politics of Taxation in the Early United States», *Studies in American Political Development* 14 (2000), S. 156–183; Paul Finkelman, Supreme Injustice: Slavery in the Nation's Highest Court (Cambridge, Mass.: Harvard University Press, 2018); Mark Graber, *Dred Scott and the Problem of Constitutional Evil* (New York: Cambridge University Press, 2006); Thomas Malthus, *An Essay on the Principle of Population*, McMaster University Archive for the History of Economic Thought, 1798; Paul Starr, *Entrenchment: Wealth, Power, and the Constitution of Democratic Societies* (New Haven, Conn.: Yale University Press, 2019).

9 «Text of President Clinton's Announcement on Welfare Legislation», *The New York Times*, 1. August 1996; Council of Economic Advisers, *Expanding Work Requirements in Non-Cash Welfare*

Programs (Washington, D.C.: The White House, Juli 2018); Dray, *There Is Power in a Union*; University of Chicago, General Social Survey, NORC, 2018; Martin Gilens, *Why Americans Hate Welfare: Race, Media, and the Politics of Antipoverty Policy* (Chicago: University of Chicago Press, 1999), S. 8; Nancy Fraser und Linda Gordon, «A Genealogy of Dependency: Tracing a Keyword of the U.S. Welfare State», *Signs: Journal of Women in Culture and Society* 19 (1994), S. 309–336; Josh Levin, *The Queen: The Forgotten Life Behind an American Myth* (New York: Back Bay Books, 2019), S. 85, 87; Charles Murray, *Losing Ground: American Social Policy, 1950–1980* (New York: Basic Books, 1985), S. 9; Margaret Somers und Fred Block, «From Poverty to Perversity: Ideas, Markets, and Institutions over 200 Years of Welfare Debate», *American Sociological Review* 70 (2005), S. 260–287.

10 Jazmin Brown-Iannuzzi u.a., «Wealthy Whites and Poor Blacks: Implicit Associations Between Racial Groups and Wealth Predict Explicit Opposition Toward Helping the Poor», *Journal of Experimental Social Psychology* 82 (2019), S. 26–34; General Social Survey, «Hard Working – Lazy», 2021; Gilens, *Why Americans Hate Welfare*; John Levi Martin und Matthew Desmond, «Political Position and Social Knowledge», *Sociological Forum* 25 (2010), S. 1–26; University of Chicago, General Social Survey, NORC, 1990–2018; Suzanne Mettler, *The Government-Citizen Disconnect* (New York: Russell Sage Foundation, 2018), S. 76; Rosenthal, «Submerged for Some?», S. 4.

11 Malthus, zitiert nach Somers und Block, «From Poverty to Perversity», S. 273; The New Yorker, Politics and More Podcast, «The Child Tax Credit: One Small Step Toward Universal Basic Income?», 6. September 2021.

12 Arcenis Rojas und Ann Foster, «Program Participation and Spending Patterns of Families Receiving Government Means-Tested Assistance», Monthly Labor Review, U.S. Bureau of Labor Statistics, Januar 2018; U.S. Bureau of Labor Statistics, «Table 1101.

Quintiles of Income Before Taxes: Annual Expenditure Means, Shares, Standard Errors, and Coefficients of Variation, Consumer Expenditure Surveys, 2020», September 2021; Thorstein Veblen, *The Theory of the Leisure Class* (London: Macmillan, 1912 [1899]), S. 44.

13 Stacia West u. a., *Preliminary Analysis: SEED's First Year* (Stockton, Calif.: Stockton Economic Empowerment Demonstration, 2021). Infolge der Großen Rezession weitete die Bundesregierung die Lebensmittelhilfen im April 2009 aus. Der Wert der vergebenen Lebensmittelmarken stieg pro Person von durchschnittlich 100 auf 125 Dollar im Monat – die stärkste Anhebung in der Geschichte des Programms. Über Nacht hatte eine vierköpfige Familie pro Monat Lebensmittelmarken im Wert von 100 Dollar mehr in der Tasche. Wofür sie diese ausgaben? In erster Linie kauften sie davon mehr Lebensmittel, und mit dem verbleibenden Einkommen nahmen sie kleinere Reparaturen in ihrer Wohnung vor oder investierten in Möglichkeiten der sozialen Mobilität (indem sie sich zum Beispiel in einem Community College einschrieben). Es gibt keinen Hinweis darauf, dass die Empfänger mehr Alkohol konsumierten. Jiyoon Kim, «Do SNAP Participants Expand Non-Food Spending When They Receive More SNAP Benefits? – Evidence from the 2009 SNAP Benefits Increase», *Food Policy* 65 (2016), S. 9–20. Andere Untersuchungen zeigen, dass Empfänger eine Anhebung der Sozialleistungen verwenden, um mehr auf die Seite zu legen oder Schulden zu bezahlen. Lauren Jones und Katherine Michelmore, «The Impact of the Earned Income Tax Credit on Household Finances», *Journal of Policy Analysis and Management* 37 (2018), S. 521–545; H. Luke Shaefer, Xiaoqing Song und Trina Williams Shanks, «Do Single Mothers in the United States Use the Earned Income Tax Credit to Reduce Unsecured Debt?», *Review of Economics of the Household* 11 (2013), S. 659–680.

14 Vanetta ist ein Pseudonym.

15 Mary Jo Bane und David Ellwood, *Welfare Realities: From Rhetoric* *to Reform* (Cambridge, Mass.: Harvard University Press, 1994), S. 33, 40, 95f.; Greg Duncan, Martha Hill und Saul Hoffman, «Welfare Dependence Within and Across Generations», *Science* 239 (1988), S. 467–471; LaDonna Pavetti, *The Dynamics of Welfare and Work: Exploring the Process by Which Women Work Their Way Off Welfare*, Doktorarbeit (Cambridge, Mass.: Harvard University, 1993), S. 29.

16 Desmond, «House Rules»; Jay Shambaugh, Lauren Bauer und Audrey Breitwieser, «Who Is Poor in the United States? Examining the Characteristics and Workforce Participation of Impoverished Americans», Brookings Institution, Oktober 2017, S. 1–10.

17 Gilbert Crouse und Suzanne Macartney, *Welfare Indicators and Risk Factors: Eighteenth Report to Congress* (Washington, D.C.: U.S. Department of Health and Human Services, 2021), S. 21; Internal Revenue Service, «EITC Participation Rate by States Tax Years 2011 Through 2018», 15. Januar 2021; Jennifer Haley u.a., «Medicaid/CHIP Participation Reached 93.7 Percent Among Eligible Children in 2016», *Health Affairs* 37 (2018), S. 1194–1199; Pamela Herd und Donald Moynihan, Administrative Burden: Policymaking by Other Means (New York: Russell Sage Foundation, 2019), S. 6f.; Sarah Lauffer und Alma Vigil, *Trends in Supplemental Nutrition Assistance Program Participation Rates: Fiscal Year 2016 to Fiscal Year 2018* (Washington, D.C.: U.S. Department of Agriculture, 2021), S. 3.

18 Mettler, *Government-Citizen Disconnect*, S. 49; Robert Moffitt, «An Economic Model of Welfare Stigma», *American Economic Review* 73 (1983), S. 1023–1035.

19 Die genannten Summen gehen davon aus, dass die anspruchsberechtigten Haushalte, die keinen Antrag gestellt haben, im Durchschnitt genauso viel erhalten hätten wie die Empfängerhaushalte. Die verwendeten Zahlen stammen aus der Zeit vor der Coronapandemie. Die Zahl der EITC-Empfänger stammt aus dem Steuerjahr 2018, durchschnittlich gezahlte Beträge aus dem Steuerjahr 2019. Die Zahl der SNAP-Empfänger und die ausgezahlten Beträge stammen aus dem Steuerjahr 2018. «Staatliche Krankenversicherung» bezieht sich auf die Zahl der Empfänger des Medicaid/Children's Health Insurance Program (CHIP) – Child Medicaid, einschließlich CHIP-Bezieher; die gezahlten Beträge stammen ebenfalls aus dem Jahr 2019, ohne CHIP. Empfängerzahlen stammen aus dem Dezember 2019 unter Verwendung der Daten aus den 49 Bundesstaaten, die Empfänger nach Altersgruppen angeben. Die Zahl der Medicaid-Empfänger sind Schätzungen basierend auf der Zahl der Empfängereltern von Medicaid/CHIP im Jahr 2019; durchschnittlich gezahlte Beträge stammen aus dem Jahr 2019 für nichtbehinderte Erwachsene unter 65 Jahren, die nicht von der Medicaid-Erweiterung erfasst wurden. Empfängerzahlen stammen aus dem Dezember 2019 unter Verwendung der Daten aus den 49 Bundesstaaten, die Empfänger nach Altersgruppen angeben. Da Pro-Kopf-Ausgaben für behinderte Erwachsene und Senioren höher sind, dürften die Angaben zu den nicht in Anspruch genommenen Summen deutlich zu niedrig geschätzt sein. Der Anteil der in der Arbeitslosenversicherung gemeldeten Arbeitnehmer ist ein Durchschnitt aus den Jahren 2002 bis 2015; die ausgezahlten Summen stammen aus dem Jahr 2019. Die Zahl der Empfänger ist in diesem Zeitraum gesunken, weshalb meine Angaben zu den nicht in Anspruch genommenen Summen ebenfalls zu niedrig geschätzt sein dürften. Die Zahl der SSI-Empfänger stammt aus dem Jahr 2016, durchschnittlich gezahlte Beträge aus dem Jahr 2019. Da der wahre Anteil der Empfänger deutlich niedriger liegen dürfte, handelt es sich bei den nicht in Anspruch genommenen Beträgen um eine konservative Schätzung. Siehe Stéphane Auray und David Fuller, «Eligibility, Experience Rating, and Unemployment Insurance Take-Up», *Quantitative Economics* 11 (2020), S. 1059–1107, 1061; Centers for Medicare and Medicaid Services, «Medicaid Per Capita Expenditures», Oktober 2021; Centers for Medicare and Medicaid Services, «Medicaid and

CHIP Enrollment Trends Snapshot Through Juni 2020», 31. August 2020; Crouse und Macartney, *Welfare Indicators and Risk Factors,* S. 23; Herd und Moynihan, *Administrative Burden*, S. 6; Internal Revenue Service, «Statistics for Tax Returns with the Earned Income Tax Credit (EITC) – 2019 Tax Returns Processed in 2020 by State with EITC Claims», 10. März 2022; Internal Revenue Service, «EITC Participation Rate by States Tax Years 2011 to 2018», 10. März 2022; Jennifer Haley u. a., «Uninsurance Rose Among Children and Parents in 2019», Urban Institute, 2021, Table B.1; Sarah Lauffer und Alma Vigil, *Trends in Supplemental Nutrition Assistance Program Participation Rates: Fiscal Year 2016 to Fiscal Year 2018* (Washington, D.C.: U.S. Department of Agriculture, 2021), S. xiii; Social Security Administration, «SSI Monthly Statistics, 2019», Januar 2020, Table 1; U.S. Department of Agriculture, «SNAP Data Tables», 12. August 2022; Ben Sommers u. a., *Understanding Participation Rates in Medicaid: Implications for the Affordable Care Act* (Washington, D.C.: Department of Health and Human Services, 2012), S. 4 f.; U.S. Department of Labor, «Monthly Program and Financial Data», 7. Juli 2022.

20 Arthur Delaney und Michael McAuliff, «Paul Ryan Wants ‹Welfare Reform Round 2›», *Huffington Post*, 20. März 2012.

21 Unter Subventionen für Eigenheimbesitzer verstehe ich die Abschreibung von Hypothekenzinsen (24,73 Milliarden Dollar), Vergünstigung bei Grundsteuern für Eigenheime (6,45 Milliarden), die Steuerbefreiung von Kapitalgewinnen (39,45 Milliarden) und die Ausnahme des Eigenmietwerts (123,21 Milliarden) im Steuerjahr 2020. Office of Management and Budget, *Analytical Perspectives: Budget of the U.S. Government Fiscal Year 2022* (Washington, D.C.: Office of Management and Budget, 2021), S. 109; Office of Management and Budget, «Historical Tables», Table 3.2. Siehe auch Desmond, «House Rules»; Joint Committee on Taxation, *Estimates of Federal Tax Expenditures for Fiscal Years 2020–2024* (Washington, D.C.: Joint Committee on Taxation, 2020), S. 27–35.

22 Mettler, *Government-Citizen Disconnect*, S. 4, 45, 48. Siehe auch Christopher Howard, *The Welfare State Nobody Knows: Debunking Myths About US Social Policy* (Princeton, N.J.: Princeton University Press, 2008), Kap. 1. Zu internationalen Vergleichen siehe auch Irwin Garfinkel, Lee Rainwater und Timothy Smeeding, *Wealth and Welfare States: Is America a Laggard or Leader?* (New York: Oxford University Press, 2010); Jacob Hacker, *The Divided Welfare State: The Battle over Public and Private Social Benefits in the United States* (New York: Cambridge University Press, 2002); Jacob Hacker, «Bringing the Welfare State Back In: The Promise (and Perils) of the New Social Welfare History», *Journal of Policy History* 17 (2005), S. 125–154.

23 Mettler, *Government-Citizen Disconnect*, S. 67, 71; Heather McGhee, *The Sum of Us: What Racism Costs Everyone and How We Can Prosper Together* (New York: One World, 2021), S. 45.

24 Congressional Budget Office, *Federal Subsidies for Health Insurance Coverage for People Under 65: 2022 to 2032* (Washington, D.C.: Congress of the United States, Juni 2022); Congressional Research Service, *Worker Participation in Employer-Sponsored Pensions: Data in Brief* (Washington, D.C.: U.S. Government Printing Office, 2021), S. 4; Gilens, *Why Americans Hate Welfare*, S. 3; Jonathan Gruber, «The Tax Exclusion for Employer-Sponsored Health Insurance», *National Tax Journal* 64 (2011), S. 511–530; Kaiser Family Foundation, *Health Insurance Coverage of the Total Population* (Washington, D.C.: Kaiser Family Foundation, 2019); Mettler, *Government-Citizen Disconnect*, S. 4, 37, 58–61, 63; Mettler, *Submerged State*, S. 10; Nicholas Turner, «Tax Expenditures for Education», Department of the Treasury, Office of Tax Analysis, Working Paper 113, November 2016, Table 1.

25 Congressional Budget Office, *The Budget and Economic Outlook: 2021 to 2031* (Washington, D.C.: Congress of the United States, 2021), S. 19 f.; Congressional Budget Office, *Health Care* (Washington, D.C.: Congress of the United States, 2021); Kaiser Family

Foundation, *Health Insurance Coverage of the Total Population; Social Security Administration, FY 2021 Congressional Justification* (Washington, D.C.: Social Security Administration, 2021); «Gross Domestic Product for Russian Federation», FRED, Federal Reserve Bank of St. Louis, 2022.

26 Unter Familien der Mittelschicht verstehe ich Familien im mittleren Fünftel der Einkommensverteilung. Congressional Budget Office, *The Distribution of Major Tax Expenditures in 2019* (Washington, D.C.: Congress of the United States, 2021). Die Verteidigungsausgaben für das Haushaltsjahr 2023 werden auf über 838 Milliarden Dollar geschätzt. Congressional Budget Office, «Congressional Budget Office Cost Estimate: H.R. 7900, National Defense Authorization Act for Fiscal Year 2023, at a Glance», 6. Juli 2022.

27 Congressional Budget Office, *The Budget and Economic Outlook: 2021 to 2031*, S. 19f.; Congressional Budget Office, Health Care; Kaiser Family Foundation, *Health Insurance Coverage of the Total Population; Social Security Administration, FY 2021 Congressional Justification*; Congressional Budget Office, *Distribution of Major Tax Expenditures in 2019*; Congressional Research Service, *Worker Participation in Employer-Sponsored Pensions*, S. 4; Molly Michelmore, *Tax and Spend: The Welfare State, Tax Politics, and the Limits of American Liberalism* (Philadelphia: University of Pennsylvania Press, 2012), S. 1; Richard Reeves, *Dream Hoarders: How the American Upper Middle Class Is Leaving Everyone Else in the Dust, Why That Is a Problem, and What to Do About It* (Washington, D.C.: Brookings Institution, 2017).

28 Emmanuel Saez und Gabriel Zucman, *The Triumph of Injustice: How the Rich Dodge Taxes and How to Make Them Pay* (New York: Norton, 2019), S. 13–16; Internal Revenue Service, IRS Provides Tax Inflation Adjustments for Tax Year 2020 (Washington, D.C.: U.S. Department of the Treasury, 2019).

29 Howard, *Welfare State Nobody Knows*; Christopher Howard, *The*

Hidden Welfare State (Princeton, N.J.: Princeton University Press, 1999); Suzanne Mettler, «Making What Government Does Apparent to Citizens: Policy Feedback Effects, Their Limitations, and How They Might be Facilitated», *The Annals of the American Academy of Political and Social Science* 685 (2019), S. 30–46; Mettler, *Submerged State*, S. 42 f.

30 Mettler, «Making What Government Does Apparent to Citizens», S. 40 f., 45; Mettler, *Submerged State*, S. 18.

31 Reeves, *Dream Hoarders*, S. 5 f.

32 Daniel Kahneman und Amos Tversky, «Prospect Theory: An Analysis of Decision Under Risk», *Econometrica* 47 (1979), S. 263–292.

33 Monica Prasad, «Filing Your Taxes Is an Expensive Time Sink. That's Not an Accident», *The Atlantic*, 4. April 2019.

34 Laut Okun (*Equality and Efficiency*, S. 99) sind Steuervergünstigungen «Negativsteuern», da sie als staatliche Zuwendungen zur Förderung des privaten Konsums gedacht sind.

35 Hier hat mich Jacob Haas, ein Forscher am Eviction Lab der Universität Princeton, bei der Recherche unterstützt. Ich beziehe mich auf Daten aus dem Bericht des Congressional Budget Office, *The Distribution of Household Income, 2018, Supplemental Data*, 4. August 2021. Bei einer Einteilung der Bevölkerung in fünf Einkommensgruppen hat die Durchschnittsfamilie der mittleren Gruppe ein Jahreseinkommen von 63 900 Dollar (aus Arbeit, Unternehmen oder Kapital). Bei Sozialleistungen handelt es sich um Leistungen der Social Security (Alters-, Veteranen- und Behindertenrente), Medicare (Durchschnittskosten) und Arbeitslosenversicherung. Unter bedürftigkeitsorientierte Leistungen fallen Direktzahlungen und Gutscheine von Bund, Bundesstaaten und Regionalverwaltungen. Bundessteuern sind Lohn- und Einkommenssteuern, Unternehmenssteuern und Verbrauchssteuern. (Die Beträge beziehen sich auf Steuerschuld, nicht auf tatsächlich gezahlte Steuern.) Im Haushaltsjahr 2018 machten diese Steuern 93 Prozent der Staatseinnahmen aus. Dazu kommen Beiträge der Bundesstaaten zur Arbeitslosenversicherung, Grundsteuern, Schenkungssteuern, Gewinne der Notenbank, Zölle sowie verschiedene Gebühren und Strafen. Analog zu Mettlers Auswertung der Daten von 2011 (*Government-Citizen Disconnect*, Table 3.2).

36 Die Schätzungen ergeben sich aus einer Summe der großen Sozialprogramme, Steuervergünstigungen und Ausbildungsbeihilfen in den Jahren 2016, 2018 und 2019. Quelle: Congressional Budget Office (CBO). Siehe Congressional Budget Office, *The Distribution of Household Income, 2018* (Washington, D.C.: Congressional Budget Office, 2021), Supplemental Data Tables 1 and 3; Congressional Budget Office, *The Distribution of Major Tax Expenditures in 2019* (Washington, D.C.: Congressional Budget Office, 2021), Figure 2; Congressional Budget Office, *The Budget and Economic Outlook: 2019 to 2029* (Washington, D.C.: Congressional Budget Office, 2019), Figure 4-4; Congressional Budget Office, *Distribution of Federal Support for Students Pursuing Higher Education in 2016* (Washington, D.C.: Congressional Budget Office, 2018), Table 5. Eingeschlossen sind bedürftigkeitsorientierte Leistungen, Sozialversicherungsleistungen und Steueraufwand sowie Sozialleistungen von Social Security (Alters-, Veteranen- und Behindertenrente), Medicare (Durchschnittskosten) und Arbeitslosenversicherung. Unter bedürftigkeitsorientierte Leistungen fallen Direktzahlungen und Gutscheine von Bund, Bundesstaaten und Regionalverwaltungen. Auch eingerechnet sind die folgenden Steuervergünstigungen: Freibeträge für Krankenversicherungen und private Rentenversicherungen, Steuervergünstigungen für Kapitalgewinne und Dividenden, Kinderfreibeträge, Arbeitnehmerfreibeträge, Gemeinnützigkeit und Unternehmerfreibeträge, Befreiung von Erbschaftssteuern, Befreiung von Social Security und Eisenbahnerrentenversicherung, Steuerbefreiung beim Verkauf von Eigenheimen, Hypothekenzinsen auf Eigenheime sowie Befreiung auf Steuern der Bundesstaaten und Gemeinden. Zu den Bildungsförderungsprogrammen zählen Ausgaben für Pell

Grants, Federal Supplemental Educational Opportunity Grants, Zuschüsse zu Studiendarlehen, Veteranenprogramme, Steuervergünstigungen für Studierende, Steuerfreibeträge für Bildungskosten, Studiengebühren und Zinsen von Studiendarlehen. Angaben zur Einkommensverteilung und Zahl der Haushalte aus dem Jahr 2018, Steuervergünstigungen aus dem Jahr 2019. Die CBO-Daten erfassen den Großteil der staatlichen Hilfen für Geringverdiener sowie fast alle Steuervergünstigungen, haben jedoch Lücken. Konkret erfassen sie offenbar nur rund 84 Prozent der Steuervergünstigungen. Außerdem fehlen einige Programme für Geringverdiener, zum Beispiel Job Corps und Head Start. Die Zahlen zu den bedürftigkeitsorientierten Programmen erfassen nur rund 87 Prozent der Zuwendungen für Geringverdiener (ohne Steuervergünstigungen), nach Congressional Research Service, *Federal Spending on Benefits and Services for People with Low Income: FY2008-FY2018* (Washington, D.C.: Congressional Research Service, 2021). Die offiziellen Zahlen zu Sozialleistungen für reiche und arme Familien sind also offenbar in ähnlichem Maß zu gering angegeben.

37 Desmond, «Why Work Doesn't Work Anymore»; Seth Holmes, «‹Oaxacans Like to Work Bent Over›: The Naturalization of Social Suffering Among Berry Farm Workers», *International Migration* 45 (2007), S. 39–68.

38 Die Argumente, die heute in der Armutsdebatte zirkulieren, kamen in den 1930er Jahren als Reaktion auf den New Deal auf, der Banken und Unternehmen staatlicher Aufsicht unterstellte und die Armen und Schwachen unterstützte. Ein Beispiel ist dieser Meinungsartikel, der 1947 im *Milwaukee Sentinel* erschien: «Mit dem New Deal begann ein stetiger Wandel von einer privatwirtschaftlichen hin zu einer totalitären Ausgabenpolitik. In der freien Wirtschaft geben die Bürger ihr Geld für das Leben aus, das sie führen wollen. Unter der Tyrannei des Kollektivismus konfisziert der Staat einen Großteil des Vermögens seiner Bürger durch Besteuerung und gibt das Geld selbst aus.» Der Autor leugnet gar nicht, dass wir als Bürger einer Gemeinschaft voneinander abhängig sind, doch er lässt kein gutes Haar daran. «Freies Unternehmertum war ein reaktionärer Diskurs, der sich hinter dem Ansehen der Unternehmergemeinde verschanzte», schreibt der Historiker Lawrence Glickman. Dieser Diskurs griff tief in die apokalyptische Mottenkiste: Der New Deal werde nicht nur den Sozialstaat ausbauen, sondern in «Tyrannei», «Knechtschaft» oder eine «totalitäre staatliche Ausgabenpolitik» ausarten. Die Programme zur Armutsbekämpfung wurden als Anschlag auf das freie Unternehmertum hingestellt, und man wurde vor eine einfache Wahl gestellt: Kapitalismus oder Sozialismus, Freiheit oder Tyrannei. Dazwischen gab es nichts. Der New Deal endete. Interessanterweise wurde mit der zunehmenden Beliebtheit von sozialstaatlichen Programmen aus der Zeit des New Deal die staatsfeindliche Propaganda gegen diese Programme immer lauter. Bis heute bedienen sich die Gegner des Sozialausbaus einer polarisierenden Rhetorik. Im Jahr 2020 erklärte ein Kommentator von Fox News dem Publikum, progressive Demokraten meinten, «man könne die Armut nur besiegen, indem man das Wirtschaftssystem zerstört, das die Vereinigten Staaten zum mächtigsten und reichsten Land der Erde gemacht hat». Der republikanische Senatssprecher Mitch McConnell beschrieb die Republikaner unlängst als «Brandmauer, die das Land vor dem Sozialismus bewahrt». Und Fox-News-Kommentator Sean Hannity beschrieb Senator Bernie Sanders' Plattform einmal als «radikale Form eines sowjetähnlichen Sozialismus, dem es nur um eines geht: an die Regierung zu kommen und jeden Aspekt unseres Lebens zu kontrollieren». Das lässt sich nur mit einem Wort beschreiben: Propaganda. Siehe «Your Money and Your Freedom», *Milwaukee Sentinel*, 17. November 1947; Lawrence Glickman, *Free Enterprise: An American History* (New Haven, Conn.: Yale University Press, 2019), S. 7, 14, 44, 81f., 87, 100, 107, 235; Justin Haskins, «Sanders, AOC and Other

Socialists Are Wrong – Socialism Is a Cause of Poverty, Not the Cure», Fox News, 8. Februar 2020; Sean Hannity, «Bernie Sanders Isn't a Socialist, He's a Marxist», Fox News, 25. Februar 2020; Kelsey Snell, «McConnell's 2020 Plan: Cast GOP as ‹Firewall› Against Socialism», National Public Radio, 11. April 2019.

39 Pew Research Center, «Most Americans Point to Circumstances, Not Work Ethic, for Why People Are Rich or Poor», 2. März 2020; Spencer Piston, *Class Attitudes in America: Sympathy for the Poor, Resentment of the Rich, and Political Implications* (New York: Cambridge University Press, 2018), S. 3, 33, 46; Leslie McCall, *The Undeserving Rich: American Beliefs About Inequality, Opportunity, and Redistribution* (New York: Cambridge University Press, 2013), S. 7, 99, 119, 152–154.

40 Congressional Budget Office, *The Distribution of Major Tax Expenditures in 2019* (Washington, D.C.: Congressional Budget Office, 2021), Figure 2; Desmond, «House Rules»; Christopher Ellis und Christopher Faricy, *The Other Side of the Coin: Public Opinion Toward Social Tax Expenditures* (New York: Russell Sage Foundation, 2021), S. 37; Joint Committee on Taxation, *Estimates of Federal Tax Expenditures for Fiscal Years 2020–2024, JCX-23-20* (Washington, D.C.: Joint Committee on Taxation, 5. November 2020), S. 42f.; Barbara Ransby, *Ella Baker and the Black Freedom Movement: A Radical Democratic Vision* (Chapel Hill: University of North Carolina Press, 2003), S. 305.

KAPITEL 6

WIE WIR UNS MÖGLICHKEITEN KAUFEN

1 Paul Krugman, «For Richer», *The New York Times*, 20. Oktober 2002; «City Life in the Second Gilded Age», *The New York Times Magazine*, 14. Oktober 2007. Einige Autoren richten ihre Kritik an der Ungleichheit nicht mehr nur noch gegen die Reichsten. Siehe

Reeves, *Dream Hoarders*; Matthew Stewart, *The 9.9 Percent: The New Aristocracy That Is Entrenching Inequality and Warping Our Culture* (New York: Simon & Schuster, 2021).

2 Bhutta u.a., *Changes in U.S. Family Finances from 2016 to 2019*, S. 16; Thomas Colson, «English Homes Are Nearly a Third of the Size of American Homes», *Business Insider*, 14. Oktober 2017; National Marine Manufacturers Association, «U.S. Boat Sales Reached 13-Year High in 2020, Recreational Boating Boom to Continue Through 2021», 6. Januar 2021; Debbie Phillips-Donaldson, «US Pet Food Sales Rose 10 % in 2020, 5 % Projected for 2021», *Petfood Industry*, 26. März 2021; Joe Pinsker, «Why Are American Homes So Big?», *The Atlantic*, 12. September 2019; U.S. Travel Association, «Travel: The Hardest-Hit U.S. Industry», 11. Juni 2021.

3 In seinem berühmten Aufsatz «Economic Possibilities for Our Grandchildren» aus dem Jahr 1930 sagte John Maynard Keynes voraus, dass uns das Wachstum von Wirtschaft und Wissenschaft in der nahen Zukunft – unserer Gegenwart – von «drängenden wirtschaftlichen Nöten» befreien würde und wir uns der Frage zuwenden könnten, wie wir unsere Freizeit gestalten wollen. Thorstein Veblen, der eine Generation vor Keynes wirkte, war weit weniger zuversichtlich. Veblen wusste, dass Freizeit einer bestimmten Klasse – den Reichen – zukommt und nicht den Massen, egal, wie fortschrittlich Wirtschaft und Wissenschaft sein mögen. «In der kulturellen Evolution fällt die Entstehung einer müßigen Klasse mit dem Aufkommen des Eigentums zusammen», schrieb Veblen in *Theory of the Leisure Class*. In einer Dienstleistungsökonomie muss es schließlich irgendjemanden geben, der die Dienstleistungen erbringt. Siehe Daniel Bell, *The Coming of Post-Industrial Society: A Venture in Social Forecasting* (New York: Basic Books, 1973), S. 456–474; John Maynard Keynes, *Essays in Persuasion* (London: Palgrave Macmillan, 1930), S. 321–332.

4 Scholastica (Gay) Cororaton, «The Impact of Russia-Ukraine Tensions on the U.S. Housing Market», National Association of

Realtors, 7. März 2022; Brenda Medina, «Are Oligarchs Hiding Money in US Real Estate? Ownership Information Is a Missing Link, Researchers Say», International Consortium of Investigative Journalists, 1. April 2022; Tom Namako, «New York City's Mayor Says He's Not Sure What to Do About Rich Russians Buying Up All the Nice Apartments», BuzzFeed News, 27. Oktober 2021.

5 Stuart Middleton, «‹Affluence› and the Left in Britain, c. 1958–1974», *The English Historical Review* 129 (2014), S. 107–138.

6 John Kenneth Galbraith, *The Affluent Society* (Boston: Houghton Mifflin, 1998 [1958]), S. 64, 186–199.

7 Ebd., Kap. 17.

8 Monica Prasad, *Starving the Beast: Ronald Reagan and the Tax Cut Revolution* (New York: Russell Sage Foundation, 2018), S. 1; Eric Scorsone und Nicolette Bateson, *Long-Term Crisis and Systemic Failure: Taking the Fiscal Stress of America's Older Cities Seriously* (East Lansing: Michigan State University Extension, 2011).

9 Preise inflationsbereinigt. U.S. Bureau of Economic Analysis, «Real Personal Income [RPI]», FRED, Federal Reserve Bank of St. Louis; Office of Management and Budget, «Historical Tables», Table 1.3; Office of Management and Budget, «Historical Tables», Table 3.2. Einkommensangaben der Bundesstaaten inflationsbereinigt nach National Center for Education Statistics, «Digest of Education Statistics», 2020, Table 236.25; U.S. Bureau of Economic Analysis, «Personal Income by State», Interactive Data Tables; U.S. Bureau of Economic Analysis, «Personal Consumption Expenditures: Chain-type Price Index [PCEPI]», FRED, Federal Reserve Bank of St. Louis; U.S. Bureau of Labor Statistics, «Consumer Price Index for All Urban Consumers: All Items in U.S. City Average [CPIAUCSL]», FRED, Federal Reserve Bank of St. Louis.

10 U.S. Bureau of Economic Analysis, «Shares of Gross Domestic Product: Government Consumption Expenditures and Gross Investment», FRED, Federal Reserve Bank of St. Louis, 1950–2021; U.S. Bureau of Economic Analysis, «Shares of Gross Domestic

Product: Personal Consumption Expenditures», FRED, Federal Reserve Bank of St. Louis, 1950–2021; U.S. Bureau of Economic Analysis, «Shares of Gross Domestic Product: Gross Private Domestic Investment», FRED, Federal Reserve Bank of St. Louis, 1950–2021.

11 Committee for a Responsible Federal Budget, «Is President Trump's Tax Cut the Largest in History Yet?», 25. Oktober 2017; Prasad, *Starving the Beast*, S. 2, 137–145; Alex Schwartz, *Housing Policy in the United States*, 4. Aufl. (New York: Routledge, 2021); Jerry Tempalski, *Revenue Effects of Major Tax Bills, Updated Tables for All 2012 Bills* (Washington, D.C.: Office of Tax Analysis, Department of the Treasury, 2013).

12 Ben Christopher, «Why Do We Keep Voting on This? Exploring Prop. 13's ‹Tax Revolt Family Tree›», *Cal Matters*, 21. Oktober 2020; Thomas Edsall und Mary Edsall, *Chain Reaction: The Impact of Race, Rights, and Taxes on American Politics* (New York: Norton, 1991), S. 18, 129–131; Clyde Haberman, «The California Ballot Measure That Inspired a Tax Revolt», *The New York Times*, 16. Oktober 2016; Prasad, *Starving the Beast*, S. 5. Zu Steuersenkungen als parteiübergreifendem Thema siehe auch Isaac Martin, *The Permanent Tax Revolt: How the Property Tax Transformed American Politics* (Stanford, Calif.: Stanford University Press, 2008), S. 23.

13 Edsall und Edsall, *Chain Reaction*, S. 130; Haberman, «The California Ballot Measure That Inspired a Tax Revolt».

14 Edsall und Edsall, *Chain Reaction*, S. 5f., 13f., 135; Kevin Kruse, *White Flight: Atlanta and the Making of Modern Conservatism* (Princeton, N.J.: Princeton University Press, 2005), S. 106f.; McGhee, *The Sum of Us*, S. 38.

15 Georgia Department of Education, Atlanta Public Schools (761) Enrollment by Ethnicity/Race, Fiscal Year 2022 – Data Report; Kruse, *White Flight*, S. 106, siehe auch S. 15, 123–125, 169–171, 178, 239f.; McGhee, *The Sum of Us*, S. 28; U.S. Census Bureau, «Quick Facts: Atlanta City, Georgia». Siehe auch Dan Carter, *The Politics* *of Rage: George Wallace, the Origins of the New Conservatism, and the Transformation of American Politics*, 2. Aufl. (Baton Rouge: Louisiana State University Press, 2000 [1995]); Michael Goldfield, *The Color of Politics: Race and the Mainsprings of American Politics* (New York: New Press, 1997). Dieses Muster nahm seinen Anfang während der Great Migration (1940–1970), als Weiße im Norden die Viertel verließen, in denen sich aus dem Süden kommende Schwarze niederließen. Siehe Ellora Derenoncourt, «Can You Move to Opportunity? Evidence from the Great Migration», *American Economic Review* 112 (2022), S. 369–408. Und zuvor schrieb W. E. B. Du Bois, bei der «Reconstruction» (1860–1880) gehe es um die «neue amerikanische Industrieelite», der es «nicht um das nationale Wohl» zu tun sei, «sondern um persönliche Bereicherung durch Macht und riesige Gewinne aus Kapitalinvestitionen». W. E. B. Du Bois, *Black Reconstruction in America*, 1860–1880 (New York: Free Press, 1998 [1935]), S. 586.

16 Versuche, unterfinanzierte staatliche Einrichtungen zu privatisieren, scheitern ironischerweise oft an ihrem verwahrlosten Zustand. Wie Paul Pierson in *Dismantling the Welfare State?* schildert, konnte die britische Premierministerin Margaret Thatcher in den 1980er Jahren die Sozialwohnungen des Landes privatisieren, weil sie weitgehend in gutem Zustand waren; Präsident Reagan gelang dies in den Vereinigten Staaten nicht, weil niemand die heruntergekommenen Wohnungen kaufen wollte. Staatliche Einrichtungen, die überwiegend von wohlhabenden Amerikanern genutzt werden – man denke nur an die Luftfahrtbehörde –, entgehen dagegen sowohl Mittelkürzungen als auch dem Ruf nach Privatisierung.

17 David Grusky und Alair MacLean, «The Social Fallout of a High-Inequality Regime», *The Annals of the American Academy of Political and Social Science* 663 (2016), S. 33–52; Charles Varner, Marybeth Mattingly und David Grusky, «The Facts Behind the Visions», *Pathways*, Spring 2017, S. 3–8.

18 Congressional Budget Office, *The Budget and Economic Outlook: 2018 to 2028* (Washington, D.C.: Congress of the United States, 2018), S. 106; Conor Dougherty, «California's 40-Year-Old Tax Revolt Survives a Counterattack», *The New York Times*, 10. November 2020.

19 Charles Tilly spricht in seinem Buch *Durable Inequality* (Berkeley: University of California Press, 1998) davon, dass Reiche Möglichkeiten «horten». Zu den Unterschieden bei staatlichen Investitionen in verschiedenen Städten siehe Jessica Trounstine, «Segregation and Inequality in Public Goods», *American Journal of Political Science* 60 (2016), S. 709-725.

20 Xavier de Souza Briggs, Susan Popkin und John Goering, *Moving to Opportunity: The Story of an American Experiment to Fight Ghetto Poverty* (New York: Oxford University Press, 2010); Raj Chetty, Nathaniel Hendren und Lawrence Katz, «The Effects of Exposure to Better Neighborhoods on Children: New Evidence from the Moving to Opportunity Experiment», *American Economic Review* 106 (2016), S. 855-902; William Clark, «Intervening in the Residential Mobility Process: Neighborhood Outcomes for Low-Income Populations», *Proceedings of the National Academy of Sciences* 102 (2005), S. 15307-15312.

21 Alexander Sahn, «Racial Diversity and Exclusionary Zoning: Evidence from the Great Migration», Princeton University Center for the Study of Democratic Politics, Working Paper, 23. November 2021; Brentin Mock, «The Housing Proposal That's Quietly Tearing Apart Atlanta», Bloomberg, 22. November 2021; Jessica Trounstine, *Segregation by Design: Local Politics and Inequality in American Cities* (New York: Cambridge University Press, 2018).

22 Emily Badger und Quoctrung Bui, «Cities Start to Question an American Ideal: A House with a Yard on Every Lot», *The New York Times*, 18. Juni 2019; Nico Calavita und Alan Mallach (Hrg.), *Inclusionary Housing in International Perspective* (Cambridge, Mass.:

Lincoln Institute of Land Policy, 2010); Justin Fox, «Single Family Zoning Is Weird», Bloomberg, 18. Januar 2020; Sonia Hirt, «To Zone or Not to Zone: Comparing European and American Land-use Regulation», PNDonline, 2019, S. 1–14; Sahn, «Racial Diversity and Exclusionary Zoning». Die Erhebung American Community Survey (2015–2019) nennt eine andere Zahl und zeigt, dass es sich bei 62 Prozent der Wohneinheiten in den Vereinigten Staaten um frei stehende Einfamilienhäuser handelt.

23 Edward Glaeser und Joseph Gyourko, «The Economic Implications of Housing Supply», *Journal of Economic Perspectives* 32 (2018), S. 3–30; Joseph Gyourko, Albert Saiz und Anita Summers, «A New Measure of the Local Regulatory Environment for Housing Markets: The Wharton Residential Land Use Regulatory Index», *Urban Studies* 45 (2008), S. 693–721.

24 Dies lässt sich nicht durch das Bekenntnis der Demokraten zum Umwelt- und Naturschutz erklären. Jerusalem Demsas, «60 Percent of Likely Voters Say They're in Favor of Public Housing. So Why Isn't There More of It?», Vox, 26. Januar 2021; William Marble und Clayton Nall, «Where Self-Interest Trumps Ideology: Liberal Homeowners and Local Opposition to Housing Development», *The Journal of Politics* 83 (2021), S. 1747–1763. Siehe auch Demis Glasford, «The Privileged Liberal Principle-Implementation Gap: How the Personal Behavior of Privileged Liberals Contributes to Social Inequality», *Journal of Applied Social Psychology* 52 (2022), S. 865–885.

25 Edsall und Edsall, *Chain Reaction*, S. 12, 282 f.; Lily Geismer, *Don't Blame Us: Suburban Liberals and the Transformation of the Democratic Party* (Princeton, N.J.: Princeton University Press, 2015), S. 173–200; Kruse, *White Flight*, S. 106 f., 125, 178, 196–204.

26 McGhee, *The Sum of Us*, Kap. 1. Siehe auch Du Bois, *Black Reconstruction*, Kap. 1 und 2; Anne Case und Angus Deaton, *Deaths of Despair and the Future of Capitalism* (Princeton, N.J.: Princeton University Press, 2020); Jonathan Metzl, *Dying of Whiteness: How* *the Politics of Racial Resentment Is Killing America's Heartland* (New York: Basic Books, 2019).

27 Als die Bewohner von Buckhead, einem wohlhabenden Vorort von Atlanta, im Jahr 2021 erfuhren, dass die Stadtverwaltung den Bau von Mehrfamilienhäusern plante, bildeten sie einen Ausschuss, um ihre Unabhängigkeit von der Stadt zu erstreiten. Siehe Mock, «The Housing Proposal That's Quietly Tearing Apart Atlanta». Nachhaltige multiethnische Viertel werden häufiger, sind aber immer noch die Ausnahme von der Regel der Rassen- und Klassentrennung. Siehe Kyle Crowder, Jeremy Pais und Scott South, «Neighborhood Diversity, Metropolitan Constraints, and Household Migration», *American Sociological Review* 77 (2012), S. 325–353.

28 Was die Auswirkungen von Armut auf schulische Leistungen angeht, die umfassend erforscht wurden, möchte ich nur drei Punkte herausgreifen. Wenn sich die Politik darauf beschränkt, Kinder aus unterschiedlichen gesellschaftlichen Schichten und Gruppen in einer Schule zu integrieren, und nichts gegen die Armut in ihren Familien und Vierteln unternimmt, dann bleibt der Erfolg begrenzt. Zweitens erreichen interessierte und lernbereite Kinder oder Kinder, die von ihren Eltern gefördert werden, (oder beides) selbst aus den ärmsten Schulen Höchstleistungen in den landesweiten Hochschulzugangstests. Doch in den Vereinigten Staaten – und das ist der dritte Punkt – reicht das nicht aus, um tatsächlich eine Universität zu besuchen; das Tor zur höheren Bildung ist vor allem eine wohlhabende Schule. Siehe David Armor, Gary Marks und Aron Malatinszky, «The Impact of School SES on Student Achievement: Evidence from U.S. Statewide Achievement Data», *Educational Evaluation and Policy Analysis* 40 (2018), S. 613–630; Douglas Downey, *How Schools Really Matter: Why Our Assumptions About Schools and Inequality Is Mostly Wrong* (Chicago: University of Chicago Press, 2019); Jennifer Jennings u. a., «Do Differences in School Quality Matter More Than We Thought? New Evidence on Educational Opportunity in the Twenty-first Century», *Sociology of Education* 88 (2015), S. 56–82; Douglas Lee Lauen und S. Michael Gaddis, «Exposure to Classroom Poverty and Test Score Achievement: Contextual Effects or Selection?», *American Journal of Sociology* 118 (2013), S. 943–979; Ann Owens, «Income Segregation Between School Districts and Inequality in Students' Achievement», *Sociology of Education* 91 (2017), S. 1–27; Robert Sampson, Patrick Sharkey und Stephen Raudenbush, «Durable Effects of Concentrated Disadvantage on Verbal Ability Among African-American Children», *Proceedings of the National Academy of Sciences* 105 (2008), S. 845–852. Im E-Mail-Verkehr mit mir sprach die Bildungssoziologin Ruth López Turley von einer «Maschine des Statuserhalts». Ich verwende diese Bezeichnung mit ihrer freundlichen Erlaubnis.

29 Tressie McMillan Cottom, *Thick and Other Essays* (New York: New Press, 2019), S. 106.

KAPITEL 7

WIE WIR DIE ARMUT ABSCHAFFEN KÖNNEN

1 Lew Tolstoi, *Was sollen wir denn thun?* (Leipzig: E. Diederichs, 1902 [1886]).

2 Ebd.

3 Bhutta u.a., Changes in U.S. Family Finances from 2016 to 2019, S. 18, 40; Edward Glaeser, Joseph Gyourko und Raven Saks, «Why Have Housing Prices Gone Up?», *American Economic Review* 95 (2005), S. 329–333; Jennifer Surane u.a., «Bank Overdraft Fees Are Costing American Consumers $8 Billion», Bloomberg, 26. Juli 2022.

4 John Guyton u.a., «Tax Evasion at the Top of the Income Distribution: Theory and Evidence», National Bureau of Economic Research, Working Paper 28542, März 2021.

5 Der Begriff der Armutsfalle stammt von Gary Solon, «What We Didn't Know About Multigenerational Mobility», *Ethos*, 14. Februar 2016.

6 Sampson, *Great American City*; Patrick Sharkey und Jacob Faber, «Where, When, Why, and for Whom Do Residential Contexts Matter? Moving Away from the Dichotomous Understanding of Neighborhood Effects», *Annual Review of Sociology* 40 (2014), S. 559–579; Wilson, *Truly Disadvantaged.*

7 Es wird meist vergessen, dass in Veblens Vorstellung der «Geltungskonsum» der Oberschicht nie weit entfernt war von ihrem «Raubtierinstinkt» und «Schmarotzertum». Veblen, *Theory of the Leisure Class*, S. 43, 57.

8 Okun, *Equality and Efficiency*, S. 16.

9 Siehe Janet Currie, «The Take-up of Social Benefits», in *Public Policy and the Income Distribution*, hrg. v. Alan Auerbach, David Card und John Quigley (New York: Russell Sage Foundation, 2006), S. 80–148; Moffitt, «Economic Model of Welfare Stigma», S. 1023f. Zur Zahl der SNAP-Empfänger nach Bundesstaaten siehe USDA, Food and Nutrition Service, *SNAP Participation Rates by State, All Eligible People* (Washington, D.C.: U.S. Department of Agriculture, 2021). Die SNAP-Akzeptanz wird ermittelt aus der offiziellen Zahl der Empfänger und der geschätzten Zahl der Berechtigten. Diese Schätzungen sind nie präzise, doch die Unterschiede zwischen den Bundesstaaten sind dennoch aussagekräftig. Siehe Stacy Dickert-Conlin u.a., «The Downs and Ups of the SNAP Caseload: What Matters?», *Applied Economic Perspectives and Policy* 43 (2021), S. 1026–1050; Peter Ganong und Jeffrey Liebman, «The Decline, Rebound, and Further Rise in SNAP Enrollment: Disentangling Business Cycle Fluctuations and Policy Changes», *American Economic Journal: Economic Policy* 10 (2018), S. 153–176; Caroline Ratcliffe, Signe-Mary McKernan und Kenneth Finegold, «Effects of Food Stamp and TANF Policies on Food Stamp Receipt», *Social Service Review* 82 (2008), S. 291–334; U.S. Department of Agriculture, *State Options Report*, 14. Aufl. (Washington, D.C.: U.S. Department of Agriculture, 2018), S. 6–33, 49.

10 Raj Chetty und Emmanuel Saez, «Teaching the Tax Code: Earnings Responses to an Experiment with EITC Recipients», *American Economic Journal: Applied Economics* 5 (2013), S. 1–31; Manasi Deshpande und Yue Li, «Who Is Screened Out? Application Costs and the Targeting of Disability Programs», *American Economic Journal: Economic Policy* 11 (2019), S. 213–248, 232 f.; Colin Gray, «Leaving Benefits on the Table: Evidence from SNAP», *Journal of Public Economics* 179 (2019), S. 1–15; Tatiana Homonoff und Jason Somerville, «Program Recertification Costs: Evidence from SNAP», National Bureau of Economic Research, Working Paper 27311, Juni 2020, S. 3. Eine Untersuchung zeigte, dass verhaltenspsychologische Maßnahmen kaum Auswirkungen auf die Zahl der Antragsteller haben; siehe Elizabeth Linos u. a., «Can Nudges Increase Take-up of the EITC? Evidence from Multiple Field Experiments», National Bureau of Economic Research, Working Paper 28086, 2020.

11 Saurabh Bhargava und Dayanand Manoli, «Psychological Frictions and the Incomplete Take-Up of Social Benefits: Evidence from an IRS Field Experiment», *American Economic Review* 105 (2015), S. 3489–3529; Amy Finkelstein und Matthew Notowidigdo, «Take-Up and Targeting: Experimental Evidence from SNAP», *The Quarterly Journal of Economics* 134 (2019), S. 1505–1556.

12 Im Jahr 2020 lebten 7,29 Millionen Familien in Armut, und sie hätten im Durchschnitt 11 318 Dollar pro Jahr benötigt, um die offizielle Armutsgrenze zu überspringen. Um diese Familien aus der Armut zu holen, wären 82,55 Milliarden Dollar erforderlich gewesen. Dazu kamen 11,92 Millionen «nicht verwandte Einzelpersonen», die durchschnittlich jeweils 7802 Dollar benötigten, um die Armutsgrenze zu überspringen, was einer Gesamtsumme von 92,97 Milliarden Dollar entspricht. Schließlich gab es weitere 143 000 arme «nicht verwandte Unterfamilien» – die bürokratische Bezeichnung für Familien, die mit einer anderen, nicht verwandten Familie zusammenleben –, die im Durchschnitt 11731 Dollar unterhalb der Armutsgrenze lebten. Das sind weitere 1,68 Milliarden Dollar. So kommt man auf die Summe von 177,2 Milliarden. Das Current Population Survey's Annual Social and Economic Supplement veröffentlicht jährlich Schätzungen zur Zahl der Familien unterhalb der Armutsgrenze und zum durchschnittlichen Defizit dieser Familien. U.S. Census Bureau, Current Population Survey, 2021 Annual Social and Economic Supplement, CPS Detailed Tables for Poverty, POV-28. Alle Zahlen in Dollar des Jahres 2020. Dies ist eine Erweiterung und Aktualisierung der Analyse von Matt Bruenig in «How Much Money Would It Take to Eliminate Poverty in America?», *The American Prospect*, 24. September 2013.

13 Nach Schätzungen der Food and Drug Administration wurden 2010 Lebensmittel im Wert von 161 Milliarden Dollar weggeworfen. Wenn wir davon ausgehen, dass der Anteil konstant geblieben ist, entspräche dies inflationsbereinigt 191,67 Milliarden im Jahr 2020. U.S. Food and Drug Administration, «Food Loss and Waste», 19. November 2021. Diese Zahlen werden durch andere Untersuchungen bestätigt. Siehe zum Beispiel Zach Conrad, «Daily Cost of Consumer Food Wasted, Inedible, and Consumed in the United States, 2001–2016», *Nutrition Journal* 19 (2020), S. 1–9.

14 Alan Rappeport, «Tax Cheats Cost the U.S. $1 Trillion Per Year, I.R.S. Chief Says», *The New York Times*, 13. Oktober 2021.

15 Guyton u.a., «Tax Evasion at the Top of the Income Distribution»; Saez und Zucman, *Triumph of Injustice*, S. 60–62; Gabriel Zucman und Gus Wezerek, «This Is Tax Evasion, Plain and Simple», *The New York Times*, 7. Juli 2021. Siehe auch Tax Justice Network, The State of Tax Justice 2021 (Bristol, England: Tax Justice Network, 2021), S. 27.

16 Heather Boushey, *Unbound: How Inequality Constricts Our Eco-*

nomy and What We Can Do About It (Cambridge, Mass.: Harvard University Press, 2019), S. 91, 94f., 104.

17 Emmanuel Saez und Gabriel Zucman, «How to Tax Our Way Back to Justice», *The New York Times*, 11. Oktober 2019; Tax Policy Center, «Historical Highest Marginal Income Tax Rates», 9. Februar 2022; Tax Policy Center, «Corporate Top Tax Rate and Bracket», 14. Februar 2022.

18 Boushey, Unbound, Kap. 3; Ross Douthat, *The Decadent Society: How We Became the Victims of Our Own Success* (New York: Avid Reader, 2020).

19 The Editorial Board, «The Democrats' Wealth-Tax Mirage», *The Wall Street Journal*, 25. Oktober 2021.

20 Okun (*Equality und Efficiency*, S. 59) sagte einmal, eines der Gebote der staatlichen Politik sei «Du sollst nicht nehmen, was du einmal gegeben hast». Es stimmt, dass es schwierig ist, bestimmte Leistungen wieder zurückzunehmen, so überflüssig und hanebüchen sie auch sein mögen. Wenn es um Hilfe für Einkommensschwache geht, nimmt es der Staat allerdings weniger genau mit diesem Gebot. Die Politik hat erst dazu beigetragen, die Gewerkschaften stark zu machen, und dann hat sie dazu beigetragen, sie wieder zu schwächen. Sie hat soziale Wohnprojekte erst gebaut und dann wieder gesprengt. Sie hat Direkthilfen gezahlt und später wieder eingestellt. Ein weiteres Beispiel ist die kühne Ausweitung von Hilfen für Geringverdiener während der Coronapandemie und deren Streichung mit dem Abflauen der Pandemie. Okuns Gebot scheint eher auf staatliche Leistungen für die Reichen zuzutreffen, doch selbst diese sind nicht in Stein gemeißelt. Als ich mich der Kampagne für den sozialen Wohnungsbau in Washington anschloss, meinten viele meiner Mitstreiter, der Staat werde niemals an der steuerlichen Absetzbarkeit von Hypothekenzinsen rühren. Doch im ersten Regierungsjahr von Donald Trump wurde sie vom Kongress reformiert. Um die Steuerausfälle durch Trumps Steuerkürzungen aufzufangen, senkte er den Freibetrag von einer Million Dollar auf 750 000, wie Liberale schon lange gefordert hatten. Seither bin ich skeptisch, wenn jemand behauptet, eine bestimmte Reform sei unvorstellbar. Wie mir Susanna Blankley von der Right to Counsel NYC Coalition einmal sagte: «Alles ist unmöglich, bis es das nicht mehr ist.»

21 Chye-Ching Huang und Brandon Debot, «Corporate Tax Cuts Skew to Shareholders and CEOs, Not Workers as Administration Claims», Center on Budget and Policy Priorities, 16. August 2017; Congressional Budget Office, *Options for Reducing the Deficit: 2021 to 2030* (Washington, D.C.: Congressional Budget Office, 2020), S. 75, 77; Lucas Goodman u. a., «How Do Business Owners Respond to a Tax Cut? Examining the 199A Deduction for Pass-through Firms», National Bureau of Economic Research, Working Paper 28680, April 2021, S. 8; Samantha Jacoby, «Repealing Flawed ‹Pass-Through› Deduction Should Be Part of Recovery Legislation», Center on Budget and Policy Priorities, 1. Juni 2021; Joint Committee on Taxation, *Estimates of Federal Tax Expenditures for Fiscal Years 2020–2024* (Washington, D.C.: Joint Committee on Taxation, 2020), S. 28, 42; Chuck Marr, «JCT Highlights Pass-Through Deduction's Tilt Toward the Top», Center on Budget and Policy Priorities, 24. April 2018; Gordon Mermin u. a., *An Updated Analysis of Former Vice President Biden's Tax Proposals* (Washington, D.C.: Tax Policy Center, 2020), S. 9; Saez und Zucman, *Triumph of Injustice*, S. 19; Tax Policy Center, «T20-0137 – Tax Benefit of the Preferential Rates on Long-Term Capital Gains and Qualified Dividends, Baseline: Current Law, Distribution of Federal Tax Change by Expanded Cash Income Percentile, 2019», 22. April 2020.

22 Abby Goodnough, «As Some Get Free Health Care, Gwen Got Squeezed: An Obamacare Dilemma», *The New York Times*, 19. Februar 2018.

23 Sarah Donovan, *Universal Basic Income Proposals for the United States* (Washington, D.C.: Congressional Research Services, 2018);

Hillary Hoynes und Jesse Rothstein, «Universal Basic Income in the US and Advanced Countries», National Bureau of Economic Research, Working Paper 25538, Februar 2019, S. 2, 5f., 13f., 17.

24 «EITC Fast Facts», Internal Revenue Service, 14. Januar 2022; Robert Greenstein, *Targeting, Universalism, and Other Factors Affecting Social Programs' Political Strength* (Washington, D. C.: The Hamilton Project, Juni 2022), S. 1–8, 10.

25 John A. Powell, Stephen Menendian und Wendy Ake, *Targeted Universalism: Policy and Practice* (Berkeley, Calif.: Haas Institute for a Fair and Inclusive Society, 2019). Siehe auch Theda Skocpol, *Social Policy in the United States: Future Possibilities in Historical Perspective* (Princeton, N.J.: Princeton University Press, 2020 [1995]), Kap. 8.

26 Justin Elliott, Patricia Callahan und James Bandler, «Lord of the Roths», *ProPublica*, 24. Juni 2021; Harrington, *Other America*, S. 157f.

27 Thomas Blanchet, Emmanuel Saez und Gabriel Zucman, «Real-Time Inequality», National Bureau of Economic Research, Working Paper 30229, Juli 2022, S. 4, 25; Bernard Yaros u. a., Global Fiscal Policy in the Pandemic (New York: Moody's Analytics, 2022).

28 Desmond, «‹The Moratorium Saved Us›»; U. S. Department of Housing and Urban Development, *Fiscal Year 2020: Budget in Brief* (Washington, D. C.: U. S. Department of Housing and Urban Development, 2020); Kay Jowers u. a., «Housing Precarity and the COVID-19 Pandemic: Impacts of Utility Disconnection and Eviction Moratoria on Infections and Deaths Across US Counties», National Bureau of Economic Research, Working Paper 28394, Januar 2021; Jasmine Rangel u. a., «Preliminary Analysis: 11 Months of the CDC Moratorium», The Eviction Lab, 21. August 2021.

29 Die Zahl der Räumungsklagen ist eine Schätzung und stammt aus dem «Eviction Tracking System» von Eviction Lab, entwickelt von Peter Hepburn und Renee Louis. Emily Benfer u. a., «The

COVID-19 Eviction Crisis: An Estimated 30–40 Million People in America Are at Risk», Aspen Institute, 7. August 2020; U.S. Department of the Treasury, Emergency Rental Assistance Program (ERA1) Interim Report, 1. Januar–30. November 2021.

30 Gromis u. a., «Estimating Eviction Prevalence Across the United States».

31 Walter Brueggemann, *The Prophetic Imagination*, 40th Anniversary Edition (Minneapolis: Fortress Press, 2018 [1978]), S. 4, 39.

32 «Evaluating the Success of the Great Society», *The Washington Post*, 17. Mai 2014; «A Short History of SNAP», U.S. Department of Agriculture, Food and Nutrition Service, 2018; Melody Barnes und Julian Zelizer, «What Democrats Can Learn from Lyndon Johnson's Great Society», CNN, 3. Februar 2020; Economic Opportunity Act of 1964, Pub. L. No. 88-452, 78 Stat. 508 (1964); Lucy Danley, «A Brief History and Overview of the Head Start Program», First Five Years Fund, 16. Oktober 2020.

33 Guyton u. a., «Tax Evasion at the Top of the Income Distribution», S. 4.

34 Im Jahr 1959 lebten 22,4 Prozent der Amerikaner unterhalb der offiziellen Armutsgrenze, 1970 waren es 12,6 Prozent. Dieser Rückgang gelang durch vereinte wirtschaftliche und staatliche Kräfte. Die staatliche Sozialhilfe stieg dramatisch, unter anderem wurde das öffentliche Rentensystem ausgebaut. 1950 erhielten nur 16 Prozent der Senioren Zahlungen, 1965 waren es 75 Prozent. Während der 1960er Jahre hob der Kongress die Zahlungen an, und die Altersarmut ging zurück. Auch im Rahmen der Programme «War on Poverty» und «Great Society» zahlte der Kongress wichtige Hilfen: Zwischen 1965 und 1970 verdreifachten sich die Gesundheits-, Bildungs- und Sozialausgaben des Bundes. Das fiel in eine Zeit, als das anhaltende Wirtschaftswachstum die Einkommen der Arbeitnehmer steigen ließ. Zwischen 1960 und 1973 wuchs das mittlere Jahreseinkommen von Männern von 37600 auf 53300 Dollar an. Dank der gestiegenen Löhne und Sozialleistungen entkamen Millionen Bürger der Armut. Nach 1973 stagnierten die Löhne jedoch, und seither hat der Arbeitsmarkt an Einfluss auf die Armut verloren. Heute führt Wirtschaftswachstum nicht mehr zu breitem Wohlstand und eine Anhebung der Sozialausgaben nicht mehr zu einem spürbaren Rückgang der Armut. Siehe Rebecca Blank, «Why Were Poverty Rates So High in the 1980s?», in *Poverty and Prosperity in the USA in the Late Twentieth Century*, hrg. v. Dimitri Papadimitriou und Edward Wolff (London: Macmillan, 1993), S. 25f.; Martha Bailey und Sheldon Danziger (Hrg.), *Legacies of the War on Poverty* (New York: Russell Sage Foundation, 2013); Ajay Chaudry u. a., *Poverty in the United States: 50-Year Trends and Safety Net Impacts* (Washington, D.C.: U.S. Department of Health and Human Services, 2016), S. 4f.; Sheldon Danziger und Peter Gottschalk, *America Unequal* (New York: Russell Sage Foundation, 1995), S. 102f.; Gary Engelhardt und Jonathan Gruber, «Social Security and the Evolution of Elderly Poverty», National Bureau of Economic Research, Working Paper 10466, Mai 2004; Eli Ginzberg und Robert Solow, *The Great Society: Lessons for the Future* (New York: Basic Books, 1974); Kathleen McGarry, «The Safety Net for the Elderly», in *Legacies of the War on Poverty*, hrg. v. Martha Bailey und Sheldon Danziger (New York: Russell Sage Foundation, 2013), S. 181–188; Semega u. a., *Income and Poverty in the United States: 2019*, S. 61, Table B-5; U.S. Census Bureau, Current Population Survey, Historical Poverty Tables: People and Families – 1959 to 2020, Table 2; Wimer u. a., «Progress on Poverty?»; Jane Waldfogel, «Presidential Address: The Next War on Poverty», *Journal of Policy Analysis and Management* 35 (2016), S. 267–278.

35 Jaime Dunaway-Seale, «U.S. Rent Prices Are Rising 4x Faster Than Income (2022 Data)», *Real Estate Witch*, 16. Mai 2022. Siehe auch Alicia Mazzara, «Rents Have Risen More Than Incomes in Nearly Every State Since 2001», Center on Budget and Policy Priorities, 10. Dezember 2019.

36 Daten belegen, dass Lohnsubventionen die Löhne drücken, vor allem bei Geringqualifizierten. Das schadet insbesondere kinderlosen Arbeitnehmern, die deutlich weniger Hilfen erhalten. Siehe Margot Crandall-Hollick, *The Earned Income Tax Credit (EITC): A Brief Legislative History* (Washington, D.C.: Congressional Research Service, 2018 [2020]); Andrew Leigh, «Who Benefits from the Earned Income Tax Credit? Incidence Among Recipients, Coworkers and Firms», *The B. E. Journal of Economic Analysis and Policy* 10 (2010), S. 1–41; Jesse Rothstein, «Is the EITC as Good as an NIT? Conditional Cash Transfers and Tax Incidence», *American Economic Journal: Economic Policy* 2 (2010), S. 177–208; Jesse Rothstein und Ben Zipperer, «The EITC and Minimum Wage Work Together to Reduce Poverty and Raise Incomes», Economic Policy Institute Report (2020), S. 1–10. Es gibt außerdem Hinweise, dass Wohngeldempfänger deutlich mehr Miete bezahlen müssen als andere Mieter in vergleichbaren Wohnungen und Vierteln. Robert Collinson und Peter Ganong, «How Do Changes in Housing Voucher Design Affect Rent and Neighborhood Quality?», *American Economic Journal: Economic Policy* 10 (2018), S. 62–89; Matthew Desmond und Kristin Perkins, «Are Landlords Overcharging Housing Voucher Holders?», *City and Community* 15 (2016), S. 137–162.

KAPITEL 8
WIE WIR DIE ARMEN STÄRKEN

1 Xavier de Souza Briggs und Russell Jackson, «How a $15 Minimum Wage Could Help Restaurants and Other Hard-Hit Small Businesses», Brookings Institution, 22. Februar 2021; U.S. Bureau of Labor Statistics, *Characteristics of Minimum Wage Workers, 2020* (Washington, D.C.: BLS Reports, Februar 2021); Drew DeSilver, «The U.S. Differs from Most Other Countries in How It Sets Its Minimum Wage», Pew Research Center, 20. Mai 2021; One Fair

Wage, *The Key to Saving the Restaurant Industry Post-COVID 19*, 2022.

2 Desmond, «Dollars on the Margins»; Leigh u. a., «Minimum Wages and Public Health».

3 Sharon Block und Benjamin Sachs, *Clean Slate for Worker Power: Building a Just Economy and Democracy* (Cambridge, Mass.: Labor and Worklife Program, Harvard Law School, 2020), S. 2, 16–18; Desmond, «Capitalism», S. 181–183; Dray, *There Is Power in a Union*, S. 184; Rayford Whittingham Logan, *The Betrayal of the Negro: From Rutherford B. Hayes to Woodrow Wilson* (New York: Collier, 1965 [1954]), S. 142.

4 Und die wenigsten gelungenen Gewerkschaftsgründungen führen zu einem Tarifvertrag. Zwischen 1999 und 2004 erzielte nur ein Fünftel der beim National Labor Relations Board gemeldeten Gewerkschaften innerhalb von zwei Jahren nach ihrer Gründung einen Tarifvertrag. Siehe John-Paul Ferguson, «The Eyes of the Needles: A Sequential Model of Union Organizing Drives, 1999–2004», *ILR Review* 62 (2008), S. 3–21.

5 Block und Sachs, *Clean Slate for Worker Power*, Abschnitt 3B; Farber u. a., «Unions and Inequality over the Twentieth Century»; Gordon Lafer und Lola Loustaunau, *Unlawful.*

6 Kate Andrias, «The New Labor Law», *The Yale Law Journal* 126 (2016), S. 1–100; Block und Sachs, *Clean Slate for Worker Power*, Abschnitt 3B; *David Rolf, A Roadmap to Rebuilding Worker Power* (New York: The Century Foundation, 2018).

7 DeSilver, «The U.S Differs from Most Other Countries in How It Sets Its Minimum Wage».

8 Kate Andrias, «Union Rights for All: Toward Sectoral Bargaining in the United States», in *The Cambridge Handbook of U. S. Labor Law for the Twenty-First Century*, hrg. v. Richard Bales und Charlotte Garden (New York: Cambridge University Press, 2020), Kap. 6; Block und Sachs, *Clean Slate for Worker Power*, Abschnitt 3B; Martin Rama, «Bargaining Structure and Economic Performance in the Open Economy», *European Economic Review* 38 (1994), S. 403–415. Zu einer Diskussion der Branchentarifverhandlungen im Kontext der Vereinigten Staaten siehe Veena Dubal, «Sectoral Bargaining Reforms: Proceed with Caution», *New Labor Forum* 31 (2022), S. 11–14.

9 Orwell, *Road to Wigan Pier*, S. 227.

10 Sonya Acosta und Erik Gartland, «Families Wait Years for Housing Vouchers Due to Inadequate Funding», Center on Budget and Policy Priorities, 22. Juli 2021; U.S. Department of Housing and Urban Development, *Picture of Subsidized Housing, 2020* (Washington, D.C.: HUD, 2021).

11 Wells Dunbar, «No Room at the Complex», *The Austin Chronicle*, 14. September 2007; Michael Kimmelman, «In a Bronx Complex, Doing Good Mixes with Looking Good», *The New York Times*, 26. September 2011.

12 Jacqueline Chiofalo u. a., «Pediatric Blood Lead Levels Within New York City Public Versus Private Housing, 2003–2017», *American Journal of Public Health* 109 (2019), S. 906–911; Andrew Fenelon u. a., «The Impact of Housing Assistance on the Mental Health of Children in the United States», *Journal of Health and Social Behavior* 59 (2018), S. 447–463; Jeehee Han und Amy Ellen Schwartz, «Are Public Housing Projects Good for Kids After All?», Annenberg Institute, Brown University, Working Paper 21-437, Juli 2021; Henry Pollakowski u. a., «Childhood Housing and Adult Outcomes: A Between-Siblings Analysis of Housing Vouchers and Public Housing», *American Economic Journal: Economic Policy* 14 (2022), S. 235–272.

13 Alanna McCargo u. a., «The MicroMortgage Marketplace Demonstration Project», Urban Institute, Dezember 2020.

14 Alanna McCargo, Bing Bai und Sarah Strochak, «Small-Dollar Mortgages: A Loan Performance Analysis», Urban Institute, Dezember 2020, S. 1, 6; McCargo u. a., «The MicroMortgage Marketplace Demonstration Project», S. 8; National Rural Housing Coalition, «Rural Housing Success Story: Section 502 Direct Loans», Januar 2011; USDA-Sprecher, E-Mail-Korrespondenz, 15. März 2022.

15 Matthew Desmond, «The Tenants Who Evicted Their Landlord», *The New York Times Magazine*, 13. Oktober 2020.

16 Amanda Huron, *Carving Out the Commons: Tenant Organizing and Housing Cooperatives in Washington, DC* (Minneapolis: University of Minnesota Press, 2018), S. 77f.; Ronald Lawson (Hrg.), *The Tenant Movement in New York City, 1904–1984* (New Brunswick, N.J.: Rutgers University Press, 1986), S. 221f.

17 Huron, *Carving Out the Commons*, S. 2f., 55.

18 Siehe Bhattarai u.a., «Rents Are Rising Everywhere». Zu einer Schätzung der Zahl obdachloser Kinder siehe Advocates for Children in New York, «New Data Show Number of NYC Students Who Are Homeless Topped 100,000 for Fifth Consecutive Year», Dezember 2020; National Center for Homeless Education, Federal Data Summary, School Years 2016–17 Through 2018–19 (Greensboro, N.C.: National Center for Homeless Education, April 2021).

19 Aluma Zernik, «Overdrafts: When Markets, Consumers, and Regulators Collide», *Georgetown Journal on Poverty Law and Policy* 26 (2018), S. 1–45.

20 Neil Bhutta, Jacob Goldin und Tatiana Homonoff, «Consumer Borrowing After Payday Loan Bans», *The Journal of Law and Economics* 59 (2016), S. 225–259; Jialan Wang und Kathleen Burke, «The Effects of Disclosure and Enforcement on Payday Lending in Texas», *Journal of Financial Economics* 145 (2022), S. 489–507.

21 Bhutta u.a., «Consumer Borrowing After Payday Loan Bans»; Consumer Federation of America, «Payday Loan Information for Consumers», 2022; Wang und Burke, «The Effects of Disclosure and Enforcement on Payday Lending in Texas», S. 489–507.

22 Jonathan Macey, «Fair Credit Markets: Using Household Balance Sheets to Promote Consumer Welfare», Texas Law Review 100 (2022), S. 683–745; Frederick Wherry, «Payday Loans Cost the Poor Billions, and There's an Easy Fix», *The New York Times*, 29. Oktober 2015.

23 Martha Bailey, «Reexamining the Impact of Family Planning Programs on US Fertility: Evidence from the War on Poverty and the Early Years of Title X», *American Economic Journal: Applied Economics* 4 (2012), S. 62–97; Thomas Carper, Andrea Kane und Isabel Sawhill, «Following the Evidence to Reduce Unplanned Pregnancy and Improve the Lives of Children and Families», *The Annals of the American Academy of Political and Social Science* 678 (2018), S. 199–205; Jocelyn Finlay und Marlene Lee, «Identifying Causal Effects of Reproductive Health Improvements on Women's Economic Empowerment Through the Population Poverty Research Initiative», *The Milbank Quarterly* 96 (2018), S. 300–322; Lawrence Finer und Mia Zolna, «Declines in Unintended Pregnancy in the United States, 2008–2011», *New England Journal of Medicine* 374 (2016), S. 843–852; Stefanie Fischer, Heather Royer und Corey White, «The Impacts of Reduced Access to Abortion and Family Planning Services on Abortions, Births, and Contraceptive Purchases», *Journal of Public Economics* 167 (2018), S. 43–68; Claudia Goldin, «The Quiet Revolution That Transformed Women's Employment, Education, and Family», *American Economic Review* 96 (2006), S. 1–21.

24 Kathryn Kost, Isaac Maddow-Zimet und Ashley Little, «Pregnancies and Pregnancy Desires at the State Level: Estimates for 2017 and Trends Since 2012», Guttmacher Institute, September 2021; Margot Sanger-Katz, «Set It and Forget It: How Better Contraception Could Be a Key to Reducing Poverty», *The New York Times*, 18. Dezember 2018; Upstream USA, Delaware Contraceptive Access Now.

25 Roberts, *Killing the Black Body*; Sanger-Katz, «Set It and Forget It»; Kim Severson, «Thousands Sterilized, a State Weighs Restitution», *The New York Times*, 9. Dezember 2011.

26 Diana Greene Foster, *The Turnaway Study: Ten Years, a Thousand*

Women, and the Consequences of Having – or Being Denied – an Abortion (New York: Simon & Schuster, 2021); Diana Greene Foster u. a., «Comparison of Health, Development, Maternal Bonding, and Poverty Among Children Born After Denial of Abortion vs. After Pregnancies Subsequent to an Abortion», *JAMA Pediatrics* 172 (2018), S. 1053–1060; Diana Greene Foster u. a., «Socioeconomic Outcomes of Women Who Receive and Women Who Are Denied Wanted Abortions in the United States», *American Journal of Public Health* 108 (2018), S. 407–413; Sarah Miller, Laura Wherry und Diana Greene Foster, «The Economic Consequences of Being Denied an Abortion», National Bureau of Economic Research, Working Paper 26662, Januar 2020.

27 «Employers Are Begging for Workers. Maybe That's a Good Thing», The Ezra Klein Show, 8. Juni 2021; C. Wright Mills, *The Power Elite* (New York: Oxford University Press, 2000 [1956]), S. 335.

28 Union Plus, ein Sozialprogramm für Gewerkschaftsmitglieder, erstellt Listen von Produkten, die in Unternehmen mit einer gewerkschaftlich organisierten Belegschaft hergestellt werden. Siehe auch Sarah Reinhardt, «During Pandemic, It's All Tricks and No Treats for Mars Wrigley Workers», Union of Concerned Scientists, 26. Oktober 2020; Mercedes Streeter, «UPS Is Winning the Delivery Wars with Its Unionized Workers», *Jalopnik*, 8. November 2021.

29 Lawrence Glickman, *Buying Power: A History of Consumer Activism in America* (Chicago: University of Chicago Press, 2009), S. 5 f., 14 f., 31 f., 69–71, 306, 390.

30 James Bessen, «Everything You Need to Know About Occupational Licensing», Vox, 18. November 2014; Jamie Lauren Keiles, «The Man Who Turned Credit-Card Points into an Empire», *The New York Times Magazine*, 5. Januar 2021; Scott Schuh, Oz Shy und Joanna Stavins, «Who Gains and Who Loses from Credit Card Payments? Theory and Calibrations», Federal Reserve Bank of Boston, Discussion Paper 10-3, November 2010.

31 Elizabeth Levy Paluck und Donald Green, «Deference, Dissent, and Dispute Resolution: An Experimental Intervention Using Mass Media to Change Norms and Behavior in Rwanda», *American Political Science Review* 103 (2009), S. 622–644; Elizabeth Levy Paluck und Donald Green, «Prejudice Reduction: What Works? A Review and Assessment of Research and Practice», *Annual Review of Psychology* 60 (2009), S. 339–367.

32 James Alm, Kim Bloomquist und Michael McKee, «When You Know Your Neighbour Pays Taxes: Information, Peer Effects and Tax Compliance», *Fiscal Studies* 38 (2017), S. 587–613; Jörg Paetzold und Hannes Winner, «Tax Evasion and the Social Environment», *Center for Economic Policy Research*, 17. Dezember 2016.

33 Gallup, «Labor Unions», 2021.

34 B Lab, «Best for the World 2022: Workers»; Teamsters Local 332, «Union Made».

35 James Baldwin, «Fifth Avenue, Uptown», *Esquire*, Juli 1960.

KAPITEL 9
WIE WIR DIE MAUERN EINREISSEN

1 Raj Chetty und Nathaniel Hendren, «The Impacts of Neighborhoods on Intergenerational Mobility I: Childhood Exposure Effects», *The Quarterly Journal of Economics* 133 (2018), S. 1107–1162; Raj Chetty, Nathaniel Hendren und Lawrence Katz, «The Effects of Exposure to Better Neighborhoods on Children: New Evidence from the Moving to Opportunity Experiment», *American Economic Review* 106 (2016), S. 855–902; Eric Chyn, «Moved to Opportunity: The Long-Run Effects of Public Housing Demolition on Children», *American Economic Review* 108 (2018), S. 3028–3056; Patrick Sharkey, *Stuck in Place: Urban Neighborhoods and the End of Progress Toward Racial Equality* (Chicago: University of Chicago Press, 2013).

2 Friedrich Nietzsche, *Werke. Kritische Gesamtausgabe*, Abt. VIII, Bd. 1: *Nachgelassene Fragmente Herbst 1885–Herbst 1887*. Hrg. v. Giorgio Colli und Mazzino Montinari (Berlin/New York: de Gruyter 1967 ff.). http://www.nietzschesource.org/#eKGWB/NF-1886,5[29].

3 Ryan Enos, *The Space Between Us: Social Geography and Politics* (New York: Cambridge University Press, 2017).

4 Derrick Bell, *Silent Covenants: Brown v. Board of Education and the Unfulfilled Hopes for Racial Reform* (New York: Oxford University Press, 2004); Mary Pattillo, «Black Middle-Class Neighborhoods», *Annual Review of Sociology* 31 (2005), S. 305–329. Die Zahlen zu Cherry Hill habe ich aus einer persönlichen Mitteilung von Adam Gordon vom Fair Share Housing Center, 25. März 2022.

5 Nikole Hannah-Jones, «Choosing a School for My Daughter in a Segregated City», *The New York Times Magazine*, 9. Juni 2016; Rucker Johnson, *Children of the Dream: Why School Integration Works* (New York: Basic Books, 2019), Kap. 2.

6 Richard Kahlenberg, «From All Walks of Life: New Hope for School Integration», *American Educator*, Winter 2012/13, S. 4 f.; Heather Schwartz, *Housing Policy Is School Policy: Economically Integrative Housing Promotes Academic Success in Montgomery County, Maryland* (Washington, D. C.: The Century Foundation, 2010). Siehe auch Kendra Bischoff und Ann Owens, «The Segregation of Opportunity: Social and Financial Resources in the Educational Contexts of Lower-and Higher-Income Children, 1990–2014», *Demography* 56 (2019), S. 1635–1664; Ann Owens, Sean Reardon und Christopher Jencks, «Income Segregation Between Schools and School Districts», *American Educational Research Journal* 53 (2016), S. 1159–1197; Jennifer Jennings u. a., «Do Differences in School Quality Matter More Than We Thought? New Evidence on Educational Opportunity in the Twenty-First Century», *Sociology of Education* 88 (2015), S. 56–82; Ann Owens, «Income Segregation Between School Districts and

Inequality in Students' Achievement», *Sociology of Education* 91 (2017), S. 1–27.

7 Ann Owens, «Inequality in Children's Contexts: Income Segregation of Households with and without Children», *American Sociological Review* 81 (2016), S. 549–574; Owens, Reardon und Jencks, «Income Segregation Between Schools and School Districts», S. 1159–1197; Sean Reardon u.a., «Has Income Segregation Really Increased? Bias and Bias Correction in Sample-Based Segregation Estimates», *Demography* 55 (2018), S. 2129–2160; Sean Reardon und Ann Owens, «60 Years After Brown: Trends and Consequences of School Segregation», *Annual Review of Sociology* 40 (2014), S. 199–218.

8 Grounded Solutions Network, Inclusionary Housing, 2022; Emily Hamilton, «Inclusionary Zoning and Housing Market Outcomes», *Cityscape* 23 (2021), S. 161–194; Office of Policy Development and Research, *Inclusionary Zoning and Mixed-Income Communities* (Washington, D.C.: U.S. Department of Housing and Urban Development, Spring 2013).

9 Calavita und Mallach, *Inclusionary Housing in International Perspective*, S. 8, 11.

10 Len Albright, Elizabeth Derickson und Douglas Massey, «Do Affordable Housing Projects Harm Suburban Communities? Crime, Property Values, and Taxes in Mount Laurel, NJ», *City and Community* 12 (2013), S. 89–112; Mai Nguyen, «Does Affordable Housing Detrimentally Affect Property Values? A Review of the Literature», *Journal of Planning Literature* 20 (2005), S. 15–26.

11 Richard Rothstein, *The Color of Law: A Forgotten History of How Our Government Segregated America* (New York: Liveright, 2017), S. 201.

12 Katherine Levine Einstein, David Glick und Maxwell Palmer, *Neighborhood Defenders: Participatory Politics and America's Housing Crisis* (New York: Cambridge University Press, 2019), S. 36, 97, 106; Alexis de Tocqueville, *Democracy in America*, hrg. v. J.P.

Mayer, übers. v. George Lawrence (New York: Perennial Classics, 2000 [1835]), S. 511; Jesse Yoder, «Does Property Ownership Lead to Participation in Local Politics? Evidence from Property Records and Meeting Minutes», *American Political Science Review* 114 (2020), S. 1213–1229.

13 Einstein, Glick und Palmer, *Neighborhood Defenders*, S. 4 f., 17, 106.

14 Ich danke Alexandra Murphy von der University of Michigan für den Hinweis auf diese Broschüre.

15 H. Robert Outten u. a., «Feeling Threatened About the Future: Whites' Emotional Reactions to Anticipated Ethnic Demographic Changes», *Personality and Social Psychology Bulletin* 38 (2012), S. 14–25; Lincoln Quillian, «Prejudice as a Response to Perceived Group Threat: Population Composition and Anti-Immigrant and Racial Prejudice in Europe», *American Sociological Review* 60 (1995), S. 586–611; Rachel Wetts und Robb Willer, «Privilege on the Precipice: Perceived Racial Status Threats Lead White Americans to Oppose Welfare Programs», *Social Forces* 97 (2018), S. 793–822; Clara Wilkins und Cheryl Kaiser, «Racial Progress as Threat to the Status Hierarchy: Implications for Perceptions of Anti-White Bias», *Psychological Science* 25 (2014), S. 439–446.

16 Larry Bartels, Unequal Democracy (Princeton, N. J.: Princeton University Press, 2016); Derek Brown, Drew Jacoby-Senghor und Isaac Raymundo, «If You Rise, I Fall: Equality Is Prevented by the Misperception That It Harms Advantaged Groups», *Science Advances* 8 (2022), S. 1–18; Piston, *Class Attitudes in America*, S. 6, 56–62; McCall, *Undeserving Rich*, S. 35, 47, 217.

17 Jenny Schuetz, *Fixer-Upper: How to Repair America's Broken Housing Systems* (Washington, D. C.: Brookings Institution Press, 2022); Neil Smith und Peter Williams (Hrg.), *Gentrification of the City* (London: Routledge, 2013).

18 Greenstein, *Targeting, Universalism, and Other Factors Affecting Social Programs' Political Strength*, S. 17.

19 Oliver Cromwell Cox, *Caste, Class, and Race: A Study in Social Dy-*

namics (New York: Doubleday, 1948), S. 345. Siehe auch Desmond, «Capitalism»; Du Bois, *Black Reconstruction.*

20 Diese Vorstellung erfreute sich auch einiger Beliebtheit unter Wirtschaftswissenschaftlern aus der Zeit der Weltwirtschaftskrise. Siehe Stuart Chase, *The Economy of Abundance* (New York: MacMillan, 1934); Albert Newman, *Enough for Everybody* (Indianapolis: Bobbs-Merrill, 1933).

21 Desmond, «The Tenants Who Evicted Their Landlord»; Robin Wall Kimmerer, «The Serviceberry: An Economy of Abundance», *Emergence Magazine*, 10. Dezember 2020; E. P. Thompson, «The Moral Economy of the English Crowd in the Eighteenth Century», *Past and Present* 50 (1971), S. 76–136.

22 James Baldwin, «Faulkner and Desegregation», in *The Price of the Ticket: Collected Nonfiction*, 1948–1985 (New York: St. Martin's Press, 1985), S. 147.

23 Martin Luther King, *Why We Can't Wait* (New York: Penguin, 1964), S. 65.

24 Kimmerer, «Serviceberry»; Franklin D. Roosevelt, «State of the Union Message to Congress», 11. Januar 1944.

25 «Happiness Among Americans Dips to Five-Decade Low», U Chicago News, 16. Juni 2020.

26 Alex Bell u. a., «Who Becomes an Inventor in America? The Importance of Exposure to Innovation», *The Quarterly Journal of Economics* 134 (2019), S. 647–713.

27 Hinter Investitionen in die Armutsbekämpfung standen oft höhere nationale Anliegen. General Lewis Hershey, der während des Zweiten Weltkriegs die Einberufungsbehörde geleitet hatte, sagte 1947 vor dem Kongress aus, jeder sechste Rekrut sei ausgemustert worden, in 40 bis 60 Prozent der Fälle aufgrund von Mangel- und Unterernährung. Der Staat habe nicht dafür gesorgt, dass seine Bürger ausreichend ernährt seien, und damit die Verteidigungsbereitschaft des Landes gefährdet. Lebensmittelknappheit und Mangelernährung, so General Hershey, gefährdeten die Demokratie und die nationale Sicherheit. Daraufhin richtete Washington die Schulspeisung ein, die heute von zig Millionen Kindern in Anspruch genommen wird, viele aus armen Familien. Auch das Militär heuerte Ernährungsexperten an, führte zahlreiche Untersuchungen zur menschlichen Physiologie durch und drehte Propagandafilme zur gesunden Ernährung. Aus diesen Bemühungen gingen Ernährungsempfehlungen hervor, etwa zur Zahl der Kalorien oder Vitamine am Tag, sowie die Ernährungspyramide. Mit der Lösung eines Problems, das in erster Linie Bedürftige betraf, ist das ganze Land gesünder geworden und in Ernährungsfragen besser informiert. Peter Hinrichs, «The Effects of the National School Lunch Program on Education and Health», *Journal of Policy Analysis and Management* 29 (2010), S. 479–505; Hannah Findlen LeBlanc, Nutrition for National Defense: American Food Science in World War II and the Cold War, Doktorarbeit (Stanford, Calif.: Stanford University, 2019).

NACHWORT

1 Reformer sind wie Bergsteiger, die eine Route wählen und sie dann mühsam Schritt für Schritt besteigen. Andere bleiben lieber im Basiscamp und unterhalten sich am Lagerfeuer darüber, wie man den Berg in die Luft sprengen könnte. Alle Wege zum Gipfel sind korrumpiert, sagen sie. Doch «das Leben korrumpiert» nun einmal, wie Saul Alinsky schreibt: «Das unlauterste aller Mittel ist die Tatenlosigkeit.» Saul Alinsky, *Rules for Radicals: A Pragmatic Primer for Realistic Radicals* (New York: Vintage, 1971), S. 24, 26.

2 Dray, *There Is Power in a Union*, S. 192, 255, 383, 433–446; Nelson Lichtenstein, *State of the Union* (Princeton N.J.: Princeton University Press, 2013), S. 25, 35 f., 39.

3 James Farmer, *Freedom – When?* (New York: Random House, 1965), S. 40 f.; Lyndon B. Johnson, «Special Message to the Congress: The

American Promise», 15. März 1965; Lawson (Hrg.), *The Tenant Movement in New York City, 1904–1984*, S. 20; Frances Fox Piven und Richard Cloward, *Poor People's Movements: Why They Succeed, How They Fail* (New York: Vintage, 1977), S. 244–246, 254f.; Julian Zelizer, *The Fierce Urgency of Now: Lyndon Johnson, Congress, and the Battle for the Great Society* (New York: Penguin, 2015), Kap. 1 und 2.

4 Desmond, «The Tenants Who Evicted Their Landlord»; Poor People's Campaign, «About the Poor People's Campaign: A National Call for Moral Revival».

5 Desmond, «Capitalism», S. 185; Dray, *There Is Power in a Union*, S. 183f.

6 The Reverend Dr. William Barber II, *The Third Reconstruction: How a Moral Movement Is Overcoming the Politics of Division and Fear* (Boston: Beacon Press, 2016), Kap. 9; Alicia Garza, *The Purpose of Power: How We Can Come Together When We Fall Apart* (New York: One World, 2020), S. 216; George Goehl, «If Progressives Don't Try to Win Over Rural Areas, Guess Who Will», *The New York Times*, 19. Oktober 2019.

7 Amina Dunn, «Most Americans Support a $15 Federal Minimum Wage», Pew Research Center, 22. April 2021; Amina Dunn und Ted Van Greed, «Top Tax Frustrations for Americans», Pew Research Center, 30. April 2021; Ruth Igielnik und Kim Parker, «Most Americans Say the Current Economy Is Helping the Rich, Hurting the Poor and Middle Class», Pew Research Center, 11. Dezember 2019.

8 U.S. Census Bureau, Current Population Survey, 2021 Annual Social and Economic Supplement, HINC-01. Siehe auch PolicyLink, 100 Million and Counting.

9 Amartya Sen, *Development as Freedom* (New York: Anchor Books, 1999), Kap. 4.